外交秘録

表と脇と裏舞台

小倉和夫

OGURA Kazuo

論創社

外交秘録　表と脇と裏舞台　目次

第Ⅰ部　日韓関係の表と裏

第Ⅱ部　中国とのお付き合い——その表、脇、裏舞台

第Ⅲ部　対越外交をめぐる表と裏のエピソード

第Ⅴ部　日米関係のはざまで

外交秘録——表と脇と裏舞台

第Ⅰ部　日韓関係の表と裏

第一章　脇からのぞいた日韓関係のエピソード――心に残る韓国の風情

雅楽競演の裏舞台

一九九〇年四月、厳寒のソウルにI文化大臣を訪ねた。

I氏は、日本についての書物を書いたこともある、韓国有数の文化人だ。日本語も上手で、日本人の知人も多い一方、日本何するものぞ、とでも言わんばかりの気概に燃える人で、知日派ではあっても、親日派ではないという噂の持ち主だった。

訪問の目的は主に二つあった。一つは、丁度一ヶ月前、文化省が設立され、その初代長官にI氏が任命されたので、文化行政についての長官の考えを聞きたかったことである。もう一つの目的は、数ヶ月後に予定されている盧泰愚大統領の訪日を盛り上げる一助にどんな文化行事を催したら良いか、文化人たる教授の個人的意見を聞くことにあった。

新設の文化省は、昔の経済企画院の建物のなかにあった。ソウルの目抜き通り、世宗大路、米国大使館と並ぶ六、七階建てのビルだ。郊外に移った経済企画院の後に新設の文化省が入るのは、韓国も経済発展が一段落し、国際社会へ文化的発信を強化しようという政策のシンボルであるかの如く感じられた。

大臣室に入って、一、二分ほど待つとI氏が現れ、カメラマンの前にも拘わらず、日本語で自己紹介した。こちらは、I長官の立場もあろうかと、よろしくお願いしますと、韓国語で挨拶した。

ソファーに座るや否や、I長官は、呼び鈴と小さなメモ帳と名刺箱を置いたサイドテーブルに手をやると、名刺をとってこちらに差し出した。外国の大臣と面談していきなり名刺をだされたのは珍しい体験だったが、I氏が肩書にこだわらず、訪問客にはきちんと名刺を出すところに、民間人の気質が感じられて好感がもてた。

カメラマンが去ると、こちらから、訪問の目的を説明した。すると先方は、待ってましたとばかりの態度でとうとうと日本語で弁じ出した。やや堅苦しいところがあったが、きれいな発音で、堂々たる日本語だった。

長官の語ったことは、煎じつめると二つだった。一つは、日韓文化交流についてだった。日本は、過去にまつわる韓国の国民感情に配慮して、日本文化を韓国に紹介することより先に、まず、韓国の文化を日本人に知らしめることに協力してほしい、といった趣旨を述べた。

第二点は、韓国における知日派の立場の問題だった。I長官は、自分は知日派とみなされており、警戒感をもたれているので、必要以上に日本に対してきつい態度をとらなければならないかもしれないので、その点を理解しておいてほしいということだった。

そういった会話の後、I長官は、さすがに文化人らしく、日韓文化交流に関して具体的提案をしてくれた。その一つは、韓国の国楽の日本での上演である。「国楽は、日本の雅楽と類似しており、人々が日韓両国の文化的伝統の共通性をより意識するようになろう」と述べた。それを受けて、こちらから、折角韓国の国楽を日本で上演するのなら、日本の雅楽と同じ場所、同じ時に上演し、競演の形をとってはどうか、と示唆すると、長官は膝を乗り出し、もし宮中の雅楽堂で、両方を上演できれば、政治的にも大いに意義があろうと述べた。

ここから、雅楽と国楽の競演を、宮中の雅楽堂で、できれば盧泰愚大統領の訪日時に実現するというアイデアが生まれて来たのであった。

しかし、日本へ帰国して、いざ競演を実現しようとするといろいろ困難が出て来た。一つは、韓国側の関係者のなかに、国楽の紹介という点に関心が集中し、日本の雅楽との競演の意義は二の次であるかのような態度をとる人がいたことであった。たとえば、「NHKのスタジオで国楽を演奏し、これを放映してくれないか」と直接NHKに申し込み、それが訪日の主目的であるかのような口ぶりの人もいた。ところが、それを聞いた政府関係者のなかには、韓国側がそう言うなら、それでよいではないか、宮中をまきこんで政府が苦労するより、NHKと韓国とに任せた方がよい、と主張する者も出てくる始末だった。

そうこうしているうちに、話がマスコミ関係者に溺れて記事が出てしまい、そこには、「韓国の国楽が、日本の雅楽の源流であることを示すための競演」という趣旨が書かれており、宮内庁の雅楽部の感情を刺激しかねないとの懸念が生まれた。しかし、それだけに、ともかくも宮内庁と原則合意してしまおうと、同庁の上層部に直接接触し、合意をとりつけた。

ところが、ここで難問が二つ出て来た。一つは警備の問題だった。

そうでなくとも、水も漏らさぬ警備体制を敷く必要のある、韓国大統領の訪日の日程に、誰が来るかわからない音楽の催しがあっては、警備上非常に困るという問題提起である。これを受けて、観客は招待者だけ、また人数も三〇〇名程度に限ることや、厳格な入門チェックを行う、といった配慮をすることとなった。

そこに第二の難問が出て来た。舞台の大きさの問題である。

雅楽の舞台は、多くの人数が登場するようにはできていない。すなわち、舞う者だけが舞台の上にあがる。ところが、韓国の国楽では、舞う者の他演奏者も舞台に上がるので、宮中雅楽堂では手狭であるというのだ。やはり雅楽堂での共演は無理か、とあきらめかけた時、妙案をだす人がいた。おりから、準備のために来日していた韓国国楽院の院長である。雅楽堂の舞台の周りを取り巻く欄干と舞台そのものの間に一間ほどのスペースがある、そこに板を敷いたらどうか、という案である。

しかし、日本側の演舞の際は、もともとの舞台の大きさで行わざるを得ず、また、板を外す方が、板を入れるよりも手間暇がかかることが分かっていたため、日本側の演舞が終わった後に板を入れる作業をすることにしたが、そうすると、その作業の時間の間、ロビーや休憩所のない雅楽堂で、観客（それも要人の多い観客）はずっと会場に座ったままでいることになり、それでは気分を害しかねない――そういった問題もあった。

ようやく目処がついたところで、今度は費用の問題がでた。舞台の改装の手間賃、当日の会場案内、駐車の手配などをする人の動員とその費用の問題である。宮内庁、外務省とも、そうした費用は負担し難いという、やむなく官民合同で設立されていた財団の日韓交流基金に資金面の支援をたのみ、会場の案内その他は外務省文化交流部の職員自らが担当することにした。

こうした苦労はあったが、結果は上々だった。日本側（宮内庁雅楽部）は左方（唐楽）の平舞「春庭花」と右方（高麗楽）の走舞「貴徳急」、それに祝賀の舞の「延喜楽」を演じた。いずれも、雅楽のゆったりとしたリズム感にあふれ、典雅な演奏であり、また見事な舞だった。

韓国側の演技は、これに比べるとかなり近代的タッチが感じられ、華やかだった。「寿斎天」は舞のない管楽器の演奏、続いて女性の一人舞の「春鶯囀」、そして仮面舞踊「処容舞」などが披露された。雅楽堂ができて以来、外国人が舞台に上るのは初めてであり、また、雅楽の舞台に女性が上るのも歴史上始めてだったという。

天皇皇后両陛下も、韓国の国楽が始まるのに合わせてお忍びで臨席され、演技が終わると、国楽団の団員を労われた。

近代の日韓関係は、とかく政争、紛争、争闘の歴史にまみれているが、雅楽と国楽の競演は、歴史の傷跡を越えた文化の絆を思い出させる出来事だった。

パンソリをめぐるエピソード

一九九七年一月から足掛け三年ほど韓国に大使として滞在した際の思い出の一つは、韓国の伝統芸能パンソリをめぐるものだ。日本の義太夫にもやや似たような、ときにはかん高く、ときにはうなるような、そしてときには絞り出すような声で謡い、また語る、韓国の伝統的声楽であるパンソリ。通常は、古典となったいくつかの物語を歌手が謡い、語るが、これにプックとよばれる能楽の太鼓程度の大きさの太鼓をバチでたたく鼓手が、あいの手をいれる芸能だ。

パンソリとの出会いは、韓国在勤に一五年程さかのぼる頃、外務本省で、朝鮮半島に関連する仕事をしていた時のことである。東京の日劇で、韓国の音楽、芸能の夕べが催された。リトル・エンジェルとよばれる少女たちの合唱、大きな太鼓の演技、韓服を着た女性の舞踊に加えて、パンソリの公演があった。曲目は忘れたが、女性歌手による哀調を帯びた歌謡と、それに巧みに合いの手をはさむ鼓手の打つ太鼓の鈍い響きの調和が、何ともいえず魅力があり、舞台に吸い込まれるように思えた。

その後、しばらくしてソウルに出張した際、市中にある民族芸能館で、芸能ショーを見学した際、短時間ではあるが、パンソリに接した。

そうした体験から、いつの日にか、自分もためしに謡ってみたいという気持ちがうずいた。

そして、一九九七年、韓国へ赴任。その際、大使として、韓国人の心情に少しでも近づける方途として何をすべきか考えた。

もちろん、第一に語学の勉強が大切と、韓国語の先生に大使公邸に来てもらい、週に一、二度、レッスンを受けた。

同時に、何か日本人として、過去の植民地時代の反省を象徴するような行為ができないかと考えた。いわゆる独立記念館を訪問することも考えて見たが、記念館は、韓国の政権が政治的意図をもって建設したもので、韓国人の本当の気持ちを表現しているか疑問があり、また、未来への展望を暗示するものがないと考えて、訪問はしないことに決めた。

そして、考えついたのは、安重根記念館の訪問だった。伊藤博文暗殺を企てた安重根はある意味では政治的テロリストだったが、朝鮮独立運動の志士であり、とりわけ彼の心の奥には、同じアジアの民族同士としての日韓連携の思想があったことを想起して、訪問を決意した。

しかし、韓国の人々、とりわけ庶民の心を少しでも理解するには、「恨《はん》」の気持ちを理解せねばなるまい、と考えた。それには、庶民の権力への反抗と諧謔の心に充ちたパンソリを習得するのも一助となろうと決意した。大使館の文化部などを通じて、国立音楽院にパンソリの先生を紹介してくれるよう依頼した。

数週間ほどして、チョウ・ジュソン（趙珠仙）氏という、まだ二〇代の女性を推薦してくれた。おそらく、こちらが、全くの素人であり、異国人であることを考慮して、いわゆるベテラン歌手ではなく、新人クラスの人を推薦してきたのであろうと推測した。

チョウさんは、英語も日本語も話さないので、レッスンは、こちらの拙い韓国語でのやりとりだったが、時には筆談も活用して、何とかコミュニケーションはとれた。

問題は、パンソリが歌曲といっても、テキストはなく、最初はもっぱらチョウさんの謡うのを真似て、それを録音し、覚えるというやりかただったことだ。これは、主として読むことでものを覚えることを経験してきた者には苦痛だったが、通勤の車の中にテープレコーダーを持ち込んで、イヤホンから流れる歌詞とその調子を覚える方法をとった。しかし、数週間たつと、歌詞を全く耳からだけで覚えるのは、太鼓との息の合わせ方がよくわからないので、チョウさんに頼みこんで、手書きで歌詞を書いてもらい、そこに太鼓の手というか間のおきかたを書き入れてもらった。

習い始めた歌は、サッチョルガ（四季歌）というもので、人生の哀楽を謡ったもので、パンソリを始める人がまずやる曲だと教えられた。

しかし、まったく意味がわからないのも悔しいので、チョウさんの書いてくれた歌詞を韓国語の先生にみせて、どういう意味か訳して書いてほしいと頼み込んだ。ところが、数行訳してくれたがそれも完全ではないという。それというのも歌詞には、多く古い形の漢語が頻繁に使われ、現代韓国語には訳し難いというのだ。確かに、緑陰云々などと詩的表現も多く、かと思うといやに庶民的俗語が出てきたりで、専門家でないと現代語化できないという。そこで、およその意味をチョウさんに解説してもらいながらの練習となった。

三頁ほどにおよぶ「四季歌」を何とか半分ほど覚えた頃、チョウさんは、ある日突如、それまでは自分が合いの手を打つために使っていた太鼓とバチを差し出して、「さあ、これから太鼓を打つ練習をしましょう」という。

いやいや自分は歌を謡えるようになれば十分で、太鼓の練習までやるつもりない、と言うと、太鼓との息の合わせかたを覚えるには、自分も太鼓を練習しておかないと上手くいかないと言って、どうしても練習せよという。

しかたがないので、バチを右手に持って太鼓を打ってみたが、左手が問題だという。バチは主として太鼓の腹を横から、時には太鼓の横の木枠を上から打ち、左手は親指を軽く太鼓の縁に掛けて、残りの四指で太鼓の腹の上部をたたくのだが、左手の動かし方は結構難しい。一応叩けるようになるまでには、数週間の練習が必要だった。

太鼓は、最初は、チョウさんのものを借りたが、一人で練習することも必要と、太鼓とバチを購入することになった。太鼓はチョウさんに頼んで専門店から買ってもらったが、バチは適当な木材ならよかろうと、大使公邸の職員が庭の枯れ木の枝を削って作ってくれるというのでまかせたところ、手頃で持ちやすい棒ができたので、それを使用することとした。

ところが、その棒で練習しだすと、チョウさんは、ちょっと貸してみなさいと言って、自分でもその棒で太鼓を叩くと、この棒はだめだ、形や長さは適当だが、材質がよくない、もっと固い木材でないといけない、といって、どこからか桐の棒を調達してくれた。棒といえども、楽器の一部のようなもので、その素材には十分気を配らねばならないと教えられた。

太鼓の練習は、歌のそれとは違って、録音で練習するというわけには行かず実習になるが、チョウさんは、いわば手取り足取りの教え方で、こちらがもたもたしていると、ピシャッと手を叩かれる始末だった。総じて、彼女の教え方は真剣かつ丁寧で、若いだけに教えること自体に情熱を持っているように見受けられた。

チョウさんについては幾つか逸話がある。チョウさんは、パンソリの盛んな全羅南道の木浦の出身だったが、どうしてパンソリ歌手の道を進むことになったのかと尋ねると、歌を歌うのが好きでこの道を選んだが、家族には反対された、その理由は、パンソリの歌手は芸妓と同じに見られがちだからやめなさいということだった。しかし、国立音楽院に入学できたので、立派な芸術家の卵ではないかと言えるようになった。それでも、世間の偏見はある。しかし、その偏見の一部は、日本人のせいでもある。日本の植民地時代に、韓国の伝統芸能が下級のものとみられ、妓生の芸とみなされたことにある、と静かな口調で語っていたのが印象的だった。

全部歌うと四、五分になる四季歌をようやく歌えるようになった頃、地元の新聞などでパンソリ大使などと書かれたせいもあって、一部のラジオとテレビから出演依頼が来た。ラジオは録音ということで、間違えれば再録できるというのでＯＫしたが、テレビは年末の番組に生出演だという。そうなるとぶっつけ本番と言うことになる上、テレビとなると服装の問題もある。通常、パンソリを歌う男性歌手は、韓国服をきて、時には、馬の尾の毛を塗り固めた帽子まで被る。しかし、日本大使がそういう服装でテレビに出演すると日本人の方からとかくの批判が出るかもしれないと思い、和服で出ることにした。ただ、失敗してもうまくつなげられるように、鼓手はチョウさんに頼むことにした。彼女はテレビ出演に前向きで、観客の前でやると度胸がつくからよいと後押ししてくれた。

また、ソウル駐在の外交官夫人の会があり、そこでも公演してほしいとの要望もあったので、四季歌の一部だけ歌った。

その頃になるとチョウさんとの息も合うようになり、気持ちも通じ合うようになったせいか、ある日、全羅南道の料理店に招待したいという。いやいや、こちらが招待しようというと、先生が生徒をおごるのだといってきかない。しかし二人だけというのも妙な噂がたられても困ると内心思って躊躇していると、自分の従姉妹もつれて三人で行くことにしようというので、三人でソウルの南、カンナムの中心部にある、かなり大きな近代的レストランへでかけた。料理は、全羅南道料理として有名な三合（豚のあぶらみとキムチ、それに魚のエイを発酵させたものの三種の合わせ）も出たが、なんといっても、一種のドブロクのマッカリが料理とうまく合って何杯か飲んだが、チョウさんは、一口なめるように飲んだだけで、自分はお酒は飲まない、妓生ではないので身を持ち崩さないよう気をつけていると言ったような趣旨を述べていた。一緒に来たチョウさんの従姉妹と言う女性は、終始だまったままだったが、聞いてみると、血のつながった従姉妹ではなく、従姉妹同然のような親しい友人だという。チョウさんは、その事を説明する際、韓国では、義兄弟とか親代わりとかいったような友達関係は通常で、お互いお兄さんとかお姉さんとか言い合うのも稀ではないと言った。その言い方がどこか言い訳がましかったので、ひょっとすると、国立音楽院に入学する前、日本でいえば、芸者の置屋さんのようなところで修行し、そこでの風習のなごりなのかなとも想像した。

チョウさんは卑屈な様子はまったくなく、朗らかな性格だったが、それでも、パンソリ歌手という立場は、いろいろ苦労もあるのかなと思わせる場面にも出くわした。それは、チョウさんが、ある韓国の実業家がパンソリが好きで、自分（チョウ）が教えたりしているが、その実業家が、日本大使と一緒に食事してパンソリを歌おうというので、招待を受けてほしいといわれて、とある料亭に出掛けた時のことである。

料亭の女将は、パンソリの嗜みがあるとのことで、彼女が太鼓をたたき、招待主の実業家で中年の男性が四季歌をうたった。なかなかきちんとした歌い方だった。こちらも、と言われて、同じ歌を歌い出した。いつも慣れているチョウさんとは違う女将の太鼓との掛け合いはちょっと戸惑ったが、なんとかこなした。驚いたのは、その間、実業家は、チョウさんに飲み物をとってくれ、とか、仲居さんでも扱うようにこまごまと言い付けていたことだ。一応師匠のはずのチョウさんに気安く命令調に言葉をかけており、チョウさんも別に気にする様子もない気配だった。

それから暫く経ったある日、チョウさんは、パンソリの練習は、いつも大使公邸のようなところでやっていてはだめである、自分たちは山の中で、崖に向かって声を張り上げたり、海岸で寄せ来る波の音にまけないように歌声をあげたりして練習する、今度一緒にソウル郊外の丘の林の中で練習しようと言い出した。

日帰りならよいというと、では、と言うので、ある日、車でソウルから一時間ほどの丘のなかにある山小屋風の建物に一緒に出向いた。

中に入ると、雑然とした広間にドラムなどが無造作においてあり、劇団員の練習場のような雰囲気だった。もって来た太鼓を半ば擦り切れた絨毯の上にすえて、パンソリの練習を始めたが、チョウさんも今一つ気が入らない気配で、やはり外の林のなかでないと気分がのらないなどとつぶやいていた。山小屋風の建物の母屋には、若い人が数人何をしているのか、出入りしている様子もあって落ち着かず、あまり有効な練習にはならなかった。

それから数ヶ月後、チョウさんとアリランなどの民謡を練習しだしたのがきっかけとなって、大使館の若手の館員で、韓国の民謡を習いたい人たちがグループとなり、「韓国伝統芸能同好会」をつくり、週に一遍、大使館の文化広報センターでチョウさんから手ほどきをうけることになった。

その過程で、アリランといっても、有名なメロディのアリランだけではなく、ほぼ韓国各地にそれぞれのアリランがあるというので、いくつかのアリランを練習するようになった。とりわけチンドアリランはリズミカルでもあり、一同気に入ったので、合唱することもあったほどだった。

こうした試みも手伝って、大使はじめ大使館が、パンソリを始めとして韓国の伝統芸能を好んでいるとの噂が広まったようで、なにかというと、外交的、あるいは関連行事にもパンソリが登場するようになった。たとえば、日本の外相が韓国を訪問した際、宴席に、当時評判となったパンソリ歌手についての映画「ソッピョンジェ」に出演した女優が同席したりすることもあった。

ほかにも、おもしろい余波があった。ある水曜日のことである。

毎週水曜日の正午頃は、慰安婦の支援団体の人々が日本大使館の門前でデモを行うので、昼食会などのため外出する際は、大使館の裏門から出るようにしていたが、そうでないときは、なるべく執務室にこもっているという状況だった。ある日、執務室にいると、突然いつもとは違い、太鼓の音が響く。不思議に思って窓から覗くと、中年の男性が肩から太鼓をつるしてバチで打ちながら歌を歌っている。耳を澄まして聞いてみると、なんと、有名なパンソリ「春香伝」の、これまた有名な部分「スッテーモリ」を高らかに歌っているのだ。「スッテーモリ」の部分は、「春香伝」の女主人公が、知事の意向に逆らってなびかないため牢にいれられ、苦汁をなめるが、その際、恋人を思って髪をかきむしりながら想いを吐露する部分であり、いわば、権力への抵抗と、犠牲者の悲哀を訴える心情のあふれた部分だ。こうした歌を、デモの一環として披露するのは随分と洒落たやりかただと想うと同時に、ひょっとして、デモの主催者は、日本大使がパンソリを練習していることを知って、わざとパンソリに託して抗議の意志を訴えているのか、と想うと、二重に感慨深かった。

このように、パンソリが思わぬところで歌われた例はほかにもある。

一九九九年、キム・ジョンピル（金鍾泌）総理の日本公式訪問が発表された直後のことである。総理官邸の斉木総理秘書官から大使公邸に突然電話があった。

金総理訪日の際、総理官邸で歓迎昼食会が開かれることになったが、その際の余興の一つに大使のパンソリを披露してもらいたい、というのが総理の意向であるという。こちらは、パンソリを習っているといっても全くの素人であり、人前で歌う程ではないというと、どこから聞いていたのか、「テレビにも出たそうではないか」とたたみこんでの依頼だ。それでもと固辞したが、秘書官は、総理の強い意向だといって後にひかない。そこで、こちらも奥の手を出した。

「パンソリというのは、一人でやるものではない、太鼓をたたく鼓手との二人の掛け合いがパンソリの真骨頂である。しかし、パンソリの太鼓をきちんと打つことのできる者は日本にはおるまい。それでは、小生も歌うわけにはいかない」

といって固辞した。それではしょうがないと秘書官もあきらめてくれた。

ところが、それから一〇日ほど経った頃、またぞろ、総理秘書官から電話があった。丁度、今、韓国の伝統芸能団が訪日して日本各地を回っているが、そのなかにパンソリの太鼓を打つ者がおり、金総理の訪日時には東京にいるという。話して見ると、総理官邸で出演してもよいといっている、従って是非こちらもやってほしいというのだ。そうはいっても、こちらは素人だし、また、見知らぬ相手とうまく調子をあわせられるか分からぬし、練習もなくぶっつけ本番と言うのは困ると言って断ろうとした。ところが、秘書官は、もう向こうとは話をつけてある、先方は玄人だから、誰とで合わせせられると言っていると言って聞かない。とうとう止むを得ず引き受けることになってしまった。

当日になってみると、何と、小生のパンソリの後は、小林幸子さんが歌を歌うというのだ。有名なプロ歌手と並んで歌を歌うのは困ったことになったと思ったが、こうなったら度胸を決めるだけと、官邸の食堂で直前に鼓手のひとに「よろしく」と韓国語で挨拶しただけで、パンソリ「四季歌」を歌った。なんとかこなして、席へ戻ると、同席の作家三浦朱門氏が、「音楽的には問題があるが、あの長さの韓国語の歌を全部暗記した努力は褒められる」と、皮肉とも褒め言葉ともとれるコメントをしてくれた。食事が終わり散会する際に、旧知の瓦力議員が、「なかなか良かった。よくこなしたね」と声をかけてくれたのが心に残った。

韓国へ帰任すると、いささか自信もついたので、おもいきってCDに録音して残しておき、場合によっては友人に進呈しようと思いあたった。チョウさんに相談すると、手頃な録音会社があり、二〇万円ほどで一〇〇部程度作ってくれるという。ただし、問題はオモテの印刷で、題名や歌手の名前などをきれいに印刷するとなると経費が倍になるという。それではと、内容の解説は、小さな紙片にこちらで印刷して挿入することにした。また、ついでなら大使館の館員の韓国民謡も録音しようと、伝統芸能グループの数人を連れて録音所へ向かった。カンナムの入り口ともいえるところのこぢんまりとした建物の二階の録音所は、小さなテレビ放送のスタジオのようで、手慣れた感じの若者が、手際よくリハーサルもなしで録音してくれた。曲は、小生の四季歌、スッテーモリ、それにチョウさんのスッテーモリに小生が太鼓を打ったもの、そして大使館有志の歌うチンドアリランなどだった。

今でもこのCDは、何十部も小生の書斎に眠っている。

一九九九年末になると、いよいよ韓国を離任することになったが、年末の日本人の忘年会でパンソリを歌ってほしいとの依頼があり、二つ返事で引き受けたが、いざ、忘年会場に出向いて見ると大きなホールで、皆かがやがやと忘年会を楽しんでおり、音楽に耳を傾けるような雰囲気ではない。それでも、ちゃんとプロの鼓手も来ており、いまさらやめるわけにもいかないので、一応壇上に上がって歌い出したが、会場は声の響きも悪く、また、人々の話し声も止まないので、途中で中断して壇上から引き下がった。すると、パンソリの練習を始めたばかりの中根参事官が寄ってきて、途中でどうしてやめられたのですかと聞いて来たので、ちょっとギクッとした。それにしても、何か心残りのする経験だった。

忘年会とあい前後して、いくつか小生の送別会があった。

そうした送別会の一つに、慶応大学に留学した後、東亜日報の政治部長をつとめ、対日関係に尽力してくれているチョン・グジョン（鄭求宗）氏が主催してくれた会があった。事前にチョン氏から、パンソリの歌手を招いて歌ってもらうが、大使も演じてほしいという要請があった。それなら、一緒に歌わせてくれないかといったところ、いいでしょうということで、春香伝のスッテーモリの部分を歌うことになった。ところが、お相手は誰かと尋ねると、韓国のパンソリ界の第一人者とされるアン・スクソン（安淑善）女史だという。そんな有名な歌手と共演するのは畏れ多いというと、先方はいいと言っている、ただ、事前に一遍こちらの技量を確かめたいと言っているとの事だった。

そこで、意を決して、南山のふもとにある国立音楽院にアン・スクソン女史を訪ねた。大きなホールのような練習場で会うと、女史はごく自然にまるで自分の弟子でも見るように気軽に接してくれたが、同時に、小生が歌い始めると、やや厳しい目付きになった。太鼓を自分でたたきながらアン女史は、小生がものの一、二分歌うのを聞くと、まあよいでしょうといった仕草をした。テストはそれだけで、本番の送別会では、名手と合唱なのでやや上がってしまったが、何とかこなした。

後から考えると、天下の名歌手と合唱して、こちらは貴重な思い出となったが、アン氏にとっては、いささか迷惑ではなかったかと内心忸怩たるものが残った。

実は、合唱を思い立ったのには裏があった。パンソリを始めてしばらく後、金大中大統領もパンソリが好きで、自作のパンソリの歌詞があるということを聞いた。その歌をプロのパンソリ歌手が歌ったCDがあるというので、入手して聞いてみた。ミョネイシル（面会室）という言葉に始まる歌は、金大中氏が、牢獄に捕らわれていた際、面会に来た夫人イ・ヒホ女史とのつかの間の逢瀬を歌ったもので、感動的ともいえるものだった。ふとこの曲を金大中大統領と一緒に口ずさむ機会があればと、夢のようなことを頭に描いたことがあったのだった。そんなことを思い出しながらの送別会の演技だった。

三年近くに及ぶチョウ先生とのパンソリの練習の過程で、彼女が言った言葉のうちでいつまでも記憶に残っているのは、ヨクシム（欲心）という言葉だ。

あるとき、仕事のせいもあって、しばらく練習を休んでしまった後に再開したものの、どうも感覚がにぶってうまく行かない、どうしたのだろう、「やっぱり、しばらく休むとだめですね」、とこぼすと、チョウさんは、「今日は、あなたにはヨクシムが見え見えである。それではいけない、もっと素直に歌いなさい」と言う。「ヨクシムとは何か」ときくと「上手に歌おうと意気込みが過ぎていることですよ」といわれてハッとした。人生百般そうかもしれないと思えた瞬間だった。

生き残る儒教精神

韓国へは一九八〇年代から十数回も出張し、また、韓国人とは東京、ソウルのみならず外国でもお付き合いがあり、韓国人の気質や社会的風習については、十分心得ているつもりであった。けれども、いざ、現地に数年にわたり住んでみると、こんな面もあるのかとやや驚いたことも、数多くではないが経験した。

その一つは、儒教的風習というか、礼儀作法の違いである。

一つは年齢にまつわるものだ。もちろん日本でも、先輩を敬うとか年配者には敬語を使うといったことは存在するが、韓国ではそれが、きわめて徹底したかたちで行われている気がした。一つでも年が上だとお兄さんというわけで、敬意が払われる。その事自体は、付き合いの上でそれほど問題を生じないが、困る事は、年齢を重視するためすぐ年齢を聞かれる事だ。とりわけ、男性が女性に対しても、遠慮なく年齢を聞く人が少なくなかった。そのため、妻は閉口して、数字でいわず、干支で答えることにしていた。せめてもの抵抗であり、妻に言わせると、ひょっとすると十二歳若く見てくれるかも知れないから、ということだった。

また、子供が親の前でしてはならぬこと、女性が人前で行う行為についての決まりなどに思わぬ風習がある事が分かって、いささか驚いた。たとえば、息子は親の前でタバコを吸うのは不敬とみなされるとか、女性が男性に混じってお酒を飲むとき、体を横にむけて杯をすする作法などだった。

他方、結婚した女性の嫁ぎ先での地位は、男子を生むかどうかで大きく違うときがあるという。現に、ある日本人の女性で、韓国人の男性と結婚した婦人から、「始めは姑から随分きつく当たられたことがありましたが、息子を生んだら、手のひらを返すように優しくしてくれるようになりました」と言われたことがあった。

一番驚いたのは、メガネに関する作法だった。昔は、親の前でメガネをかけるのは失礼だという風習があったと聞いていたが、現代ではそうした風習は廃れたものと思っていた。ところが、それが今日に生きていることを体験した。それは、韓国の王室に嫁いだ悲劇の日本婦人と言われる梨本姫、韓国名イ・パンジャ（李方子）氏の逝去十年を記念した追悼式に出席したときのことである。ソウル郊外の鬱蒼とした敷地にある李王朝の墓地で行われた式典で、主催者挨拶が始まると、まず、「メガネを外すように」との指示があったことだ。王妃を追悼するのに、メガネをかけたままでは失礼であるという趣旨と思われた。

李方子氏といえば、女史は晩年、寄付を募る活動の一環として、茶器を作ってなにがしかの資金を得ていたとされるが、ソウルの骨董、美術品の通りとして著名なインサドンで、たまたま茶器の裏に方子と書かれた茶器を発見して購入し、茶を喫して、在りし日の李方子氏を偲んだことがあった。

因みに東京紀尾井町の、旧赤坂プリンスホテルの一部として残っているかつての李王家の邸宅の一室で、我が長女の麻里が婚約式をあげたのは、運命の偶然であった。

顔相の重視

一九九七年末、丁度韓国は大統領選挙の時期であった。候補の一人、金大中候補を事務所へ往訪して面談した。

開口一番、金大中氏は「今度の日本大使は、ハンサムだね」と、ややかん高い声で述べたのには吃驚した。

日本では、よほど親しくない限り、男性同士が相手の顔について批評することはないので、金大中氏の言葉には、何か特別な意味があるのかと一瞬疑ったが、氏の顔付きは穏やかで面談もきさくな雰囲気だったので、そのまま帰った。

謎がとけたのは、有名な女子大学、梨花女子大に用務で某教授を訪ねた時である。大学の周辺道路には、なんと整形外科医院が軒を並べているのだ。韓国は、日本と比べて、顔を整形する人が多いとは聞いていたが、才媛の大学として著名な梨花大学生でも、頭の内もさることながら、顔形にそれほどこだわるのかと驚き、韓国の友人に尋ねたところ、就職試験等では「顔相」が重視されますから、と聞いて、二重に驚いた。

聞くところでは、韓国で整形手術を受けるためにやってくる中国人が激増し、ある種の医療観光ツアーが流行っているとも聞いた。

また、妻の典子も吃驚したのは、大使公邸に韓国の友人を招いた際、ある男性は、典子の顔をじっと見た後、「あなたは、夫を出世させる顔をしている」と言われて、何と返事すべきか困ったこともあったことだ。

それでも、顔付きで人の人生航路が決まるという見方は、半分冗談ごとであろうと思っていたが、事実そういう例があることに遭遇して、韓国における「顔相」の重要さにあらためて感じ入ったことがある。それは、韓国の著名なピアニスト、イギョンミ（李京美）さんの三姉妹についての話だ。ギョンミさんに言わせると、長女の彼女自身はピアニストを夢見ていた母親の強い意志でピアニストになったが、次女は美人顔なので、顔を観衆に表からみせるチェロが良いだろうとチェリストに育てた。三女は、鼻が高く、横顔が良いので観客に横顔をみせることの多いバイオリニストにしたというのである。この辺りには、韓国人の「顔相」重視の考えが反映しているように思えた。

韓国料理

韓国料理というと焼肉、ピビンパップ（みそと野菜をいれたまぜご飯）サムゲタン（鶏肉をナツメ、ショウガなどともに煮込んだもの）などが有名だが、韓国に実際住んでみると、長い儒教文化に浸って来た李朝のしきたりの影響もあってか、庶民的料理はおいしいが、日本の懐石料理のような洗練された料理には、あまりおめにかからない。もちろん、宮廷料理と称するものはあり、グジョルパン（一種のゆでだんご）やシンソルロ（魚、野菜などをいれた鍋ないしスープ料理）はあるが、どこでも同じような味であり、またあまり高級感がない。そのひとつの理由は、器や什器が画一化されがちで、単色のものがほとんどであり、豪華さとか絵画的美を見いだしにくいところにあろう。

このあたりにも、儒教文化に染まった支配階級の好みの伝統が反映しているように思えた。

また、日本の江戸時代は、京料理の伝統のほか、各地の大名がお国柄を競いあうところがあり、また、政治的にも独立的要素が強かったこともあって、地方地方の特産、地方料理が発達したが、韓国は李朝の中央集権的政治が長かったこともあって、また、現在北朝鮮と切り離されていることもあって、韓国国内での地方料理は、全羅南道や済州島を除けば、これといった著名な地方料理にはお目にかかれなかった。

ただ、全羅南道はさすがに独自の文化を誇るだけあって、料理に特色があった。とりわけ、おいしく思った料理に、センナクチとサナップがあった。センナクチは、生きたままの小さいタコをそのまま醬油につけて食するもので、その歯ごたえはなんともいえないものだった。また、サナップは、エイを半乾きにしたものと豚の脂身にキムチを挟んで食べるもので、アンモニアのような匂いを発するエイとキムチの辛さと豚肉の脂がとけあって、独特の味がするものだ。金大中大統領の好物と聞いて試食した。結構いけるのでソウルでも一度試したが、なかなかこの料理をソウルで提供してくれる店を見つけることは大変だった。

大使公邸での料理は、ホテルオークラに依頼して来てもらった小林シェフが取り仕切ってくれ評判もよかったが、韓国色をどう出して地元の人々に喜んでもらえるかが苦心のいるところだった。日本でならいざしらず、本場の韓国で、普通の韓国料理を日本大使の公邸で提供しても喜んではもらえまい、さりとて、これでもかこれでもかと日本料理だけを出すのは、過去の日韓の歴史に神経質な人からみると問題かもしれない。そこで、普通の韓国料理店では出ないような料理を、韓国の食材を使ってできないかと、小林シェフや公邸の韓国人スタッフと相談してみた。その結果、インサム（高麗人参）のテンプラ、スジョンガジェリー（ショウガをきかしたジェリー）などを公邸の定番料理として編み出した。また、韓国人がとくに好む料理を調べて、たとえば銀鱈の西京焼きなどを出すことにした。問題はお酒で、日本酒は押しなべて冷酒が好まれたが、好きでない人も多く、さりとて焼酎は料理にあわないことも多く、ワインを出すとか、それぞれ、時と場合に応じて工夫せねばならなかった。

韓国を旅して奇異に思ったこと

ソウルに滞在中、あるいは公務で、あるいは個人的観光で、韓国の幾つかの地方を旅したり、ソウルの市内や郊外を散策したが、そうした折々にふと、不思議に思ったり、感慨に耽ったりした風物や体験があった。

ソウルで奇異に思ったことの一つは、三田渡の石碑だ。

ソウルの南の地区、いわゆるカンナムと呼ばれる地区の一角、三田渡といわれる場所で、ビルの谷間のようなところに小さな公園がある。その公園には、一七世紀に明朝に忠誠だった朝鮮が、折りから勃興する清に刃向かおうとして、逆に押さえ付けられ清に服従を誓う、いわば降伏文書に調印している行事の光景とその顚末を記した石碑がある。身の丈を優に越す巨大な石碑は、大きな亀の上に作られており、中国的な雰囲気を醸している。この石碑は洪水で流されたが、その後発見されて改めてこの地に建てられという。

中国への降伏の記念碑をわざわざ再建してまで保存しているのはどういうことなのか、日本の植民地支配については、総督府の建物を完全に取り壊すなど、その痕跡を消そうとする意図が強い韓国が、中国への服従の記念碑をそのままにして、平気でいるのはどうしてなのであろうか、石碑を眺めながらそう自問した。

韓国の陶芸、日本の陶芸

ソウル郊外に陶芸村のようなところがあり、何度かそこを訪ね、名の知れた陶芸家の窯を見学させてもらったりした。ところが、韓国の陶芸家では、日本のように何代も続いて、第一〇代柿右衛門などというような人物には会ったことがない。一体、技の伝承はどうなっているのであろうか、と関係者に聞いてみると、ある陶芸家の名が売れると、その息子は陶芸品の店を経営して事業を始める、そうでなければ、父親の跡を継がず他の職業につく。その背後には、韓国では、父親の芸名や作者名を継いで、同じように第何代と称するのは父親、祖先に対して僭越であるという意識があるからだと説明された。

他方、違う見方をする人もいた。

それは、鹿児島で日韓閣僚会議が開かれ、一部の閣僚が、地元の陶芸家沈寿官氏の窯を見学し、同時に、自分で粘土をこねたり、ロクロを回したり、絵付けをしたりする体験をプログラムにいれたときのことである。ある韓国事情に詳しい専門家から、そうしたプログラムは注意したほうがよいと忠告された。理由を聞くと、韓国の要人の中には、両班（貴族）思想が残っており、手作業を軽蔑する気風があり、粘土をこねたり、絵付けの作業には気がすすまない人もいるだろうから、と言われた。思えば、全斗煥大統領が晩年焼きものを趣味としていたが、それも、彼の出身が軍人で、いわゆる両班の血統ではなかったからかもしれない。

沈寿官氏は、いまや第一四代とか一五代を名乗っておられるが、それは薩摩藩の庇護のおかげであり、韓国では到底何代も続かなかったであろう。それを思うと、沈氏が、火ばかり焼きという焼き物をつくられ、土も韓国、作る人も韓国出身、純粋に日本のものは焼くときの火だけですと微笑んでいた姿は、いかにも母国韓国から来日し、何百年もたっても、なお韓国の心を失っていないことを示そうとする執念の表れのように思えた。

韓国の観光地

韓国の観光地を訪ねると、どこか奇異な感じ、あるいはどこか哀感をそそる感じに囚われることがしばしばだった。

たとえば、ソウルの旧李王朝の王宮の一角にある庭園、秘園をそぞろ歩いてみると、桂離宮などの日本の名園と違って、造園の洗練された巧みが感じられず、良く言えば自然のまま、批判的に見れば、どこかなげやりな風情があり、しばらく佇んでいると、李王朝の歴史を思い出すせいか、何となく哀感を感じてならなかった。

別の次元ではあるが、不思議と哀感を覚えたのは、観光地として著名な慶州だった。たしかに慶州、とりわけ、秋の慶州は紅葉が映えきれいだった。けれども、伝統的スタイルを残した民家の屋根はほとんど皆新しく、人工的に「作られた」ものだ。ホテルが沿岸に建つ湖も人工湖だ。有名な仏跡も洞窟や石の仏像こそ古いものではあっても、お寺は今に生きてはおらず、奈良や京都の仏寺のように、現在にも生きている空気あるいはそうした感じがない。同じように、釜山からそう遠くないところにある海印寺も、蒙古の侵略に対抗すべく捧げられた何百、何千の経文を収めた宝物殿や、お寺の庫裡で戴く精進料理の味などはなかなかなもので印象深かったが、お寺全体としては生きた空気がない、どこか哀感をそそるような寂しさに充ちている。

別の意味で哀感を感じたのは済州島だ。ここも、観光地としては面白い。ゴルフ場、ライフルの射撃場、独特の弓の練習場、それになだらかな丘陵と蒙古馬、美しい海岸線に海鮮料理といろいろある。しかし、済州島にかつて存在したタンナ王国の建国神話といわれる数名の女性が流れ着いたとされるところへ行くと、うす汚れた水と雑草に囲まれた、さびれた石碑があるだけである。どこにも歴史の影がない。その結果、近代的観光地としてはいろいろ条件が揃っているが、歴史の重みが感じられない。その結果、島を散策していると、どこか寂しさが漂ってくる。時間の空白に出くわしたような、不思議な寂漠感にとらわれる。李承晩大統領が別荘として建てた建物で、今はホテルになっているパラダイスホテルに行ってみると、シックな欧州スタイルのバンガローの雰囲気に心も和むが、それでいて、どこか韓国離れしているところに何となく寂しさを感じるのはどうしてなのであろうか。

朴槿恵女史の思い出

朴正熙大統領の娘として生まれ、みずからも大統領職につきながら、側近の女性との金銭をめぐるスキャンダルが源となって大統領職を追われ、長く牢獄生活を余儀なくされた悲劇の女性、パク・クネ（朴槿恵）女史。女史は、母親も父親も共に暗殺され、みずからも襲撃されて傷を負うなど、まさに悲劇の主人公だった。

その女史とは、ささやかな思い出がある。一つはテニスにまつわるエピソードだ。韓国に在任中、有名なミン一族で、かつては有力な国会議員だったミン・カンシク（閔寛植）氏と知遇を得た。ミン氏は、当時すでに八〇前後であったが、かくしゃくとし、テニスを楽しんでいた。ある日、一緒にテニスをやろうと誘われ、ソウル郊外の室内テニス場でダブルスの試合をした。ミン氏はもっぱら前衛を守り、ほとんど動きを見せないが、ラケットをうまく使って近くにくるボールをちょこんと相手コートに落とすという芸当をみせ、その機敏さに感心した。

試合が一息ついたとき、ミン氏が、隣のコートを見なさいというので目をやると、中年の女性がテニスをしている。奇麗なフォームで、どこか優雅な雰囲気が漂っている。

「朴槿恵女史だよ」

そういわれて目をこらすと、まさにパク女史だった。その日は、試合を邪魔してもいけないと思い、特に挨拶もしないで帰ったか、女史の華麗ともいえるスマートなラケットさばきは、強く目に焼き付いた。

当時はまだパク女史は本格的な政治活動はしておらず、親しく話を交わす機会はなかった。そうした機会が訪れたのは、それから五、六年の後、小生が、国際交流基金の理事長をしている時のことであった。

当時野党の党首であった朴槿恵女史が訪日した際、新大久保駅にある李秀賢氏の記念碑を、氏の両親と一緒に訪れることとなった。李氏は語学留学中に、日本人を助けようと線路に飛び込み犠牲となった韓国人で、彼を記念して、日本語を勉強するために日本に留学する人のための特別基金が創設され、その運営を国際交流基金が行っていたため、基金の理事長も記念碑への献花式に出席してほしいとのことだった。

新大久保駅での式が終わると、一行は近くの韓国料理店で、何人かの在日韓国人と共に食事をするので、基金の理事長もどうぞと言われ同行した。軽い午餐の間、パク女史は丁寧な様子で在日の人々と懇談していたが、食事が終わると、わざわざ厨房へでかけ、一人一人と懇ろに握手し、一言二言交わして店を出て行った。その様子は、飾り気のない、親しみやすさにあふれるもので、それでいて優雅な気品を漂わせていた。

第二章　朝鮮半島とどう向き合い、どう対処すべきか

——複合的視点からの見方

朝鮮半島問題を考える上での六つの視点

歴史的視点に立つとき、朝鮮は日本の「隣国」であるという事実が、政治的、外交的、経済的に特別な意味を持っていたことを、あらためて重視する必要がある。

隣国との間は、人や物の行き来が他の国や遠い場所と比べて頻繁であり、そこでは、いわゆる国境貿易に象徴されるごとく、通常の「国境」をまたぐ交流とは違った形の交流が行われるのが普通である。そうした交流においては、国籍や国境は、必ずしも重大な意味を持たない。言い換えれば、日本と朝鮮との間は、ほとんど国境なき関係といってもよい状況が存在したし、また存在しうるのである。

第二に、隣人としてつきあっていくためには、その者と、基本的思想あるいは価値観を共有しなければ、円滑な関係を結びにくい。すなわち、朝鮮は、価値観を共有する（またはそうであるべき）相手であった。

しかしながら、このことは、第三の次元につながる。すなわち、隣人は、自己が何たるかを確かめる鏡となりがちであり、お互いの自己規定における「他者」となる。朝鮮は日本にとってその意味で「他者」だった。

これらすべては、政治的には、第四の意味を持つ。すなわち、朝鮮は日本にとって、国内政治問題の種になりやすいということである。朝鮮は、いわば、「政争の種」である。

この第四の点は、日本と朝鮮の歴史とも関連している。すなわち、日本と朝鮮には、長い交流の歴史があり、好むと好まざるとにかかわらず「過去」の影によって大きく影響されてきており、それだけに、朝鮮問題は、日本・韓国双方の国内で政治問題化しやすいといえる。言い換えれば、朝鮮は、歴史的に過去の影を引きずった場所なのであり、これが、第五の次元といえる。

他方、日本と朝鮮の関係について歴史的回顧を試みると、両者の関係は、両国の政策なり意図によってのみならず、日本、朝鮮以外の勢力によって大きく影響されてきたことがわかる。言い換えれば、朝鮮半島は、日本にとって他の国際的勢力との争いの場所であった。これが、第六の次元の視点である。

以上の六つの視点の各々についてやや詳しく考えてみると、次のようなことが言えるのではあるまいか。

イ．国境なき隣国

大和朝廷と百済、新羅の時代、あるいは、室町時代初期の、いわゆる「倭寇」の時代、そして、植民地時代――それぞれ背景や理由は違うが、朝鮮と日本は、いわば国境なき隣国といってもよいほど、あるいは亡命者、あるいは商人、あるいは移住者が、朝鮮と日本の間を行き来した。その時代、国と国とのつきあいとはかなり別の交流が日本と朝鮮との間に存在した。

日本と朝鮮が近代国家になった今、こうした国境なきつきあいは、一見困難なことのように見える。しかし、実際はグローバリゼーションの結果、国を離れた交流や各種の関係は、現在も日本と韓国の間に存在する。文化、スポーツ、投資、貿易、観光などの分野で、政治的あるいは外交的概念たる「日本」や「韓国」を離れた関係が成り立っている。しかし、両国間では、政治・外交的理由から人的交流が中止されたり、延期されたりすることが時として発生するが、人的交流、特に、文化・スポーツ面などでの交流自体は、相互の誤解や誤った認識を正すという意味で、長期的には政治的リスクを軽減する効果を持つものであり、それを限定、制限することにはとりわけ慎重であるべきだろう。

ロ．価値観の共有相手

日本と朝鮮が、基本的価値観を共有した時代の例は、百済と日本との関係における仏教思想の共有、あるいは、江戸時代における儒教思想の共有があげられよう。こうした価値観の共有は、相互理解や相互尊重につながる点で軍事的緊張や武力行使の抑止につながる。

逆の意味で、古代における新羅と日本との緊張関係の一因は、中国文明の受け入れの仕方についての双方の考え方の違いにあったともいえ、また、近代における李朝朝鮮と明治日本との軋轢も、中華思想の受け入れ方、ひいては西洋近代文明の価値観の受け入れ方についての日本、朝鮮の考え方の違いにあったともいえる。

今日、日本と韓国が、自由、人権、民主といった価値の共有を、相互の関係においてどこまでどのように重視しているかについては、「過去」の問題もからみ、両国内の議論が分かれることもあろうが、この点をより深く、広く議論することが日韓関係の安定に不可欠であり、また、北朝鮮への対応にあたっても重要であろう。

ハ．他者としての朝鮮

隣人であるがゆえに、朝鮮は、日本にとって、自らとの比較の対象となる「他者」であり、日本が自己のアイデンティティを確立する際の「鏡」となった。遠く古代において朝鮮は、大和朝廷の下、日本が国家を形成していくうえで「他者」の役割を演じた。明治時代において、修好を求めた日本に対して、李朝朝鮮がこれを当初拒否したとき、朝鮮は、西洋文明の吸収のもとでの近代化に背を向ける者という意味で、まさに明治の日本にとって「反面教師」という意味で「他者」となった。

今日、日本は韓国にとって、ある意味では「他者」となっている。大韓民国という国家のまとまりを強固にする核として「日本」とりわけ「過去をひきずった日本」は、韓国のアイデンティティを確立するうえでの材料となっている。

この点については、北朝鮮の抗日には、韓国の反日に比べ、より主体性が感じられる。また、北朝鮮の抗日は少なくとも理論的には抗米を含むが、韓国の反日は反米を含むとは限らず、この点は、日朝国交正常化交渉などの舞台において十分留意せねばならない点であろう。

ニ．政争の種としての朝鮮

藤原仲麻呂から西郷隆盛まで、およそ征韓論が起こる際、必ずそれは、日本国内の政争の種となった。また、百済の対日援軍要請、明治の金玉均らの改革運動に関連した日韓連帯、さらには、野党時代の金大中勢力と日本の「民主勢力」の結びつきなど、朝鮮国内の大きな政治変動は、日本の政治へこだました。その程度と態様は、現代にいたるもその痕跡をとどめている。

一時期、日本において「北の脅威」という概念そのものが、国内政治における対立の種となり、その是非をめぐって論争が絶えなかったが、今後も、日韓・日朝関係を処理するにあたっては、外交的問題が、国内政治上の考慮にひきずられる程度と態様を十分勘案せねばなるまい。

ホ．過去が影を落とす朝鮮

現在依然として日本と韓国との間には、植民地時代の日本の行為に関する「過去の影」が覆いかぶさっているが、こうした過去の影は、朝鮮全体から見れば豊臣秀吉の朝鮮侵略の影もあり、また、日本から見れば、高麗が元の軍とともに日本に進攻した過去をどう扱うのかの問題もある。

また、江戸時代の通信使外交は、秀吉の侵略の後に、豊臣政権を滅ぼした徳川政権が成立したことによって可能となったものであり、過去の影が、ここでも大きく影響している。

現代においても金大中政権と小渕政権の間にきわめて緊密な関係が成立しえた一つの要因は、金大中政権が、過去の軍事政権と決別し、また小渕政権が、村山内閣以来の自由・進歩的勢力や公明党をとりこみ、従来の自民党政権とある意味では決別する要素があったからともいえる。

北朝鮮と日本の将来の関係を考えると、核や拉致問題もさることながら、やはり「過去」の処理が大きな問題であろう。

ヘ．第三国との抗争の場所

歴史的にいって、朝鮮と日本との関係は、朝鮮半島をめぐる中国などの第三国の動向によって大きく左右されてきた。中国がそもそも中国国内で南北分裂状態にある場合、あるいは、中国の権威と勢力が圧倒的に朝鮮を覆う場合、あるいは、ロシアの極東進出、そして米国のアジア戦略など、いわば、日本にとって第三国との「覇権争い」の場所が朝鮮であった。

現在も基本的には、その図式は変わっていないといえる側面がある。

したがって、朝鮮半島の将来についての日本の戦略は、第三国の朝鮮への関与がどのような程度と態様になるかという仮定ないし予測と連動するものとなろう。現在、軍事同盟という次元でみれば、朝鮮半島は、片や中朝同盟、片や米韓同盟によって米中の抗争、対立の場所となっており、この図式の将来の姿に日本がどうからんでいくかが大きな問題であるといえよう。

（小倉和夫「日本にとっての朝鮮半島――歴史的関係と将来展望――」『解剖北朝鮮リスク』日本経済新聞出版社、二〇一六年所収論説より抜粋改訂）

過去の問題をめぐる外務省の幹部会での議論

一九九一年一月、まだ松のうちの正月気分の抜け切らない時に、海部総理が韓国を訪問した。その前の年に盧泰愚大統領が訪日していたので、言わばその返礼という意味もあったが、同時に、折から始まりつつあった、日本の北朝鮮との交渉について、韓国側に誤解が生じないようによく話し合っておくという目的もあった。

海部総理は、日本の植民地支配に対する反省の意味もこめて、独立記念館を訪問し、また、晩餐会において、過去の問題について反省と謝罪の言葉を述べた。

海部総理が帰国した翌日、外務省で定例の幹部の集まりがあった。折からある欧州の大国の大使を務めて帰国した老練な外交官から、任地での体験について話を聞くことになっていた。

大使は、「せっかく幹部がお集まりなので、本題に入る前に、皆さんに尋ねたいことがある」と前置きし、「海部総理の訪韓の際、日本の植民地支配について謝罪したと報道された。それが悪いとはいわないが、一体いつまで、謝ればよいというのか、その点について、皆さんの意見を聞きたい」と、かなり厳しい口調で言い出すと、続いて「全斗煥大統領の訪日の際、また、盧泰愚大統領の日本訪問時にも同じような謝罪発言があった。今度は、海部総理の訪韓にあたっての発言である。一体いつまで謝ればよいのか。韓国だけを考えているのなら、それで良いかもしれない。しかし、第二次大戦に関連して、オランダや英国でも日本に謝罪せよという声がある。これらの国にも、韓国と同じように謝罪を繰り返すのか。世界における日本の立場を考えれば、いい加減、考え直す時期ではないのか」と、たたみかけるように発言した。

しばらくの沈黙の後、アジア局の幹部が口を開いた。

「大使のいわれる意味はわかるが、問題の核心は歴史認識である。日本人の歴史認識と先方の歴史認識の間に大きな隔たりがあれば、この溝を埋めてゆくことは政府としてやるべきことではないか」と。

しかし、この答えは、必ずしも納得ゆくものではない。なぜなら、国民の「過去」についての認識は、本来各々の国が自らの中で学習し考えるべき問題であって、他国にいちいち「発言」する問題ではないはずだからだ。練達の大使は、本来そこを言いたかったはずである。しかし、それについての答えはなかった。また、大使も再び質問することは無かった。

なぜ、韓国はいつまでも謝罪を外交上日本に要求するのか。それは、謝罪をうけることが、国民感情からいえば、本来友好関係を容易に築けるとはかぎらない相手である日本と、まがりなりにも友好関係を築いて行くための、いわば免罪符になるという、一つの政治的「便宜」だからなのであろうか――そういった質問が出ても不思議でないはずだが、議論は沈黙のなかに止まったままだった。

誰もが答えようのない問題のようにも、また、答えは自明だが、内々にも口に出し難い問題であることを暗示するかのような沈黙だった。

北朝鮮リスクとは

中・長期的観点はさておき、比較的短期を想定した場合、朝鮮問題は、大きくいって、韓国との間におけるいわゆる過去の清算の問題のほかに、やはり北朝鮮の脅威、あるいはそのリスクをどのように評価し、対処するかが問題となる。

そうした「リスク」については、次のようなものがあろう。

イ．核にまつわるリスク
日本および国際社会にとっての北朝鮮のリスクで当面最も重要とみられているものは、核にまつわるリスクであろう。このリスクは、北朝鮮の核保有が、国際的核拡散へつながる恐れがあるというグローバルな側面と、それが、日本にとって安全保障上直接脅威を形成する恐れがあるという側面の、双方が存在する。

前者はそもそも五大国による核独占をどのように考えるかという根本問題に対する国際的動向

（イラン、イスラエル、インド、パキスタンの動向や核軍縮への取り組みも含む動向）を脇に置いて、北朝鮮との間だけで政治折衝を通じて早期に解決しようとすることは、現実的ではないであろう。
むしろ当面は、北朝鮮における核管理リスクや環境リスクを、（北朝鮮自身のためにも）抑制する体制が整備されているか否かが問われなければなるまい。

ロ．軍事的なリスク

核のリスク以外の軍事的リスクについては、北からの韓国への大規摸な進攻のリスクのほか、偶発的あるいは政治的意図のもとに発生した小規模の軍事衝突がエスカレートするリスクをどう抑えるかの問題がある。これについては、南北間の対話チャネルの確保もさることながら、相互の報復を抑制するための国連の機動的対応が重要であろう。

軍事的リスクと政治的リスクのいわば接点に位置する問題に、北朝鮮における軍の政治的地位の問題がある。軍が、党中央の意思と必ずしも一致しない対応をとるリスクをどう軽減するかは、北朝鮮自身のみならず、日本にとっても大きな問題である。

この観点から、北朝鮮の軍首脳と韓国、中国、ロシアの軍首脳との国際的交流や、金正恩自身と軍との関係の緊密化は、その軍事的意味だけでなく、政治的インパクトを含めて評価されなければなるまい。

ハ．政治的なリスク

次に、政治的リスクについては、日本から見れば体制の不安定化とそれに伴う政策のブレのリスクがあり、また、これらのリスクが、第三国の政治的あるいは軍事的干渉を招くという問題がある。この観点から見れば、北朝鮮の体制の権威主義的体質や硬直的政策動向を、いたずらにマイナスに評価するだけではなく、それが、体制の安定に寄与している程度と態様を見極めねばなるまい（また、金正恩に万一の事態が起こったときの政治的リスクの問題は、無視できない不安要因であろう）。

最後に、日本の場合、南北朝鮮の問題は、歴史的に外交問題をこえて日本国内で内政問題となりやすいことに注意を要する。拉致問題をはじめとして、北朝鮮の行動が、日本の朝鮮半島政策を時には混乱させ、時には硬直化させるリスク、そして日本国内に存在する多くの北朝鮮系統の「朝鮮人」の政治的動向に北朝鮮内部の政治動向が不測のインパクトを与えるリスクをも考えねばならない。

（小倉和夫「日本にとっての朝鮮半島――歴史的関係と将来展望――」『解剖北朝鮮リスク』日本経済新聞出版社、二〇一六年所収より抜粋改訂）

東アジアの環境変化と今後の日韓関係——市民の立場からの考察

二十一世紀に入る前後から、東アジア諸国をとりまく環境は、市民の立場からみると、大きく変貌した。

何といっても、中国の台頭、そして、韓国の先進国化、そして、グローバリゼーションの波にのって、東アジアの国民の間で現代若者文化の共有や、歴史ドラマの普及といった文化面での現象が目立つようになった。

言ってみれば、観光客の増大が象徴しているように、国境はある意味で薄れつつある。

その一方、どこの国でも、とりわけ、若者の間で、ある種のナショナリズムがじわじわと台頭している気配がある。

こうした状況下で、日韓関係においても、交流の増加や相手国に対する国民感情の改善が見られる一方で、政治、外交問題を中心に両国の関係が緊張しやすい体質は依然変わっていないというパラドックスともいえる現象が生じている。

こうした現象を、国民または市民の観点からよく観察、分析せねばなるまい。

勢力関係の変化と日本の対韓国感情

韓国の目覚ましい経済発展と、韓流ブームなどに象徴される韓国の国際的影響力の増大と国際社会への進出は、ちょうど、日本の経済力の相対的低下や度重なる政権の交代といった事態とほぼ並行して進行した。その結果、日本においてある種の挫折感といらだち（それは、あたかも兄が弟に追いつかれ、部門によっては追い抜かれ、しかも、それがかつては自分の得意芸であった領域で起こっているという感情）を増幅させた。

とりわけ、こうして「発展した韓国」が、「過去の問題」について相変わらず日本を批判し、しかも、そうした批判を第三国においても行っていることについては、今や力をつけた韓国が、過去のしっぺがえしをしているという反発につながり、日本における嫌韓国感情を激化させた（しかも、今や韓国は日本と対等な関係になりつつある以上、過去の行きがかりにいつまでもこだわるのはおかしい、逆にいえば、韓国が今日のように発展したこと自体、過去が清算され、対等な関係になったことを意味するという感情が日本側にはある。日本人の感覚から見れば、現在日韓両国が対等な関係にあるという事実こそが、過去は清算されたことを意味しているとも言える）。

勢力関係の変化と韓国の対日感情

韓国の経済的・政治的地位の向上は、日本からの経済的・技術的協力の必要性を低下させ（すくなくともそのような感覚が広まり）、日本との対等関係の確立という感情を強めた。しかし、韓国の社会心理には依然過去の残影があり、対等関係になるためにも、日本は過去を一層はっきり反省する態度を示してほしい、それこそが、真の対等関係を確立する道であるという感情がある。

いいかえれば、日本による過去の清算の意志が、一層明確になってこそ初めて対等関係が樹立されるという気持ちの問題である。ここでは、対等関係の樹立は、いわば、過去を含めた対等関係の樹立に置き換えられている（朝鮮総督府の建物を全て破壊した背後にも、類似の心理が働いていたとも言える）。

日本社会の状況と国民感情への影響

経済成長の低下や社会における不平等の増大はあるものの、全体として、日本国民は「豊かさを追求する」社会から、安全、安心な社会、すなわち「豊かさを守る」社会の実現を指向している。その結果、国民は一般的には内向きとなり、自己防衛意識や被害者意識に陥りやすい心理的環境がある。こうした状況下では、日本を加害者と見る見方、特に遠い過去に関連する見方は、普通の日本人にとって受け入れにくいものになりつつある。とりわけ、今や「強くなった」韓国や中国が日本批判を行うことについては、不当な苛めであるとして、むしろ日本は被害者であるという感情が強まっているとも言える。こうした感情を、自分自身の中でどのように制御しつつも、相手に理解させるかが問題であろう。

韓国社会の状況と対日感情

韓国では、経済発展と民主化の進展にともなって、ネット社会の広がりが顕著となり、その一環として市民運動が先鋭化してきているが、市民は依然として、大企業や政府、外国権力などの「被害者」であるという意識が強い。そうした立場を明確に貫くことこそが、民主的精神であり、また、とかく米国、日本などに対して戦略的観点から妥協しがちな権力機構に抗議することが、民主勢力の務めであるという感覚が韓国内では依然強い。その結果、一部の「激しい」対日抗議的活動がおこりやすい状況にある。（また、社会主義政党が存在しないため、市民の民主勢力が先鋭化したときのクッションが見つけにくい）したがって、そうした韓国の市民活動の当事者と、日本の市民団体との交流も必要であろう。

国民あるいは市民の責任

こうした状況下で、日韓関係が緊張する際、市民一人一人としてはその責任を、政治指導者や、言論の責任に課すことは容易である。また、政治指導者や言論界の責任も、もとより皆無ではない。なぜなら、政治も言論も、世論に従って行動する面ばかりではなく、世論を啓発し、指導する面も持っているからである。しかしながら、民主主義社会においては、最終的に、社会的責任を負うべきは、国民一人一人である。

国民一人一人の立場から見て大事なことは、少なくとも、三つある。一つは、市民の自覚である。自覚とは自己をよく知ることから始まらねばならない。しかし、自己をよく知るためには、他人との出会いと交流が必要である。持続的な、日韓交流を地道に実施してゆくことが大切であり、政治的理由から市民レベルの交流を中止、延期することは本末転倒であり、許されるべきことではない。

二つめは、共同行動の重要性である。交流だけでは、深みに乏しい。同じ課題について共同で市民が考え、行動できるような機会を増やすことが大切である。ジェンダー、育児、障害者や高齢者介護、多文化共生など生活に直結した問題についての市民対話を促進すべきである。

三つめに、できるだけ、国民の交流をグローバルな視野や次元のもとで行うことであろう。

日本のとるべき対応——市民の立場からの見方

このような現状を踏まえつつも、中長期的視点から、日本のありうるべき朝鮮半島戦略を考える際には、少なくとも、次のいくつかの点を検討すべきと思われる。

第一に、アジアにおける経済的自由主義と政治的民主主義の定着を図ることが、日本自身の平和と安定のためにも重要であると考えるのであれば、日本以外で、ほとんど唯一、アジアにおいて経済発展を達成し、民主主義の定着しつつある韓国と、グローバルな視野の下で協力関係を強化することが大切である。

その観点から、日韓グローバル・アジェンダ・フォーラムを官民合同フォーラムとして発足させ、世界的課題についての日韓協力の具体案を検討すべきである。

第二に、民主主義の定着は、自己の過去の歴史における民主主義勢力の弾圧や対外侵略の反省をも含むものであるとの認識を共有し、同時に、過去の克服は、共同で行ってこそ、真の克服につながるという認識を共有できる環境をつくりあげることが重要である。

このためには、日韓両国の市民団体、学生団体、農民団体、労働組合、女性団体、職業別団体など、グループを特定し、かつ、課題を特定した対話フォーラムの活性化あるいは結成のため、両国の財団、あるいは、国際交流基金のような組織が、韓国にカウンターパート（複数）を見つけ、共同でイニシアチブをとれるよう、特別基金を既存の基金をも活用しつつ新設すべきである。

第三に、中国問題についての日韓対話を促進すべく、既存のフォーラムをさらに活性化させるほか、米国、台湾、モンゴルなども含めた対話の機会を拡充し、同時に、中国を含めた日中韓三国の現存する各種フォーラムをさらに活性化させる努力を行うべきである。

第四に、日本は北朝鮮との対話を促進し、まず、文化財の保存、言語教育などの分野での交流を活発化させるため、なんらかの民間の連絡窓口を北朝鮮に設置することを検討すべき時期が来つつあると考えられる。

（二〇一八年から二〇一九年にかけて、民間レベルの日韓対話を行う際、個人的メモとして作成したものを若干改訂した）

第Ⅱ部　中国とのお付き合い――その表、脇、裏舞台

第一章　日中関係正常化交渉を振り返って——原点から学ぶもの

「正常化」は一日にしてならず

一九七二年九月の日中国交正常化は、同年七月の田中内閣成立から僅か数ヶ月後に実現した。それは、いわば、怒濤のような時の流れと、日中双方における激しい政治的潮流によって成し遂げられたものだった。

それだけに、重要な政治、外交問題が、原理、原則の上では合意されたものの、そうした原則が、実際の経済、貿易、産業などの面でどのように適用され、どのように運用されるべきか、その後の折衝にゆだねられた。

日中共同声明が、航空、海運、貿易、漁業の四つの分野での実務協定の締結に言及したのは、まさに、この四協定の折衝の過程で、それまでに合意された「原則」が、どのように適用されるかを見極めることを意味していた。

いいかえれば、日中関係全般の正常化は、少なくとも数ヶ年がかかる作業であり、九月の国交正常化は出発点にすぎず、関係の進化と深化は、その後の交渉にゆだねられたのである。

つまり、日中関係の正常化は、時間のかかる一つのプロセスであり、何年間もかけて実現されてきたものなのである（極端な言い方をすれば、「正常化」のプロセスは現在も進行中なのかもしれないのである）。

「残された」問題とは

原則は合意されたものの、その実際の適用の仕方が後に「残された」問題、あるいは、国交正常化交渉自体においては、とりたてて問題とされなかったが、あらためて外交的「手当」が必要と考えられた主な事柄には、次のような問題があった。

（イ）日本と台湾との間の経済、貿易、観光などの関係をどのような形で維持するのか
（ロ）日中戦争などについての日本の公的な「反省」は、共同声明で尽きているのか
（ハ）真の日中友好関係の実現のために想定された日中平和友好条約の締結交渉をいつ、どのように始めるのか
（ニ）日中間にこれまで存在した民間取り決めや民間交流の枠組みをどう評価し、どう位置づけるのか
（ホ）中国が開発途上国の地位を堅持していることについて、どこまでそれに配慮するのか

なお、国交正常化交渉、ならびに、その後の実務協定交渉を行う時代においては、いわゆる領土問題（尖閣諸島問題）については、いわば、当面これを棚上げすることで、ある種の了解がついていたとみることができる。

踏み絵となった日台航空路線

台湾問題について、共同声明では、台湾が中国の一部であるという中国の立場を、日本は「十分理解し、尊重する」と明言した。その具体的適用をせまられたのが、日中航空協定交渉であった。

中国は、いわば政治的建前として、二つの点に固執した。

一つは、台湾の航空会社の名前（「中華航空」）は、中国を代表しているように響くのでその名称を変更すること

二つには、日本の空港において、中国（中華人民共和国）の飛行機と台湾の飛行機が同じ空港を使用しないこと

ここには、今や、正式に中国を代表するのは中華人民共和国であり、それが、日本において、目に見える形で表れていなければならないという理念がこめられていた。

言ってみれば、航空協定交渉で、中国は、台湾問題についての中国の面子をきちんとたてるようにと、いわば、日本に踏み絵をふむことを要求してきたともいえる。

同じ空港を使わないことについては、台湾は羽田、中国は成田を使う原則とすることで合意した。しかし、名称変更は、台湾に日本が強要する訳には行かず、日本が自己の認識として、台湾

の「中華航空」は中国を代表する航空会社とは認めないことを宣言することとした。しかし、これに反発した台湾は、結局日台路線を断絶した。

中国の面子をたてた行為は、台湾の面子をつぶしたのである。

しかし、ここには、日本における親台湾勢力の面子の問題が絡んでいたことに注意を要する。自民党の親台湾グループは、中国の要求について日本が踏み絵を踏めば、日台路線は断絶すると主張して交渉にゆさぶりをかけていた。そのため、台湾が実利を重んじて日台路線を持続させれば、日本国内の親台湾派の政治的面子を失墜することになりかねず、台湾に強硬路線を取るよう、それとなく示唆していたとみられるのである。

また、台湾問題については、当時日本では、台湾の初代総統蒋介石が、終戦時において日本人に寛容な態度をとった事を多としてその恩義に報いるべきと主張する者が少なくなかったことに注意を要する。たとえば、台湾に私費を投じて「報徳観音像」を建てたある民間有志は、車にガソリンを積んで、外務省の周りをぐるぐるまわり、台湾路線が断絶したら、焼身自殺するとふれまわっていた程であった。

見方によっては、当時の交渉責任者は、中国、台湾、そして日本の関係者という三方面から踏み絵をつきつけられていたのであった。

台湾への特恵関税供与の是非

航空路の問題とならんで、国交正常化後の台湾と日本との関係の上で、中国が神経をとがらせたのは、日本の台湾に対する特恵関税の適用問題であった。

中国側が、この問題に拘ったのには二つの側面があった。一つには、台湾への特恵供与は、台湾を独立国として認めることを含意していないかという点であった。これに対して日本側は、特恵供与は国家に限らず、関税上、別の領域になっている「地域」（たとえば香港）にも適用されており、台湾はあくまで「地域」として特恵供与の対象となっていることを説明した。こうした行き掛かりもあって、その後日本政府は、経済的な制度や慣行を台湾にも及ぼす場合、「地域に適用する」という言葉使いをすることが慣例になったのである。

やや似た動機から、中国は第二に、特恵供与には、政府間の合意が必要ではないか、そうとすれば、日本政府と台湾は、「政府間」の折衝を通じて特恵供与を行うことになるわけで、それは、台湾と日本とが政府間の交渉を行ったことにほかならず、日中国交正常化の精神にもとるものではないか——そういった趣旨の疑問を投げかけてきた。ここにも、日本の台湾政策についての中国側の疑心暗鬼がみられた。日本側は、特恵供与は、それを希望する国に日本が一方的に与えるもので、政府間の「合意」に基づいたものではないと説明しても、中国側はなかなか納得しなかった。

この問題は、次のような意味で、日中双方にとって、国交正常化後の日本と台湾との経済貿易関係のありかたについての言わば試金石であった。すなわち、中国側にとって、この問題は、日本政府が、日中共同声明で明らかにした台湾の地位についての認識に基づいて、具体的事例において「正しく行動する」かを見極める試金石の一つであった。他方、日本側にとっては、台湾との経済、実務関係は国交正常化後も維持するというこちら側の方針を、中国側がきちんと了解しているかを試す試金石だったのである。

そうした要素をもった問題だっただけに、日中両国は、いわば「大人の態度」で問題を処理した。すなわち、この問題はこれ以上日中両国政府間で取り上げないこととなった（双方とも問題にしないという暗黙の了解がついた）のであった。

過去の清算

日中戦争をめぐる過去の「反省」の問題は、実務協定交渉の過程では、大きな問題とはならなかったが、その後、たとえば、首相や閣僚の靖国神社参拝問題等で、再び政治外交問題となった。その原点は、実は、日中国交正常化にあったともいえる。

中国の外交部関係者の内話によれば、日中国交正常化をうけて、党幹部は、全国に国交正常化の背景、意義についての学習会を展開した。旧満州では、いわゆる万人坑の問題もあり、自分の親族は日本軍に虐殺されたなど、大衆集会で恨みつらみを言う者もいたという。その時、党幹部は、次のように言って場をおさめた。すなわち、戦争の責任は日本の軍国主義者にある、日本国民は、実は、中国国民と同様に戦争の犠牲者なのだと。

こうしたキャンペーンを繰り広げた中国共産党にしてみれば、軍国主義者も国民も共に祭った場所に有力政治家が参拝することは、許し難いということになるのは自然の成り行きであった。

この点と関連して一九七一年末ごろから、中国共産党の論説で、日本軍国主義批判が急に盛り上がる気配がみられたが、この動きは、実は、後の学習会の思想と連動していたとみられるのである。

過去の歴史的問題としては、戦争の反省云々の問題のほかに、いわゆる中国蔑視、そしてそれを象徴するものと中国が主張してきた「シナ」という呼称の問題があり、この問題は、日中漁業協定交渉にも影を落とした。

それは、漁業協定の規制範囲の問題と絡んでいた。すなわち、日中漁業協定は、東シナ海を中心とする海域における漁業を規制するものであったが、この「東シナ海」という文言を巡って論議があった。中国側は、日本語のテキストにおいても「シナ」という言葉を使うことは認められないと強く主張した。他方、日本側は、日本語の地名としては「東シナ海」という表現は定着しており、固有名詞の名前は変えられないとして対立した。しかし、日本側で検討、研究した結果、漁業関係者の間では、東シナ海を中国側と同じく東海と呼んでいるとの実態があることがわかり、漁業については、という条件つきで「東海」という呼び名を使用することとした。

こうした「シナ」という呼称を巡っては、その後も石原慎太郎氏が、「英語でチャイナと言うのだから、シナと呼んで何故悪いのか」と苦言を呈するなど、今でも時折問題となっている。こんなところにも、「過去」は影をおとしている。

井戸を掘った人々への配慮

日中国交正常化に至る過程において、主として貿易、経済交流面で、日中間のいわば橋渡し役を担った人々がいた。いわゆる日本国際貿易促進協会や覚書貿易関係者などは、その主なグループであった。

周恩来首相は、国交正常化に関する話し合いの過程で、「水を飲むときは、井戸を掘った人々を忘れてはならない（飲水思源）」と述べたと言われる。これは、政府間の国交が開けるまでの間に日中交流に尽くした人々を評価するとともに、いわゆる、中国の人民外交思想の一環として、政府間のみならず、国民同士の交流も外交活動の一環とみなすという理念を再確認するものでもあった。

こうした人々の評価の問題は、貿易協定交渉において議論された。中国側は、「既存の民間貿易のつみあげてきた成果を尊重し」という文言を協定のなかで明示するよう要求した。しかし、日中貿易関係者には、反政府的な言動を行う人も少なくなかった経緯もあって、日本側は微妙な立場にあり論議となった。結局、これまでの民間貿易の成果を評価するとの趣旨の文言をもりこむことで妥協が図られたものの、「井戸を掘った人々」が中国側との間で作り上げてきた組織、団体の役割が、政府間そして日本側財界主流の企業を網羅した日中経済協会などによって肩代わりされてゆくにはその後も若干の日時を要した。

ここでも正常化は、時間のかかるプロセスであったのだ。

「人民外交」にどう対処するか

井戸を掘った人々への配慮の問題は、中国の、いわゆる「人民外交」にどう対処するかの問題と結び付いていた。

中国の「人民外交」は、二つの側面をもっていた。一つは、相手国の国民に直接働きかけて、外交的目的を達成せんとする側面である。もう一つは相手国内の特定の社会的集団あるいは階級と連携して、特定の問題の解決あるいは折衝に臨むという側面である。

国交正常化以前においては、こうした中国の人民外交は、とかく日本政府を政治的に揺さぶることに重点が置かれ、また、日本当局もそうした動きには警戒感をもって臨んでいた。ところが、国交正常化が実現した以上、日本政府としても、民間レベルの話し合いと連動したかたちで、中国との話し合いを行う姿勢を取らざるを得ない状況となった。しかし、こうした姿勢の転換は、必ずしも容易ではなかった。そのことは、奇しくも、日中漁業協定交渉の過程で明らかとなった。

そもそも、当時、中国漁業の中心は零細な漁業者でしめられ、また、国際的にも、日本などの漁業大国による資源独占に対する開発途上国の反発も強く、中国も、いわば第三世界の声を代表する立場にあった。

こうした状況は、まさに中国が人民外交を展開するに好都合であった。

中国は、漁業協定を通じて、日本の大手企業の進出を抑制し、むしろ中小漁業者と手を結ぼうとする姿勢を維持していた。現に、中国の代表団の三分の二は地方の中小漁業者の代表であり、そのため連絡調整に時間がかかることもしばしばであった。また、中国側代表団員が、日本の地方の漁業関係者と接触することも見られた。

それだけに、日本の当局としては、政府間協定が、従来存在した民間協定の内容を上回る実益のあるものでなければならないとの立場に追い込まれていた。

結局日本側は、こうした人民外交に対抗する戦略として、資源保護の必要という理念を打ち出し、日中双方、そして政府、民間双方がその理念を中心に交渉するとの態度を堅持することによって、交渉妥結へと導いたのであった。

国交正常化をめぐる詩歌の香り

一九七二年の日中国交正常化が実現した時代には、なお、日中間の文化的親近感が多くの人々によって共有されていた。

たとえば、漢詩である。少なからぬ日本人は、漢詩の素養があり、著名な唐朝や宋朝の漢詩を詠ずる者も稀では無かった。

そうした意識あるいは風習は、正常化交渉の立役者であった田中角栄首相、大平正芳外相にもみられたところである。すなわち、両者は、北京での交渉にあたり、感慨を漢詩にして詠じている。もとより、両者の詠じた漢詩は、専門家や側近の助言や補助によるものであったとしても、そうした作品が作られたことの背景には、日中間の文化的つながりについての思いがこめられていたことは否定できないであろう。

田中首相が、北京空港に到着した際の感慨を詠じた漢詩は次のようなものである。

国交途絶幾星霜
修好再開秋将到
隣人眼温吾人迎

北京空晴秋気深

他方、大平外相は、宿舎の迎賓館で中国の悠久の歴史を思い、次のような漢詩を詠じた。

長城延々六千里
汲尽蒼生苦汗泉
始皇堅信城内泰
不知抵抗在民心
山容城壁黙不語
栄枯盛衰凡如夢

（注　蒼生は人民、庶民の意。城内泰は城内が安らかの意。山容は山の姿の意と思われる）

毛沢東の贈り物

丁度、田中首相の漢詩に和するか如く、中国の毛沢東主席は、田中総理に、一冊の書物を贈り物として贈呈した。それは中国古代の著名な詩人屈原の詩をあつめた「楚辞集注」という書物であった。

何故毛沢東は、この書物を田中に贈ったのか、そこにどういう意図があったかについては、種々の憶測が生まれた。

一つは、屈原が説いた合従連衡という考え方を、日本側にそれとなく伝えたかった——という見方だ。

屈原の時代、楚の国は大国秦の圧力を受けていたが、これに対して屈原は、周辺の国々が連帯して秦に対抗すべきことを進言した。不幸にも、この進言は国王に取り入れられず、屈原は中傷を浴びた結果、湖に身を投げて自殺する。ソ連が一九七〇年代の当初、中国にとって脅威の対象だったことを踏まえれば、この屈原の物語を日中双方が想起し、ソ連に対して両国が連合することの重要性を、毛は訴えようとしたのではないか、という見方があった。

他方、屈原が自殺した際、それを嘆いた人々がササにくるんだ菓子を湖に投げ入れたという。それが、ちまきの元になったとの言い伝えが広く流布されていることから、毛は中国の伝統が日本にも生きており、日本と中国は伝統を共にする「同文同種」の国であることを暗示したかったのだという見方もあるようだ。

一方、中国研究家の横浜市立大名誉教授矢吹晋は次のようながった見解を示している。

すなわち、楚辞には「迷惑」という言葉が使われているが、それは「人を惑わす」との意味であり、現代日本語の用法とは違う。九月二五日夜に人民大会堂で開かれた歓迎夕食会のあいさつで、田中首相が日本の過去の行為について言及した際、「中国に迷惑をかけた」と発言した。これが中国人の反感を買った事実を踏まえ、迷惑の意味は中国と日本とでは違うのだということを改めて暗示したものなのだ、と。

もっとも、中国要人の日本語通訳として長く活躍した王効賢女史の内話によれば、毛沢東主席は人も知る詩人であり、自分が常日頃愛読している書を、親しみをこめて田中氏に贈ったのであろうという。そうとすれば、漢詩を詠んだ田中と、詩歌を愛した毛沢東は、漢詩によって結ばれていたことになる。

周恩来の在日時代の漢詩

田中首相のいわば相手方であった周恩来総理は、日中国交正常化にあたって、詩を詠んだという事実はないようだが、元来若い時から詩を好む人物であった。

現に、若き周恩来が日本に滞在していた際（一九一九年四月）、京都の嵐山で、次の詩句を詠んだことは良く知られている。

雨中二次遊嵐山

両岸蒼松挟着幾株櫻

到尽処突見一山高
流出泉水緑如許繞石照人
瀟瀟雨霧濛濃
一線陽光穿雲出愈見嬌妍
人間的万象真理愈求愈模糊
模糊中偶然見着一点光明
真愈覚嬌妍

およその意味は次のとおり。

雨の中に再度嵐山に遊ぶ
両岸に青い松、何本かの桜の木が混じる
つきあたりに小高い丘が突き出ている
泉の水が緑のようだ、石を囲み人と出会う
雨が降りしきり、霧が濃く覆いかぶさる
一筋の太陽の光が突き出る、見れば見るほど美しくなまめかしい
人間界の森羅万象は、真理を求めようとすればするほど曖昧模糊としている

模糊とした中に、偶然一点の光明が見える
真はまさに美しくなまめかしい

ところで、国交正常化の際、将来日中間で結ぶべき協定として日中平和友好条約が言及されていた。この条約が一九七八年現実に締結された際、それを記念して、周恩来のこの詩が、日中友好協会会長の廖承志氏の筆になる書となって、京都嵐山の石碑に刻まれ、今日もその姿を見ることができる。

その意味では、この詩も、国交正常化の過程と間接的ながら繋がっているともいえよう。

井戸を掘った人々の詩歌

国交正常化以前の段階で、その地ならしを行った、所謂「井戸を掘った人」は多く存在するが、なかでも覚書貿易に尽力した松村謙三、高碕達之助氏などが著名である。

松村氏は、漢詩にも素養があり、現に、長野県を訪れた際、蕎麦の花が雪のように咲いていると詠じた白楽天の詩を書にして、友人の長野県出身の代議士井出一太郎氏に贈呈し、その書は、佐久の「不重来館」に残されていると聞く。

松村謙三については、その逝去を悼み、中国の文人として名高い郭沫若氏が、漢詩を詠んでいる（以下の文の漢字は現代日本語の漢字の形で表現）。

渤海洋
一葦可航
教睦邦交
勤改農桑
後継有人
壮志必償
先生之風
山高水長

右の大意は次の通り

渤海は広大なるも小さな船も渡れる
睦まじさと親交を教え
農業改良に勤める
後を継ぐ者もあろうし

志は必ず報われよう
先生の風格は
山高く河水長きが如し

この詩には、まさに松村氏が農業政策に尽力したことにも触れつつ、日中友好の懸け橋となったことへの賛辞がこめられている。

郭沫若は、また一九五五年、一八年ぶりに日本を訪問した際、

懐旧幸堅交似石
（昔を懐かしめば、固き交わりは幸い石の如く堅固なり）

という言葉を含む詩を詠じたが、郭沫若も正に、井戸を掘った人の一人であった。

また、松村謙三が、著名な人々の訪中としては戦後初めてとも言って良い訪中団を率いて、一九五九年に中国を訪れた際、代表団の一員だった井出一太郎は、和歌を詠んだ。

東京と
北京の距離は近くして

結ばむみちは
なほ遠々し

同氏は、また、一九六二年、訪中する松村謙三に送辞として次の歌を詠んだ。

杜白の詩
義之真卿の
墨のあと
宋の陶磁も
君を待つらんか

因みに、長野県出身の政治家で、「井戸を掘った人」の一人としては、小坂善太郎をあげることが出来よう。小坂氏は、一九七二年九月、議員団を率いて中国を訪問、周恩来首相とも会談して、国交正常化交渉のいわば地ならしを行った。おりから、自民党からは、親台湾派の議員が椎名特使とともに相前後して訪台していたことから、小坂氏一行の訪中は、中国との関係でそれだけ重要な役割を果たしたともいえよう。

なお、日中間の詩歌の交流については、近年、日本の俳句に構想をえて、漢字一七文字で短詩をよむ「漢俳」が、一部の中国人有志によって作られるようになったが、これも、長年に亘る詩歌を通じた日中交流の延長線上に位置するものに他ならない。

山川異域、風月同天

近年、日中関係にことよせて漢詩を詠んだり、引用したりする日本の首相や外相は記憶にないが、中国の王毅外相は、次のようなエピソード残している。

数年前、王毅は、日中関係についてかなり前向きな言葉を述べたことがある。いわく、日中両国は、貿易、投資、五輪大会の運営、コロナ対策など多くの分野で協力できる関係にあるとし、日中両国は「山川異域風月同天（山川、域を異にすれども、風月、天を同じくす）」と言える関係にある。日中両国は、土地は離れ、異なっているが、共に同じ天をいただき、大自然の仲間だ――と。

王毅が引用したのは、実は八世紀初頭、天皇家と藤原氏との権力抗争のあおりで自尽した左大臣、長屋王（天武天皇の孫）の書いた詩歌の一部である。

この「山川異域風月同天」という言葉は、長屋王が中国の僧侶に贈った千枚に及ぶ袈裟に、金糸で刺しゅうされた一六文字の詩の前半部分。後半部分は「寄諸仏子共結来縁」（仏弟子の方々にこの袈裟を贈ります、共に将来長く続く縁を結びましょう）となっていた。

ここには、国境を越え、民族の違いを越えて、共に同じ仏教を信仰する者同士として、友好関係を築こうという考えが込められている。今日の時点で注目すべきは、日中間には信条、価値観の共有が存在していたことだ。

現代の日中関係においても、千年前の歴史を振り返って考えると、たとえ民主政治、人権尊重といった政治的価値観を十分共有できないとしても、自由貿易主義、自然環境保護、高齢者、女性、障害者などへの福祉と思いやりの精神などの理念を共有することは可能であることに思いを馳せることができよう。

第二章　別れの外交秘話——台湾との関係を考えるにあたって

日中国交正常化は、実は、二つの側面を持っていた。中華人民共和国と新しい公式の関係に入るという側面と、同時に、今まで正式な外交関係をもってきた中華民国と別れるという側面である。

前者は、いわば通常の外交折衝と言えるが、後者はいわば別れの外交であり、あまり例をみないものである。この別れの外交は、別れの予告（あるいは仁義の切り方）、別れの儀式のやり方、そして別れた直後の関係の処理という、三つの次元を持っていた。

別れの仁義の切り方——勧進帳の読み上げ？

別れの外交の第一歩は、別れの予告の仕方であった。

日本政府は、椎名悦三郎氏を特使として台湾へ派遣して、いわば別れの「仁義を切った」。特使は、田中首相の台湾首脳宛の親書を携えて、一九七二年九月一七日に台湾を訪問した。この親書の作成過程はやや複雑であった。元来、この親書の眼目は、国際情勢の変化によって、日本は中華人民共和国との関係を新しい次元で考慮せねばならず、もし、人民共和国との外交関係が樹立されれば、遺憾ながら中華民国との外交関係は断絶することになるが、それはいわばやむを得ない結果であるとの趣旨を伝えるところにあった。それは一種の三下り半ないしその予告ではあるが、同時に、大陸中国との外交関係が開かれても、外交関係に準ずる公的関係が台湾との間でも継続しうるという幻想を、台湾側（及び親台湾の日本側関係者）に与えないためのものでもあった。

従って、この親書の作成過程において、その原案では、「遺憾ながら外交関係は断たれることになるであろう」との文言が明白に盛り込まれていた。ところが、この親書の原案が法眼晋作外務次官の決裁に上がった際、次官から、親書作成の当事者であったアジア局中国課に対して指示が出た。すなわち、この親書を、漢学の大家安岡正篤氏に校閲してもらうようにとの指示であった。

安岡氏は、親書の随所に中国の古典を引用するなど、書簡を格調高いものに修正したが、その過程で、「外交関係は断たれる」との部分はやや曖昧な表現となった。この案文が再修正されず、そのままの形で、総理親書になったいきさつは必ずしも明白ではないが、一つには、当時台北駐在の宇山大使から、親書の案文について意見具申がきていたことも影響していたと思われる。この意見具申のなかで、大使は、親書においてわざわざ「外交関係断絶」を明示することはやめるべきである、なぜならば、それは自明の理であり、ことさら日本からそれに言及することは、いたずらに台湾の面子を傷つけるだけであるとの趣旨を述べていたからである。加えて、外務省幹部の中にも、大使の意見具申に同調する者もおり、それも影響していたとも思われる。

いずれにしろ椎名特使は、むりやり押し出された格好で台湾を訪問し、「従来の関係は維持される。従来の関係の中には外交関係も入る」と述べ、いささか誤解を生みかねない趣旨の説明を行った。しかし椎名は、現地では、食事会など全く接待を受けることもなく、また、蔣介石総統にも会えず、いわば冷遇をうけて帰国した。

言ってみれば、台湾側も、従来の関係の維持といっても、外交関係が断絶することは百も承知の上ではあったが、弁慶になった椎名が勧進帳を読んでいることを承知の上で静かに自分も芝居に乗っていたと解すべきであろう。

特使の台湾訪問は、従って、日本からみれば、別れる前に一応仁義は切ったという形を作ったことになり、また、台湾からみれば、別れの予告などは受け付けないとの建前を通したことになった。

別れの電報——捨て切れぬ思いの表現は？

そして、いざ日中国交正常化が実現することになった時、その正式発表の直前に、在台北の宇山大使は、蔣介石総統あての田中総理の北京発の親電を伝達し、日本側としてはこれをもっていわば別れの儀式とした。

この電報については、作成過程に若干の秘話が存在する。

その内容についていえば、作成者であった筆者は、別れの外交の先例探しから始めた。しかし、外交は、友好関係を増進するか、そうでなくとも、相手国と渡り合うもので、国交を断絶するのは宣戦布告の時くらいである。台湾と戦争するわけではないから、宣戦布告の文章は先例にならない。ふと思いついたのは、第二次大戦前、日本が、アジアの反植民地勢力と手を組んで作った、いわゆる対日協力政権に対して、敗戦の際に日本がどんな「別れ方」をしたか、という事例である。ビルマ、タイなどの対日協力政権への「別れの辞」をひもといてみた。ところが、すべて、淡々としたもので、戦争の終結を述べるだけで声涙下るようなものはない。やむなく、白紙の上で起案作業にかかった。

まず、国際情勢の変化によってやむなく外交関係を断つ次第となったことを簡潔に述べ、これまでの友誼に感謝の念を述べた。さて、どう締めくくるか、と考えた時、今まで、中華人民共和国に対して言ってきたことを、いわば、裏返しにして言ってはどうかと思い、「国と国との国交はなくとも、国民同士の関係は友好的に維持したい」との趣旨で締めくくった。この最後の文言が、その後の日台関係をつなぐ糸になったとされている。それというのも、ほどなく発表された台湾の対日断交声明の最後にも、「日本の反共民主人士に対して、我が政府は依然として友誼を保持し続ける」との文言があり、台湾側もほぼ同じ気持ちを返してきたからである。次にまた、この電報の発電にいたるまでの過程でいささか「裏の事情」ともいえる経緯があった。

そもそもこの別れの電報は、日中国交正常化が実現する目途が確実となった際、中国との共同声明公表前に、迅速に台湾に届けねばならない。そのため、案文の原案を代表団の一員に北京に携行してもらい、交渉の推移を見極めながら、総理、外相などの了承を得て発電する予定であった。ところが、国交正常化の目途がたちつつあるので、この電報を打電してよいか、内容はこれでよいかといくら催促しても、電報の案文を携行した人物が多忙のため電報案文の所在を失念してしまったらしく、らちがあかない。タイムリミットもあるため、やむなく東京から、北京の総理秘書官に電話をかけ、ことの次第を告げて、電文案を携行したはずの人物と至急接触して、案文の是非を知らせてほしいと要請した。すると秘書官は、そのような余裕はないので、台湾に伝達すべき案文を「大至急、即座に返事してほしい」という添え書きとともに、あらためて北京の宿舎へ電報してほしい、と言う。

いくらなんでも、蔣介石宛の電報案文を北京に送るとなると、暗号電報とはいえ、万一中国側に知られては一大事であると思い躊躇したが、時間も切迫しており、やむなく案文を北京の日本代表団宿舎へ打電した。幸い、ほどなくして返答がきた。

「一ヶ所だけ訂正せよ」という。

文章の冒頭、敬愛する蔣介石閣下という所を、尊敬する蔣介石閣下と変えるべしという指令であった。

そもそも、「愛してはいなかったのか」と皮肉を感じたが、その通り修正して、台北の宇山大使に打電した。

台湾は、九月二九日、外交部の発表という形で、対日断交を宣言したが、台湾首脳部からの返答はなかった。ただ、後に聞いたところによると、当時既に健康状態が思わしくないため第一線をひいていた蒋介石にかわって実権を握りつつあった蒋経国は、いわば日本の閣議にあたる会議で、田中首相の親電の最後にある言葉、すなわち、国民と国民との友誼は継続するとの点に留意し、日本国民に対して敵対的行動をおこすことを慎むよう述べたと仄聞している。

別れの後始末をめぐる逸話

台湾との外交的お別れは、幾つかとりあえず行わなくてはならない後始末をかかえていた。まず行わなければならないことは、日本、台湾双方の大使館の閉鎖であった。日本側は、二ヶ月の期限を付した。

日中国交正常化から二ヶ月後の十一月末、麻布の中華民国大使館の鍵の受け渡しを得て、検分に出向いた。館内に入ると、広い庭の一角には、巨大な廃棄物を入れる箱がおかれ、蒋介石総統の大きな肖像画が、他のごみと一緒に投げ捨てられているのが痛ましかった。大使公邸に入ると、内は雑然とし、寝室の壁に掛かったカレンダーも傾いていた。台所は、宿直の者でも使っていたのか、カレー料理の食べ残しの皿が散らかっている始末だった。あまりにも雑然とした状況に驚いたが、これも、ある種の政治的意趣返しの象徴かもしれないと思い、憮然とした面持ちで大使館を後にした。

数日後、大使館内の清掃、整理作業の指揮に携わった外務省職員から、不思議な報告をうけた。

大使公邸の地下室から数個の頭蓋骨が発見されたというのである。外交関係が切れたとはいっても、長く大使公邸であった建物の内部で発見されたものであり、大使公邸はいわば日本の警察権が及ばない場所であることに留意して、頭蓋骨は、数日後に、台湾側に「忘れもの」として引き渡された。双方とも中身については無言のままの引き渡し、受け取りであったと聞く。

他方、日本の台北における大使館の閉鎖を含む後始末については、何よりも、在留邦人の安否が問題であった。そうした考慮もあって、台北の日本大使館は、本来、九月二九日をもって撤去すべき日本国旗を、その後も大使館に掲げ続けたという。

別れの後始末のうち実務的に最も重要なことは、今後の台湾と日本の連絡窓口の設定問題であった。日本はできるだけ早急にこの問題を処理したかったが、台湾側は面子もあり、なかなか裏面での話し合いに応じてこなかったが、数ヶ月後に、一種の貿易経済事務所ともいえる、交流協会（日本側）、亜東関係協会（台湾側）の設立への話し合いが開始された。

その過程で、奇妙な困難があった。それは、名称の問題である。大陸中国を刺激してはならないとの考慮から、中華といった言葉は使えず、また、日台云々とか東アジア協会云々という名称はどこかに既に存在しており、適当な名称を見つけ難く、結局「交流協会」というやや奇妙な名称になってしまったのであった。ここにも、シナという言葉をめぐる微妙ないきがかりに似て、台湾をどう呼ぶか自体が一種の政治問題になる兆候がみられたのだった。

「工作不力」

日中国交正常化が実現し、在日中華民国大使館は閉鎖、館員は退去することとなった。人一倍人情家であった外務省のH中国課長は、長年付き合いのあった、中華民国大使館のL参事官を夫人とともに、いわばお別れと労いをかねて、一晩、赤坂の料亭に、中国課の職員数名とともに招待した。

L参事官は、約束の時間より一五分ほど遅れて現れた。

「氷川神社の側まで行ってしまって、道に迷っているうちに、ぐるぐる回ってしまって」と、よどみのない日本語で、いかにも申し訳なさそうな口調でいった。

送別をかねた会合ではあったが、過去の話をすると、どうしても、台湾との断交の思い出につながりかねないので、主人役のH氏の挨拶も、二、三分の短いものだった。

ところが、返礼の挨拶を始めたL氏の話は延々二〇分以上になった。

その話のなかには、奇妙な、それでいて心を打つエピソードが一、二含まれていた。L氏の口調も、挨拶を離れて、むしろ自分の苦労話を、自分自身の中で反芻するような響きがあった。

「あれは、岸信介先生がかつて中国大陸で使っていらした女中さんが、今も存命だと分かって、その人に会うために、岸先生の娘婿の安倍先生が、北京まで行くという話になったことがあります。その時、私は、『その女中さんが会いたいというのなら自分で日本へ来たらよい。それなのに、安倍先生がわざわざ北京までゆかれるのは、親の面子をつぶし、却って親不孝になりますよ』と言って、結局、訪中が取りやめられたことがありましたよ」

そうL氏は言った。

いつもなら、とかくお喋りに走りがちな夫をわきからそれとなくたしなめる夫人も、今日はどう言う訳かうつむいて黙ったままでいる。

そのうち、L氏はポケットから、しわくちゃになってはいたが、最近の中国語の新聞記事の切り抜きを取り出して、一同に回覧した。

見ると、見出しに「工作不力」と書いた記事である。「工作不力」とは、仕事に力が入っていないという意味だが、記事は、L参事官はじめ大使館の幹部は「工作不力」だと、台湾の国会で大使館の働きぶりを批判したものだった。

「『工作不力』とは何だ、と私の故郷の人々まで、集団抗議すると息巻いていますよ。そんなことを言う奴は『修理』してやらねばならん、と言っています」

L参事官は、やや声を高めて述べた。

「修理」とは、台湾特有の中国語でたたきのめすという意味だと言う。

「修理」、「修理」と、今度は、L氏は自分の意見もそうだと言わんばかりに、その言葉を繰り返した。

そして、ごく自然な調子で話題を変えると、日本との関係に触れた。

「自分は、日本人の面子をつぶすようなことは日本に要求してこなかった。日本の面子をつぶすようなことを日本に要求するのは、結局台湾のためにならない、そう信じて行動してきた」

座が一瞬シーンとなって、同席の夫人たちまで、どこかシラケた空気が漂った。L氏が、日本と中華民国が断交に至るまでの日本のやりかたが、台湾の面子をつぶすようなやりかただったことを暗になじっているように響いたせいかもしれなかった。

「Lさん、そうしたL参事官の苦心、そしていかに見事に仕事をされたかを回想録をお書きになって世に出してはどうですか」

そう口をはさむと、途端にL氏の顔に笑顔が戻った。

「実は、そのように回想録を書いて出版社に出してあります。そう遠くないうちに出版出来るでしょう」

「では」とH氏が言った。

「今日は早めの出版記念会にしましょう」そう言って杯をあげ、一同が唱和した。

「工作不力」の影は漸く消えていた。

「今日は、本当にありがとう。これで胸の内が晴れました」

L氏は静かな口調でいった。

その横顔をL夫人は労るようにじっとみつめていた。

第三章　脇から見た日中関係——折々の見聞録

日本軍国主義批判の陰で

一九七一年、外務省の中国担当部局を悩ました問題の一つに、中国による「日本軍国主義復活論」があった。

中国は、一九七〇年半ば頃からほぼ一九七一年いっぱいにかけて、激しく日本軍国主義の「復活」を非難した。

もとより、中国は年来、日本のかつての軍国主義を非難し、また佐藤内閣批判においてもそうしたトーンを混入してはいたが、七〇年から七一年にかけての日本軍国主義復活論には、そうした従来からの日本軍国主義批判とは若干違った趣が感じられた。

とりわけ、中国が、日本の軍国主義の復活の可能性への警告や軍国主義的傾向や兆候に対する非難という形ではなく、日本軍国主義は「復活した」と表明していることの意味については、首をかしげる人も少なくなかった。

外務省の情報調査局、アジア局関係者の間では、漠然とした形ではあったが、中国のこの日本軍国主義復活非難は、折からの国連における中国代表権問題を巡る中国と台湾の争いと、台湾を支持する佐藤内閣の姿勢と関連したものであろうと見る傾向が強かった。

しかし、中国がなぜ「復活した」とか「復活しつつある」という表現を用い、あたかもそうした事実認識を強調しているように見られることをどう考えるべきかについては、中国の明らかな誤解であり、日本における自由民主の定着を見誤った、中国共産党特有の偏見であるとする見方が強かった。

しかし、米中接近が明らかになり、また、一九七一年後半になると陰では日本の覚書貿易事務所における暗号使用の問題など、日中国交正常化への下準備とみられる如き動きが見られるに及んで、そうした状況下においてなぜ中国が日本軍国主義復活論を唱えるのか、その意図について疑問が高まり、外務省当局内部でも何人かの学者の見解を質すような動きも出てきた。

学者の中には、中国の日本軍国主義復活論は、米中接近の流れの中で日本を孤立化し、日米離間を図ろうとする戦略だと見る向きもあったようだが、大方は政府関係者の見方と同じく、佐藤内閣へのゆさぶりとする見方が強かった。

もっとも、中には岡部達味教授の如く、日本軍国主義復活論が軍国「主義」復活と言って軍国の復活と言っていない意味をもっと良く分析、研究すべしという意見の人もいた。中には東南アジアとの関連を指摘する者もいた。中国の日本軍国主義復活論が、アジアにおける日本の経済進出や大東亜共栄圏について併せて言及していることから、日本のアジアへの経済的、政治的進出に中国が神経をとがらせている証拠とみる意見もあった。

また、最後は結局台湾問題であるとして、日本の経済力の上昇や日米同盟の強化が、台湾問題の解決をいっそう困難にしかねないことへの牽制であり、米中接近の流れの中で、日本が台湾擁護に一役も二役も買うことは、正に軍国主義の復活であるとして非難する戦略であるとする向きもあった。

いずれにしても、日本軍国主義復活論の代表的論文のひとつと言われた一九七〇年九月三日の人民日報、解放軍報共同社説の次の部分は、そのトーンの激しさと断定的口調から、外務省の専門家の間でも中国共産党の「口汚さ」の代表として眉を顰める者が多く、釈然としない雰囲気が流れるほどであった。

日本独占資本の悪質な膨張は、その生産と原料供給、商品市場とのあいだの矛盾をますます先鋭化させており、国内の階級的矛盾も日ましに激化している。対外略奪、拡張のなかに活路を求めるため、また日本人民に対する弾圧と搾取を強化するため、日本反動派は軍国主義の古い道を歩むようになったのである。

とりわけ、日本軍国主義復活論において注目されたのは、時の佐藤内閣に対する激しい攻撃であった。佐藤首相は名指しで「佐藤」と呼ばれ、岸信介とともに軍国主義勢力の「分子」とされた。そうしたことから、日本の中国観察者の中には、日本軍国主義復活論は、実は佐藤内閣批判であり、佐藤内閣に揺さぶりをかける言論キャンペーンであると片付ける向きもあった。

しかし、一九七一年後半に入って、覚書貿易事務所の暗号使用問題などを巡って、中国の対日国交正常化への意欲を内々に嗅ぎ取っていた外務省中国課をはじめとするアジア局の専門家にとっては、中国が裏で目立たぬ形ながら対日国交正常化への動きを示し、米中接近が図られている時に、何故日本軍国主義復活論が勢いを増しているように見えるのかには不審の念を抱く者が少なくなかった。結局、結論として、中国は日本との国交正常化を日程に載せようとはしているが、佐藤内閣ではとうてい駄目であるというメッセージを送ってきているのだ、という見解が大勢であった。

後になって考えれば、そうした戦略のほかに、一九六〇年代の日本の経済発展とアジアへの日本の貿易、資本面での進出が、中国にとってアジアにおける日本の政治的、経済的影響力の復活と映り、折からの米中接近の中で、日本がアジアにおいて米国の肩代わりの役を担う可能性が出てきたと判断され、それが日本軍国主義復活論を余計に激しく発動させた要因であったように思われてならない。

林彪事件のさざ波

一九七一年九月一一日(土)から一二日(日)の週末にかけて、北京空港を利用しようとしていた日本人の訪問客が足止めを食らったという電報が外務省中国課に届いた時、中国課の幹部も、他のアジア局の幹部も特段の驚きや反応は出さなかった。文化大革命以来の中国で、多くの混乱が起ることを見慣れてきた人々に、空港の一時使用不能といったことがさほどの注意をひかなかったのも不思議ではない。

しかし、数日後、在ワシントン日本大使館から奇妙な電報が届いた。その要旨は次のようなものだった。

「米国政府の得た情報によれば、北京で何事か大きな事件が起こっているようだ。空港管制の動きがただならぬ状態だ。ひょっとすると林彪の身の上に何かが起こったのではないかという気もするが、日本政府は何か情報を得ていないか」

国務省の中国課の担当官が、日本大使館の書記官に語った内容であった。

外務省の中国課では、H課長の下、緊急に情勢分析会議が開かれた。当時、中国の政治情勢を分析していたのは、顔が長いので「馬」というニックネームをH課長から貰っていたA事務官だった。

「中国では、二年半ばかり陳伯達が批判の対象となってきたことは確かである。毛沢東天才論の是非を巡って論争があり、陳がその論争の中で自己批判したとも言われている。陳は林彪に近いとされてきたので、陳伯達の失脚が、なんらかの形で林彪に及んだという事は考えられる」

そう言った趣旨の発表がA事務官からあり、H課長はじめ多くの課員は、信じ難いことだが、あり得ることかもしれないとため息をついた。

世界の主要都市の日本大使館へ情報収集の訓令を出すとの案もあったが、林彪の失脚とはあまりにも劇的であり、もう少し情報を収集し、分析した後で訓令を出さないと、受け取ったほうも日本政府はどう思っているのかと聞かれて当惑するだけであろうと、とりあえず正式の訓令を幅広く出すことは差し控えたが、当時、中国関係情報の収集、分析の拠点であった香港へは、情報確認、収集の依頼を行った。

やがて、香港から奇妙な情報が届いた。

中国のグラフ雑誌「人民画報」の最新号に林彪副主席が毛沢東の著作を学んでいる姿の大判写真が掲載されているが、この林彪の写真は、無帽で禿頭をむき出しにしている。林彪は元来自分の禿を気にしており、無帽の林彪の写真がでかでかと掲載されたのは、林彪に対する批判の意味が暗示されている、と言うのであった。

やがて、数週間後であったと記憶するが、やはり香港から「五七一工程紀要」と称する林彪のクーデター計画の文書が、中国共産党の内部に回っているとの情報が入り、ようやく中国課内部でも林彪の身に何かが起こった、という見方が定着した。

当時、中国課の大勢は、この事件（と言っても、林彪が軍の首脳と飛行機で脱出、ソ連に向かう途中モンゴルで墜落したということは、まだ知られていなかったが）によって、せっかく軍によって収拾された文化大革命の混乱が、再び激化し、中国の政局を不安定にしないか、また、林彪の身に何かあったとすれば、軍自体の統制を誰が行うのか、と言った点に関心を持つとともに、林彪が失脚したとすれば、それはキッシンジャーの秘密の北京訪問を始めとして、米中関係の進展に、軍および林彪が反対し、それが林彪の失脚の一因となったのではないかという点に注意を払うようになった。

しかし、この事件を巡って、米国政府の関係者と日本政府の中国問題の専門家が、親しく意見を交換することはなかった。それには、米中接近が絡んでいた。

いわゆる、ニクソン・ショックと言われる米中接触（キッシンジャーの秘密訪中）が、ロジャース国務長官から牛場信彦駐米大使に対して通報されたのは、事実上、訪中が実行された後であり、しかも、国務省自体訪中を事前に知らされていなかったことが分かって、日本の外務省当局のアメリカの国務省や在日大使館に対する態度は、二重の意味で硬化した。一つは、このような重要な米国の政策変更が、同盟国たる日本に全く知らされなかったことに対する憤慨があった。もう一つは、国務省や大使館が、米国政府部内でホワイトハウスとの関係で、このように重要な政策決定に関与できないと言うのであれば、そうした機関を日本の外務省が相手にしていては、政策の方向付けを誤ることになるとの感情が高まったからである。

その結果、当時のアジア局中国課のH課長は、課員全員に対し、在東京アメリカ大使館の館員との接触を禁止し、大使館員の中国課への出入りは禁じられた。

そうした事情もあって、林彪事件前後の日本と米国双方の政府の中国関係者の協議や連絡体制はあまりよく機能していなかったのだった。

そんなことも重なって、林彪事件は、外務省内にある種のショックないし「さざ波」を立てたが、これを機に中国情報分析の方向が変わるとか、対中政策の再検討が行われると言ったことはなかった。「さざ波」は「さざ波」で終わったのだった。

思想批判と面子

一九七三年のことである。前年の日中国交正常化の後をうけて、航空、海運、貿易、漁業の実務協定の交渉が順次行われることとなった。

航空協定の交渉から始まったが、台湾の航空機の取り扱いを巡って難航したためもあって、航空協定交渉と平行して、海運協定交渉も行うこととなった。

海運協定交渉のある段階で、日本側外務省K中国課長と、中国側陳坑日本課長との間で折衝が行われていた時、船舶の安全性の確認の問題をめぐって交渉中、中国側が、あまりに自説に固執するので、日本側が、「ただ頑なに自説を固執していては交渉にならない」といった趣旨の発言をしたところ、先方は、中国を侮辱するものであり、そうした発言を行った日本外務省の中国課長の「思想を問題としなければならない」と言い、いわば、一種の個人攻撃を始めて、日本側を驚かした。

日本側関係者の間で、共産党の内部討議では、よく「思想の是非」やそれに基づく自己批判などがよくあることなので、そうした風習の一環であろうという見方もあった。

他方、これは中国の代表が、中国の面子がつぶされたと感じたためで、中国人は面子をつぶされたとなると、後に引かない証拠だという者もいた。

たしかに、「個人の思想」を問題とするのは、あに共産党の風習だけでなく、中国人の面子重視のせいかもしれない。思えば一九二九年、日本が、中国駐在公使に、当時トルコに駐在していた小幡酉吉氏を任命し、アグレマン（任国の同意）を求めた際、中国は、小幡氏が、曾て中国が屈辱的約定とみなしている、いわゆる二一ヶ条協定の交渉において交渉の一部を担当したが、その際、氏はひどく高圧的態度をとったとして、アグレマンを拒否したことがあった。この「事件」は、当時、北京に駐在した中国通の外交官堀内謙介氏によれば、中国人が面子を重んじ、それを外交にも反映させたものと解されるという。

（もっとも、交渉者の個人的性癖を問題とするのは、面子の問題ではなく、相手陣営内部の対立をあおり、自国に共鳴しそうな交渉者にだけ重きを置こうとする「作戦」である場合もある。日米戦争の直前に行われた、いわゆる日米交渉において、米側がしきりに松岡外相を個人的に激しく批判する言動を行ったことは、とかく米側からみれば「扱い易い」現地の野村吉三郎大使などと意見の異なることの多かった松岡洋右氏に、交渉の主導権を握られまいとする米側の思惑がからんでいたと見ることもできよう）

中国のある知識人の告白

中国の著名な政府系の研究所の幹部であるL氏が来日するまでには、かなりの紆余曲折があった。

L氏は、もともと一九八九年九月頃に訪日する予定であった。ところが、七月、いわゆる天安門事件で北京に戒厳令がしかれる程の事態となり、L氏の訪日も延期されてしまった。

天安門事件後、日本も含めいわゆる西側諸国は、中国との交流を制限する措置をとり、中国側も外国旅行を制限する措置に出たので、L氏の訪日延期は当然の帰結だったが、L氏の政治的立場がどうなっているのかは、日本側には分からなかった。そのため、政治的交流は抑制したままでも、文化交流的な人的往来は再開してもよいではないかといった議論が出る頃になっても、L氏の訪日を進めるべきか、それとも、L氏の政治的立場も配慮して、しばらくさらに時間を置くべきか判断がつきかねる状態が続いた。

加えて日本国内の問題もあった。天安門事件の後、文化人のなかにも、事件への抗議ないし糾弾の意思表示として、中国からは、文化人、知識人でも訪日招待を行うべきではないという声があがった。現に、国際交流基金の招待で訪日が計画されていた、中国の脚本家、劇作家たちの訪日は日本側の関係者の一部が、中国側に、「天安門事件は遺憾である」といった趣旨のメッセージを出したため中国側から、訪問中止を申し入れて来たという経緯があった。このように、中国からの文化人の訪日招待は、日本国内の反応にも神経をつかわねばならない状況だった。

こうした経緯があっただけに、年末になってようやく実現したL所長の訪日は、天安門事件で冷却した日中関係をたてなおす上で意味のある出来事となった。

L氏が日本に着いて二日目、東京のホテルの天麩羅店でゆっくり話しあう機会を持った。ネズミ色の地味な背広に紺色のネクタイをしめ、ワイシャツの上から紺色のセーターを着込んだL氏は、引き締まった顔付きさえなければ、学者というよりも、工場における党の指導員かなにかのように見えた。

L氏はお酒はかなりいける様子で、遠慮がちながらも日本酒を自然な手つきで飲み、酒が進むにつれてお互い親近感が深まり、率直な話し合いになった。

「いまの中国の学生たちは苦労知らずで、困ったものだ。現状に不満だけを漏らすが、過去がどんなにひどかったか、どんな苦労を経て今日の中国を育て上げたかが分かっていない」

「自分の息子にしても」と、L氏は続けた。

「息子は大学生で、国家から月三〇元の手当を貰っている。それが、先日、ドイツの友人に電話したら二〇元かかったといって、小遣いをせびりに来た。中国の農民が一家をあげて月に五、六十元かせぐのがせいぜいというのに何事かと叱正したが、膨れっ面するだけだった」

そう言って、L氏は苦笑いをしていた。

こうした、L氏のうちとけた態度に力を得て、こちらから、やや微妙な話をした。

「率直に言って、日本人からみると、やはり中国の知識人は、同文同種といっても共産党員特有の考えもあって、なかなか率直に話しにくいところがあるという気がしていました。然し、近年、作家で、この前まで文化大臣であった王蒙氏の作品やドイツへ行った遇羅錦氏などの作品を読んでいると、人間共通の苦悩が生き生きと描かれていて、共感を覚え、共通の話合いの場ができてきているように思えるのです」

L氏はとっくりから手酌で酒を注いでぐいと飲み干すと、静かに重々しい口調で、次のように語り出した。

「そういう文学を、我々は傷痕文学と言います。心の傷痕を書いた作品、すなわち、文化大革命のとき知識人が受けた心の傷です。私自身文革時代には、三年半近く農村で働き、レンガ運びなどもしました。ですから、知識人の気持ちはよく分かります。けれども、そうした心の傷を文学作品にして世に出してどうなりますか。そうした文学作品に人間性がよく宿っているという見方には合点がゆきません」

そう言われて、こちらも質問の方向を変えた。文革、そして天安門事件――そうした体験を通じて、中国の知識人は、共産党の組織に対する不信感を持つようになったのではないか――そうした趣旨の質問を、注意深く言葉を選んでL氏にぶつけた。すると、L氏は、

「共産党こそ我々の生活を築いてくれた組織です。私の住んでいるところは二部屋だけでそこに

自分たち夫婦、母親、そして娘夫婦と息子と六名が住んでいます。北京の住宅事情は深刻です。過去にはたしかに文革もありました。しかし、私は党を信頼しています。愛しています。もし北京に来られる事があれば、喜んで私の家にご案内しましょう。私たちがどれほど党を信頼しているかが分かっていただけると思います」

L氏の言葉は重苦しかったが、そこに気負いはなかった。

「貴方のような方こそ真の愛国者のように思えます」

思わずそう呟くと、L氏は軽くうなずいただけだった。

ここまで率直に話し合えても、なおどこかお互いに違和感を持っているようにも思えたが、同時に、そうした違和感の中にこそ逆にお互いの違いをわかりあったという人間的共感が滲んでいるようにも思えた夜だった。

日本と中国の間の溝

バブル最気が終わったといっても、まだその余波が残っていた、一九九〇年代初め頃のことである。

所は静岡県の淡島ホテル。三島から四〇分ほど車で走った後、専用桟橋からモーターボートに乗ると、やがて眼前に白い城のようなホテルの全容が迫ってくる。

どの部屋からも富士山を眺望できる設計。ベージュや薄緑色といった中間色を基調とした室内装飾。デュフィやキショールの版画と現代彫刻を配置した廊下やロビー。そして、一流のフランス料理店なみのレストランに海浜の露天風呂。正に、フランスで古い城館をホテルにした、いわゆるシャトーホテルの日本版といった所である。

その洒落たホテルで、世界経済の問題を議論する国際的セミナーが開かれた。称して「淡島フォーラム」。

アジア太平洋の次官級の政府関係者、学者、それに数人のビジネスマンたちが集まったセミナーの参加者は、フランス風のホテルで一日議論を尽くした後、海をへだて対岸にある伊豆長岡温泉で日本料理に招待された。

玄関で出迎える着物姿の仲居さんと芸者衆、畳の上にお膳をしつらえた和食の宴会、渋い三味線にあわせたあだっぽい踊り、地元の茎付きのワサビを、小さな板の上で各人それぞれ自分ですりながら食べる刺身料理など、ホテルとはがらりと変わった、日本情緒の宴だった。

何となくためらいがちながらも興味深げに料理を眺め、時折笑いを浮かべながら箸を使っている参席者のなかで、中国から来日したL次官補は、彼特有ともいえる真面目な顔付きを崩さない。和紙に書かれた献立の漢字と料理を見比べながら、「この漢字の意味は、自分には全くわからない」などとつぶやいている。「中国でも、料理を形容するには、直接中味とは関係ない詩的な表現を使うではないか、たとえば、ブロッコリーと蟹の取り合わせを「翡翠珊瑚」などというではないか、とメニューの上にペンで書いてみたりすると、ニッコリ笑って大きくうなずくあたりは、素直で生真面目な性格が滲み出ていた。

酒もたしなまず、日本舞踊に目をこらすでもなく、それでいて、どこかのんびりと雰囲気に浸っている様子だったL氏は、宴も半ばをすぎて一同もすっかり打ち解けてきた頃、目を細めながら自分の仕事の話を始めた。

「自分は、今は、国際貿易関連の仕事を担当しているが、かつては、日本の経済協力の受け入れの責任者の一人だった。日本の無償援助は、額そのものは大きくないけれども、日中友好に大変役立っていた。それにも拘わらず、日本政府は、中国の核実験に関連してその無償援助を取りやめてしまった。どうしてそんなことになったのだろうか」

日本を批判するというより、自問するような穏やかな口調でL氏は呟いた。

こちらから、核実験についての日本の国民感情を説明すると、「それは十分分かるが、アメリカが曾ていくら核実験をしても日本は具体的な抗議行動はとらなかったではないか」と聞く。それは、日本がアメリカの核の傘の下にあって、日本を防衛してくれているからだ、フランスが最近の核実験を行った際、ドイツに対して核の傘を提供してもよいと言っているが、中国は日本に対してそうは言っていない――そう答えると、L氏はうなずきながら、「それにしても残念だ」といわんばかりの態度で続けた。

「自分は、毛主席の生まれた湖南省出身である。中国の都会でこそ日本の科学技術や工業製品の優秀さは知られているが、湖南省の田舎では、日本との接点は未だに戦争の時の思い出である。その湖南省の田舎の人々にも、日本の無償援助によって小学校が建ち、病院の機材が改善されるということは、大きな意味があった。かつて戦争の相手だった日本が、今中国を助けてくれている――そう人々が思うようになれば、無償援助のお金はその表の価値の一〇倍、百倍の効果がある。その無償援助を止めてしまうことは、いかにも惜しい。中国の指導者が最近『過去』の戦争の問題を口にするのは、日本が、そうした効果のある援助を、対中『制裁』という形で中止してしまったからでもある」

顔をやや伏せながら、L氏は、淡々と語った。

ややあって、L氏は付け加えた。

「それに『制裁』には大きな問題がある。アメリカはすぐ自国の気に入らないことがあると、中国に『制裁』を加えようとする。まさか、日本も同じことをするとは思ってもみなかった。大国に翻弄された歴史を持つ中国が、独立と自由をようやく勝ち取った時、再び大国の『制裁』に翻弄されるのは耐え難い」と。

宴会場の舞台では、静かな舞が終わって、三島女郎衆の歌った、「富士の白雪ノーエ」が始まっていた。

「溶けて流れてノーエ」

思えば、折しも日本国内では、台湾海峡での中国のミサイル演習が話題となり、中国の「軍事大国化」への警戒の念が高まり、無償援助はおろか、対中円借款まで中止せよという強硬意見まで出ている。

中国は、「大国」日本の圧力に憤然とし、日本は大国中国の影に反発する——日中間のこの溝を埋めるにはどうしたらよいのであろうか。

「富士の白雪」の後は、顔を猿そっくりにして踊るモンキーダンスが始まり、東南アジア出身の参加者から大きな拍手が出た。その踊りを踊った芸者が、こちらにお酌に回ってきたので、「ご苦労さま」とビールをグラスに注いで差し出すと、きっぷの良い姐さんらしく、一気にビールを飲み干したのを見て、L氏は目を見張って驚く。「日中も、なにか共通の課題について『一緒に踊れば』友好精神も強まるでしょう」と言うと、酒をのまないL氏は、ウーロン茶の入ったグラスを挙げて、ゴクリとお茶を飲むと、初めて気が付いたように、前の芸者さんの横顔を親しげに眺めるのだった。

趣味談義の中の政治

中国対外貿易部のホ局長が、日本の民間団体の招待で東京を訪れた時のことである。

ついこの間、北京でココムに関する政府間協議を一緒に行った仲だけに、向こうも気を使ったのだろうか、民間の招待にも拘らず、外務省の友人たちにも会いたいとの申し入れがあった由。こちらも望むところと、局長一行を、都内のある天麩羅料理店に案内した。一行には、ホ局長の秘書のような形で対外貿易部の女性課長が同行しており、中国人通訳と共に三人だった。

もうこれまでに五、六回会った仲だけに、会話も初めからざっくばらんだった。女性課長がいただけに、日中両国における女性の社会進出の問題が出た折にも、難しい経済、社会的議論よりも、共稼ぎ夫婦ではどちらが料理を作るのかに話題が集中した。

「うちでは、半分以上は私が作ります」

局長は笑いながらそう言うと、いささか皮肉っぽい目つきを同僚の女性課長へ向けた。課長はちょっと下を向きながら、

「そう、中国では結構男も料理しますが、その動機は妻を助けるというより、自分の好きなものを食べたいからという事もあります」

と言って、ホ局長に一矢報いた。

ホ氏も悪びれず、たしかに自分と妻の帰宅時間は違うし、同じものを食べるわけでもないから、と付け加えた。

そのうち誰かが、店のコップ敷きの漢字が面白いと言い出した。よく見ると、天一という店の名前の真ん中に富という字と良という字が挟んであり、「天(テン)富(プ)良(ラ)一」とも読めるし、富んで、かつ良い「天一」とも解せられ、中国人好みのしゃれた漢字配列だった。

「漢字となるとやはり中国人は違う。普通の人でも立派な字を書くが、日本人は書道でもちゃん

とやらないと、漢字をきれいに書く人は少ない」

こちらがやや御世辞も込めて言うと、局長は大きく手を振りながら、

「いやいや、私などは字が下手です。いつも父からおまえはもっときれいな字を書けとやかましく言われました」

そう、苦笑いと共に言った。

「お父様のホヤオバン先生は、能筆家で有名でしたからね」

同席していた中国通の外務省の担当官が口をはさんだ。

「親が偉いと子供は何をしてもだめといわれて損です」

局長が残念そうに言う。

「先程の話によれば、料理だけは親をしのぎそうですね」

女性の課長がまたちゃちゃをいれる。

人の良いホさんもやや堪忍袋の緒が切れかかったのか、いやいや中には親子とも有名になった例もあることはあると言い出した。一瞬皆がさて誰だろうと考えていると、ホ氏はやや得意そうに
「それは、例えば、ヨハン・シュトラウス親子ですよ」と答えた。

それに応じてこちらからも助け船をだした。

「少なくとも一つの点でホ局長は、お父様を凌いでいます、それは謙虚という美点においてで

す」

と言った。

これには当の本人も含めて大笑いだった。しかし、この日の会話は、笑い話をめぐる日中友好以上の意味をもっていた。それというのも、過去何回にもわたるホ局長との付き合いの中で、彼の方から父親のことを言い出したのは、今回が初めてだったからである。しかも、随行して来た他の中国人の面前で父親、すなわち胡耀邦元総書記のことを話したということは、たった一つのことを意味するように思われた。すなわち、胡元総書記に対する過去の共産党の批判が、いまや訂正され、氏の名誉回復が事実上行われ、やがて正式になんらかの措置がとられるだろうと言うことである。

友情と友好のなかの雑談的話し合いの中にも、心と頭をすましていると、政治的、外交的に重要な意味のあることが含まれているものだということを、改めて教えられた日であった。

第四章　原点にてらした日中関係への見方

日中戦争の歴史と教訓

過去二〇〇〇年近くの間に、日本と中国は五回戦争を行った。唐と日本の戦争（白村江または錦江の戦い）、元寇（蒙古の日本進攻）、明軍との戦い（秀吉の朝鮮進攻と明の介入による戦闘、一九世紀の日清戦争、一九三〇年代以降の日中戦争の五回である。

これらの戦争の背景を考えてみると、現在の世代が教訓として学ぶべきことが、少なくとも三つあることに気付く。

一つは、いずれの戦争も、その始まりは朝鮮半島における日中間の勢力争いだったことである。一九三〇年代の日中戦争は満州（東北地方）の権益の問題が導火線であるように見えるが、その奥には、日本の朝鮮半島支配の安定化（朝鮮独立運動の阻止と日本における革新勢力の抬頭阻止）という、歴史的流れがあった。

このことは、朝鮮問題についての日中対話が、現在及び将来において、いかに重要であるかを物語っている。

よって、日中間で政府・民間を問わず、朝鮮半島の未来の有り得るべき姿について、中国はどう考え、日本はどう考えているかの対話を深め、広げるべきと考えられる。

歴史の考察から出てくる第二の教訓は、国内政治との関係である。白村江の戦いは、日本における天皇権の確立という内政上の動機と結び付いていた。元の日本侵略は、大量の宋の残党（軍隊）をどう処理するかという、元の内政上の動機と深く結び付いていた。秀吉の朝鮮半島進攻は、国内の大名統制と日本国内の統一の強化という目的と連動していた。日清戦争も、清朝が内政上、あくまでも王朝の権威を守ろうとする守旧主義に流れていたことが大きく影響した。日中戦争は、満州支配や邦人保護についての日本の国民感情に日本の政治が流されて軍国主義に走ったことと、中国内部の政治的対立と内戦が、日中間の冷静な交渉を困難にしたことが大きな要因であったことは疑えない。

こうした過去の歴史に鑑みれば、日中両国は、お互いの関係を内政に利用、悪用してはならないことが明らかになる。よく、民主的社会やネットの発達した社会では、民衆の不満や感情を抑えられないという人がいるが、これは、政治をポピュリズムまたは衆愚政治化する考え方である。政治指導者は、民衆に徒らに迎合するのではなく、五〇年、一〇〇年先を考えて、民衆に対して有り得るべき国の姿を訴えなければならない。そのためにも、日中関係を、二〇〇〇年の歴史の流れのなかで考えねばなるまい。

第三に、日中関係は、日本と西欧、米国、ロシア、そして中国の西欧、ロシア、米国などとの関係によって大きく影響されてきたことである。

秀吉の軍と明軍の戦いは、一見朝鮮における日中の覇権争いのように見えるが、実は、西洋植民地主義の東洋進出に対する日本の対応の一側面でもあった。また近代における日中関係は、日中両国の相手国に対する戦略よりも、日中各々の第三国、例えばロシアや英国などとの外交や協調政策と深く結びついていた。

日中関係が、このように二国間の思惑をこえた関係になってきたということは、逆に云えば、国際協調という枠組の中に日中関係を収めることによって、日中間の摩擦を極小化することもできれば、またその逆に日中関係を冷却化せしめることもできることを意味する。

日中関係をどこまで両国相互の戦略という枠内だけで処理できるか否かは、常に日中両国が考えておかねばならない点であろう。

(二〇二二年、日中間の民間対話のために作成した個人的メモを基礎にまとめたもの)

中国の大国化と国際秩序、そして日本のとるべき道

二十世紀における日中関係と今日の日中関係を比較する時、著しく異なる最大の点は、中国が経済的、軍事的、そして政治的にも、「力」において日本を凌駕する大国となったことであろう。

したがって、これからの日中関係を考えるにあたっては、明治維新以来ほぼ百年続いていた時代、すなわち、日本が中国に比べて「大国」であった時代の日中関係を振り返るよりも、中国が圧倒的大国であった時代の歴史から教訓を引き出すことか大事であろう。

そうした、いわば歴史の教訓といえるものは、何であろうか。

中華秩序をどう見るか

大国中国は、歴史上、いわゆる中華秩序を打ち立て、周辺および関係国をその秩序のなかに入れ込もうとした。

この中華秩序は、とかく、朝貢関係（あるいは冊封関係）と見られがちであるが、その基礎は、中国と関係国が思想、理念ないし価値観を共有することにあった。中国は、その軍事力、経済力を用いて、そうした理念、価値観の共有を強いる政策をとってきた。こうした意味での中華秩序に関係国がそれに服従、あるいは、それを共有することに同意してきたのは、主として二つの理由からであろう。

一つはいうまでもなく、自国の安全保障の確保と経済的利益のためである。しかし、こうした動機にもまして無視できない第二の大きな要因は、内政上の動機である。仏教、道教、儒教といった思想や価値観を中国と共有することで、そうした価値観を自国内でも強化し、そうすることによって、自らの政権基盤を強化することに役立てたのである。

価値観の共有

こうした価値観の共有は、明治維新における文明開化思想による「西洋化」が、じつは、徳川封建体制の打破という内政上の動機と重なっていたことや、第二次大戦後、米国との間での自由民主の価値観の共有が、国内の自民党政権の政治的基盤の強化と結びついていたことにも表れている。

したがって、現在、大国中国との間で、日本が理念や価値観を共有できなければ、中国との真の友好関係を、自らの政権の政治的基盤強化に活用することは難しい。

他方、勃興する新興国においては、みずからの安全保障と経済的利益の確保と、さらには自らの政権基盤強化という目的のために、中国と政治的理念（たとえば、人権問題などについての内政干渉の拒否、国内の政治的安定のための暴力的手段の使用など）を共有せんとする者もいるであろう。また、かつての中華秩序とはやや違ったかたちの「秩序」（たとえば一帯一路構想）と、それにともなう理念を中国と共有せんとする国は少なくないであろう。

したがって、日本にとって、中国問題は、中国との関係のみならず、新興国と日本との関係においても、重い影を落とすものといえよう。

中国の権威

中華秩序については、さらに熟慮せねばならない要素がある。それは、権威の問題である。

もともとは、異民族の侵入に備えるといった軍事的要因や、経済圏を形成するといった経済的要因が基礎となっていたと思われる中華秩序は、それが安定してくるにつれて、安全保障や経済的利益の共有を越えて、中国の国際的権威を守るものに進化していった。いいかえれば、中国は軍事、経済面での便宜をあたえる大国から、国際秩序の主たる権威をもつ存在に進化していった。朝鮮問題をめぐり、日本が清国に対して戦争、すなわち軍事力による対決を選んだ裏には、中国が長年に亙って朝鮮半島に培ってきた政治的権威に対して、日本は政治外交的手段では対抗し難いと判断したという事情があった。

言いかえれば、中華秩序との連帯は、中国の「権威」を認めることにつながるのである。したがって、もし、大国中国に対抗して、日本が国際場裡において政治的力を維持、発揮しようとするならば、自らの軍事的、経済的力の強化にとどまらず、日本が独自に国際社会へうちだすべき理念と、有り得るべき国際秩序についての明確な理念をもたなければならないのではあるまいか。

精神的空間としての国家

このことは、中華秩序をめぐる、もう一つの要素の問題とつながっていく。

中国が、伝統的に中華秩序を重んじてきたことの裏には、中国が国家を単に領土や経済圏として見ることなく一つの精神的空間としてみてきたという伝統が存在する。二〇〇〇年以上にわたる長い中国の歴史のなかで、中国が漢民族ではなく、蒙古族や、満州族など「異民族」によって支配されていた時代は、少なく見積もっても四百年をこえる。しかし、その間にも、精神的な「中国」は、漢民族を中心に生き続けてきた。

そう考えるとき、日本人が、自らの国をいかなる精神的空間と考え、それをどのように維持しようと考えるかは、中国にどう対処するかの問題とも連動しているといえよう。

第Ⅲ部　対越外交をめぐる表と裏のエピソード

第一章　ハノイでの見聞録

ある革命家の義憤

一九九〇年一月、時のベトナム副首相兼外相グエン・コー・タック氏がベトナム社会主義共和国の外相としては史上初めて訪日した。

その年は秋になってもぐずついた天気の日が多かったが、日越外相会談が外務省で開かれた日は、雲一つない快晴だった。

旧知の間柄の中山太郎大臣とグエン・コー・タック外相は、簡単な挨拶の後、すぐ本題に移った。

中山氏は、丁度内外で注目されていた、国連平和協力法の趣旨を説明することに力点をおいた。自衛隊の海外派遣を認めるこの法律は、その事自体を主目的とするものではなく、国連の決議に基づく国連の活動に協力するためのものであり、しかも、武力行使は慎むことになっていることなどを、よどみなく説明した。その間タック外相は時折ボールペンでメモを取る他は、じっと静かに耳を傾けて聞いていた。

こちらの説明が終わると、タック外相は幾つかの質問を提起した。

日本の平和協力隊は国連に協力するだけか、それとも海外へ展開している米軍などのいわゆる多国籍軍にも協力するのか、日本の医療チームは前線で米軍兵士を治療することもあるのか、日本の平和協力隊は武力を行使しないというが、一旦海外に出た兵隊が、政府の政策意図は別として、武力行使をせざるをえない状況に立ち至るかもしれない、その時、現実問題として、武力行使をしないよう誰が監視するのか、などなど、いちいちポイントをついた質問が出た。ベトナム戦争の戦場と権力闘争の修羅場と、そして国際交渉の厳しさを自ら体験してきた革命家外相の質問は、穏やかな顔付きに似ず、鋭く、また厳しかった。

その裏には、かつては、ベトナムが国家の命運をかけた「解放戦争」で、間接的とはいっても南側と米国を支援していた日本、そして、今また、米国の影響によって、ベトナムに対する経済援助に踏み切れない日本に対するいらだちと義憤が隠れているように思えた。

その日本が、自衛隊の海外派遣についてベトナムの理解を求めても、すぐ、ああそうですかと言えるはずがないではないか――

越側がそう言いたかったとしても不思議ではない。

しかし、ベトナムの外相は、義憤とロマンの持ち主であると共に、忍耐と計算の政治家でもあった。

「とにかく説明は承った。今自分は賛成も反対も言える立場にない。本国へ帰ってよく検討する」――それが、グエン・コー・タック氏の最後の台詞だった。言い終わったタック氏は、テーブルの横に掲げられている日の丸の旗と、赤地に黄色い星のついたベトナム国旗にチラット視線を投げかけた。ベトナムにとって、一つは解放のシンボル、一つは過去の敵対の象徴が相並んでいる様を、目を細めて見つめた氏の心中には、複雑な思いがあったのではなかろうか。

日本滞在中、タック氏は小まめに、かつ精力的に、日本の美術館、博物館などを見学した。しかし、彼が目をくれずに素通りする展示品が一つだけあった。それは日本刀の陳列棚だったという。

遺言状の改ざん

一九九〇年代初期に日本駐在ベトナム大使となったS氏は、戦場と国際会議場双方の場で、いわば歴戦の勇士だった。元は南ベトナム解放戦線の戦士であり、北ベトナムの外交工作に従事するようになってからは、キッシンジャーとベトナム要人との会談の通訳を務めた他、ベトナムのソ連邦駐在大使、フランス駐在大使を歴任したという大物大使だった。

こうした大物を日本に派遣したことは、ベトナムが、経済復興にあたって日本に寄せる期待を表していた。

しかし、一九九〇年春の時点で、日本の対ベトナム経済協力の実施には目処がたっていなかった。カンボジア和平は未だ実現しておらず、米国の対ベトナム姿勢は依然厳しく、日本の対ベトナム政策にも影を落としていた。

そうした中で、日本とベトナムの間で出来ることは、両国間の政治対話を積み重ね、いずれきたるべき経済協力関係の基礎となるべき信頼関係を作っておくことだった。そのためにも、日本の対ベトナム人道援助や文化交流、文化協力といった面ではできることを実現してゆくべき時期であった。

そうした背景もあって、ようやく桜の花がそろそろほころびそうなある春の夜、外務省の文化交流部長夫妻が、渋谷区松濤の住宅街の細い道に面した、駐日ベトナム大使公邸に招待された。

人なつっこそうなベトナム人が、軽く会釈しながら玄関から客間へ案内してくれる。

薄暗い、三〇畳もあろうかと思われる客間は、中国風の木製の椅子に厚い絨毯、それに木彫りの置物が二、三個あるだけで、がらんとした感じの部屋だ。車のガソリン代さえ節約しなければならないほど大使館の財政は困っているようだ——そんな噂を聞いていただけに、招かれた客には、客間全体を覆う質素さが、何か痛々しく思えた。

やがて、いつもの快活な赤ら顔に笑みを一杯浮かべたS大使と夫人が入ってきた。夫人は、細い銀縁のメガネをかけた、一見おとなしそうな、それでいてどこか芯の強そうな女性だった。

会話は、大使の好みもあってフランス語で行われたため、日本語を勉強して通訳をかねて同席していた若い書記官は、いささか手持ち無沙汰で、もじもじしていた。

話は、自然にこちらとあちらの共通の赴任地であったフランスでの思い出話になった。

こちらから、パリでホー・チミン主席の住んでいたところを探して訪れたことがある、と言うと、大使は我が意を得たとばかりに、

「ホー主席は、パリで何遍か住居を変えている」

と言い、住所の通りの名前のみならず、番地まですらすらと言ってのけたのは驚きだった。話題はこうして、ホー・チミン主席のことなり、幾つかのエピソードが大使から紹介された。そのうち、とりわけ興味深かったのは、ホー・チミンの遺言にまつわるエピソードだった。

ホー・チミンが臨終を迎えたのは、一九六九年九月一日のことだった。臨終の床でホー主席は、

「今日は何日か」と聞いた。

「九月一日です」

周りにいた者がそう言うと、ホー主席は、

「明日は独立記念日だ。花火をあげるんだ」

と叫ぶように言った。

それから一夜明けた九月二日午前九時、ホー・チミンは永遠の眠りについた。

ベトナム共産党は、ホーの死去をすぐには発表しなかった。九月三日になって、ホーが危篤であることが放送され、続いて死去が発表された。

なぜ丸一日発表を差し控えたか。

花火を上げて独立記念日を祝うためである。もし、九月一日にホーの危篤が発表されていたら、独立記念日の祝典は中止せざるを得ず、花火をあげることもできず、全国民は喪に服さねばならない。それは「花火をあげるんだ」というホー主席の意志に反する。いわば、独立記念日を国民

が祝ってほしいというホーの「遺言」を尊重したのだ。

しかし、他方において、ホー主席の遺言の一部は実行されなかった。それは、ホーの葬儀に関するものである。

ホーは自分の遺体は荼毘に付すよう遺言した。しかし、遺体は火葬されず、毛沢東やレーニンのように特別の保存方法を用いて、ホー・チミン記念堂に安置されることとなった。

なぜか。

それは、戦争が未だ終結していなかったからである。ベトナム解放戦争のシンボルであるホー・チミンの遺体を焼いてしまうことは、解放のシンボル、ひいてはその精神を焼いてしまうことになりかねない。シンボルは見える形で生き残らねばならなかったのである。したがって、ホーの遺言として発表されたものも、この点については改ざんされていた。

「しかし」とS大使は、微笑をうかべながら付け加えた。

「天の『ホーおじさん』もこうした改ざんは、ニコニコしながら許してくれているだろう」と。

生前から、毛沢東やスターリンなどと違って神格化されず、民衆に「おじさん」と呼ばれてきたホー・チミンの遺体を祀った記念堂は、ホーを神格化するためではなく、あくまで、ホーの体現してきたある精神のシンボルを祀ったものなのだ。

話し終わったとき、S大使の目は心なしか潤んでいた。インテリ風のメガネさえなければ、おとなしい「おばさん」を連想させる大使夫人は、夫をみやりながらニコッと笑うと、一同を食堂へ案内した。食事は、香りの強い野菜や、トウガラシ入りの油を使った、生粋のベトナム料理だった。

歴史をひもとくと、ベトナム共産党が、その機関紙「ニャンザン」紙上で、ホー・チミンの遺言の改ざんの事実を公表したのは、S大使の話があってから、約三ヶ月後のことであった。

幽霊の出る大使館?

一九九〇年代初期の在ベトナム日本大使の公邸は、ハノイの中心部にあったが、大きな広場に面し、朝早くからオートバイの音が響く場所にあった。当時ベトナムでは乗用車は稀で、主たる交通手段は自転車とオートバイであった。特にオートバイの利用は特徴があり、三人乗りとか、後ろの座席の者が運転者に傘をさしかけるなど、日本では禁止されるような乗り方が平然と行われ、そのせいもあってオートバイの事故は日常茶飯事だった。もっとも、当時は、人口が百万を超えるハノイに交通信号は十指に足らぬほどだったから、交通事故がおこるのも無理はなかった。また当時は、冷凍設備や流通機構が整備されていなかったこともあって、生鮮食料品を売る商店やスーパーはなく、専ら、朝市のような露店に行くか、近在の農民が天秤棒でかついでくる農作物を調達するのが通例だった。したがって、街の通りは、歩行者、天秤棒をかついで歩く人、自転車、オートバイ、そして乗用車といった「列」が自然とでき、明治時代と現代とが混在しているような有り様であった。

そうした賑やかな通りにある大使公邸は、その昔は、フランス人の歯医者が住んでいた家だったといわれ、玄関にフランス風のポーチがあった。第二次大戦後、一時、この建物は裁判所に使われていたとも言われ、一説では、政治犯が拷問に近い扱いをうけたこともあったという話も聞かれた。

このように、激動のベトナムの歴史を刻んだ建物であったせいか、この大使公邸には、一時、幽霊が出るとの噂が出て、大使館関係者のひそひそ話のテーマになったことがあった。

ことの起こりは、一九九〇年代初期、ハノイに赴任したY大使夫人が、公邸の二階の居間で、ある種の幻影というか幽霊の霊気を感じ、そのためその部屋を居間としては使わず、物置にしたことから始まった。

Y大使から公邸の間取りの説明をうけた後任の小生は、間取りや位置からみて、格好の居間になりそうな部屋が物置に使われていることを不審に思い、質したところ、「この部屋はシロアリが出たことかあるので」という説明で、幽霊云々の話は全く出なかった。

現地へ赴任後、実際に公邸を点検してみると、三階にはかなり広い物置もあり、また、問題のこの部屋はいかにも便利な位置にあるので、一応シロアリ駆除の薬品をまいたりした後、絵を描くアトリエなどのために利用することとし、在任中とくに問題はなかった。

ところが、数年後、小生の後任のS大使とベトナム談義をし、公邸の住み心地の話になったとき、S大使は、寝室で幽霊にあった話を始めたので仰天した。

S氏によると、ある日、夜中にふと目覚めると、天井に白い雲のような亡霊が見え、同時に体が金縛りになったように動かなくなったという。同じような体験を二度したと言うのだ。

ことは寝室でおこっており、例の部屋とは違うが、ことのついでにと、シロアリの出た部屋のことをいうと、これまた驚いたことに、S大使は、Y大使夫人から直接聞いた話として、夫人はベトナム在住の際、その部屋で幽霊の霊気を感じたというのだ。

そう言われて思いだしたのは、Y大使夫人は、普段から、人の顔相などから運命を予感する能力があるという噂があったことだ。

「小生は別に霊感も感じなかったし、幽霊にもあわなかった」

そういうと、S大使は、

「人間が鈍感なのか、それとも、幽霊すらおそれをなしたのかな」

と冗談を飛ばしてくれたが、謎はその後も解けなかった。

もっとも、S大使は、在任中、新しく別の所に建設された大使公邸に移ったので、幽霊とは自然に別れることができたという。

夏の雨

熱帯特有の激しい雨。街路は泥水で埋まる。人々はといえば、ズボンをまくしあげて走る者、頭からスッポリとビニールの合羽を被り、前の部分を自転車のハンドルに垂れ下げて悪戦苦闘しながら進む者、天秤棒を降ろして菅笠のまま、なんとか雨を避けようと木陰にたたずむ農婦。激しい雨と右往左往する人波で、車もほとんど進めないほどだ。車内には、湿気が立ち込めて窓も曇り、街を行く人々は霧のなかを彷徨う幻影のように見える。

一九九一年六月、ベトナムの首都ハノイの昼下がりの状況だった。

これではベトナムの外務大臣との会談に遅刻しかねない――一〇人ほどからなる日本の外務大臣一行が、いささか焦りを感じ始めたころ、それまではサイレンを鳴らすこともなかった先導のパトカーが急にサイレンを鳴らし出したかと思うと、今来た路を逆に引きかえし始めた。

どこをどう通ったのか、雨と湿気と冷や汗の中で、車列は、いつのまにか会談場所のアーミーゲストハウスに着いた。

東京を出発する前から、ベトナム側の強い意向で、ノーネクタイの軽装での会談ということだったため、日本側は、大臣の開襟シャツ姿から、随員のサファリスーツ姿まで、スタイルは様々だった。

社会主義国特有の、どこか厳しく、薄暗い玄関の横の会議場には、白っぽいサファリスーツに身をかためたベトナムの外相グエン・コー・タック氏が細い長身の体をドアの横にピンと立てて出迎えてくれた。

一同が、緑のラシャの上にベトナムと日本の小さな国旗を飾ったテーブルに着くと、いままで、どこか好々爺的な柔和な顔付きだったタック外相の目が急に鋭く光りだした。それに合わせるかのように、外相の発言は、予想以上に厳しかった。

「日本には、ベトナムを助け、経済協力を提供する義務がある。なぜならベトナム人民は、日本から多大の損害を蒙ったからである」

こうした言葉で始まったタック外相の発言は、第二次大戦中日本軍が、いわゆる仏印進駐の際、コメを強制的に徴収し、そのため人民はコメ不足に陥り二〇〇万人の人々が餓死したという「過去」を持ち出したのみならず、いわゆるベトナム戦争（越側のいう抗米戦争）時代に、日本は米国を助けてベトナム侵略の片棒をかついだではないか、と言及する始末だった。

「そして」と外相は続けた。

「今日本は再び米国の言いなりになって本来早く行うべきベトナムへの経済協力をためらい、米国の顔をうかがっている。一体日本は、アジアの国として生きて行くつもりがあるのか、いつまでも米国の言いなりになっているだけなのか」

表現自体は、こうした言葉よりも多少オブラートに包まれてはいたが、要するに、そういった趣旨の発言であった。

タック外相のこうした激しい攻勢は、やや意外であり大人気ないものに感じられた。そもそも、史上初めて日本の外務大臣がベトナムを来訪したこと自体、日本側の積極的姿勢の表れであり、政治的シグナルである。加えて、確かに米国は、日本の対越経済協力に慎重な態度を取るよう要請してきてはいたが、そもそも、ベトナムの新しい経済政策、いわゆるドイモイ政策も一年程前に始まったばかりであり、その政策の実行がまだ十分でないときに、経済協力を一気に開始することが無理なことは常識である、との思いが日本側には強かった。

だからこそ、早く政治的環境を整備して、相互の信頼関係をうちたてることが大切であると思われている矢先に、過去の恨みつらみを並べられては、非生産的なやりかただ、ベトナムもそれ位は分かっていよう——そういった日本側の期待は見事に外れた感じだった。

しかも、越側の殺し文句は、日本がどうしてアメリカの言いなりにならず、アジアの国の味方になってくれないのか、というところにあった。そこには、ベトナムの現代史からにじみ出た、抗議と憤懣と、そして希望と要請が込められていた。

夏の雨にも似た激しい言葉の嵐を受けた会談を終わってゲストハウスの外に出ると、雨はほとんど上がって、雨風を浴びたヤシの木の葉の緑の色が、薄灰色の空の下に、生き返ったように揺れていた。

「サイゴン」の旧アメリカ大使館

一九九一年夏、中山外務大臣一行は、激しい雨とぬかるみの路と雨合羽の人に満ちたハノイを発って、かつてのサイゴン市、今のホー・チミン市に着くと、そこは白いアオザイと青い空と植民地時代の名残を留める建物の並ぶ別世界だった。

そのホー・チミン市の中心部、厳しい鉄柵に囲まれた白い壮大な建物が、元アメリカ大使館、現在のゲストハウスだった。

皮肉なことに、南北ベトナム統一後初めての日本の外務大臣を歓迎する夕食会は、この建物の大きな広間で開かれた。

真っ白なアオザイを着た女性がサービスしてくれる料理のメニューは、ベトナム料理のネム（焼春巻）を混ぜた、いわば西洋料理との折衷だった。小生の隣の席は、ベトナムの対米交渉を担当していたといわれるM次官で、細い声ながらきれいな発音の英語を話した。

ハノイでのタック外相の厳しい発言が未だに頭にこびりついていた事もあって、こちらからも軽く一矢を報いておこうと、思い切って真剣な口調で語りかけた。

「グエン・コー・タック外相は、実に有能な人物とお見受けしました。外相が日越関係の過去について語られた部分は、そこに若干の事実誤認や誇張があったとしても、全体として日本人を深く考えさせるものを含んでいました。しかし、国と国との友好関係は論理だけでは成り立たない。タック外相はいささか自らの論理に執着しすぎていないでしょうか」

M次官は、ナイフとフォークの手を一時休めて、軽く首をこちらに向けて聞き入っている。

「自分は、ベトナムを今度初めて訪問するにあたり、ベトナム人が愛好している古典『金雲翹（キム・ヴァン・キェウ）』伝を読んできました」

「貴方はベトナム語ができるのですか」間発いれずに次官が驚いた目付きで尋ねる。

「日本語への翻訳で読みました」

「翻訳……」

M次官はそれでも信じられないような顔付きで呟いた。

「この本の冒頭に有名な語句があることは次官ももちろんご存じでしょう。すなわち、『才命相妬』という語句ですね。才能と運命はお互いに嫉妬しあう、いいかえれば才能あるものに幸運がめぐって来るとは限らないという事でしょう。これが、ベトナムの古典の教えというか哲理でしょう。ところで、タック外相は才能ある人物であることは間違いないが、それだけに、自分としては、外相が運命と戦わねばならないよう祈るものです」

そう言って次官の横顔を覗きこんだ。

こちらとしては、かりにタック外相の述べた過去の日本の行為が理屈の上では正当であるとしても、それにこだわるよりも、日越関係の改善は歴史の流れであるという「運命」を見据えることが重要ではないか、ということを、ベトナムの古典にかこつけて言いたかったのだった。一瞬会話が途切れ、二、三秒次官はうつむき加減に黙っていたが、やがてきりっと顔をあげると口元にほほ笑みを浮かべながら言った。

「たしかにヴァン・キェウ伝には才命相妬と書いてあります。しかし、それは、封建時代のことです。今日我々は社会主義の時代に生きており、そこでは、才能ある者はかならず認められ、恵まれます」

正に、社会主義国家の官僚らしい模範回答だった。そして、文学作品の古典についても、文化的愛着よりもその思想性をとりあげがちな、社会主義社会のインテリの姿を垣間見た気がした。アジアの小説や古典を共通の次元で語り合うことは、なかなか難しい――そう改めて感じた瞬間だった。

食後のデザートにはベトナム特産の、甘くとろけるようなシュガーフルーツが出た。しかし、旧アメリカ大使館の大広間に輝く巨大なシャンデリアの下では、その甘い素敵な味もどこか遠い国の産物のように感じられた。

引き裂かれた家族

「今なおベトナムでは、三〇万から四〇万人のベトナム兵士が生死不明のままである。MIA

（ミッシング・イン・アクション）のアメリカ兵士を調査するというが、ベトナムのＭＩＡ兵士の問題もある」――一九九〇年代の初期のことであるが、ある日のベトナムの新聞にそういった記事が出たことがある。

米国が一〇〇〇名前後の自国の兵士の生死の確認について、ベトナム政府の協力を求めてきたとき、ベトナム政府も国民も、みずからの国の兵士で生死が確認できていない人々のことについては、意外に表で騒がなかった。ある意味では、残虐な侵略者だったアメリカに対して、ベトナムの指導者や国民がどうして寛容でありうるのか、それは、ソ連邦が崩壊し、一つの後ろ盾を失い、また、中国とはなにかと対抗してゆかなければならないベトナムの戦略的動機によるものなのか、または、米国との貿易や米国の投資を活発化させたいからなのか――そうした問いがしばしばベトナムを訪れる邦人から発せられた。

その答えは意外なところにあった。そして、その答えの鍵は、サイゴンにもハノイにも、対米戦争の勝利や南ベトナム「解放」の記念碑や建造物はほとんど見られないという事実のなかに隠されている。サイゴンの戦争博物館も米軍の残虐行為の展示はあっても、勝利の栄光を誇ってはいない。ハノイの戦争記念館も、忍耐と苦難と叡知の展示はあっても、勝利の栄光の展示は、遠い昔の、元朝に対する戦いの展示に多少感じられる程度だ。展示の多くは、例えば、抗米戦争当時、同志は床屋に身を変えて南へ侵入していたが、そのときその同志が使っていたバリカンがこれであると言った展示、あるいは、粗末な水がめに大きなストローのような管が何本か挿してあり、このかめのなかには毒入りの酒が入っており、アメリカ兵はこれを飲んで苦しんだといった説明書がついた展示などである。そこには、戦争の勝利の栄光とか銃後の美談といった類いの「物語」は乏しい。

勝利の賛歌もなければ、敵への憎悪もない。なぜなのであろうか。

それは、ベトナム戦争が、一方ではアメリカ帝国主義に対する戦いであったと同時に、他方では、米国と相結んだ南の同じ民族のベトナム人との戦いであったからである。その深い意味を感じ取ったのは、ベトナム中部で出会った、ある年老いた母親が、ため息とともに漏らした次のような述懐であった。

「私は六人の子供のうち、二人の息子はハノイで共産党に入り、解放軍の兵士となりました。別の二人はサイゴンに行き、サイゴン政権とともに戦いました、二人の娘は、私とともに中部のフエに残り、戦争の惨禍を体験しました。南北統一は、私たち家族の心の統一でもあったのです」

米国を憎み続けることは、かつてのサイゴン政権とそれを支持した人々を憎み続けることになる、それでは民族の真の統一は実現できない、反米を乗り越えることは、南北の亀裂を乗り越えることでもあり、引き裂かれた家族が再び一つになるためでもあったのだ。

「過去」の風化と沈殿

ドイモイ政策と言われた経済改革政策が始まった一九九〇年代のベトナムでは、いわゆるベトナム戦争の「遺産」は二重の意味で、静かに風化しつつあるのが感じられた。ハノイの街の一角にある戦争の犠牲者の石碑は、風化現象を象徴していた。いわゆる米軍の北爆によって、ハノイ市民にも犠牲者が出た。亡くなった子供を抱いて悲しげにうつむいている婦人の石像が、犠牲者の追悼碑としてハノイ市の中心部に近い大通りに建てられている。しかし、この石碑の周りは、普段鎖が掛けられ、奥行き二〇メートル、間口一〇メートル程の敷地に入ることは出来ない。しおれた花や若干のお線香が石碑の前に置かれてあるが、特にこの石碑を管理しているとみられる者は付近には見受けられず、清掃も余り行き届いていない。そして、街行く人達も全く関心をしめさず、伏し目にうつむく婦人像は、前を通り過ぎるオートバイや鮮やかなシャツを着た若者たちの姿を、憐れむかのようにじっと立っている。

この石碑以上にベトナム戦争の今日的意味を考えさせられるのは、ハノイの大通りから一〇〇メートルほどもなかに入ったところに残されているB５２の残骸である。白っぽい壁の小さな住宅の前、左に寺院を控えた直径十数メートルの池の真ん中にB５２爆撃機の尾翼の一部が、中空に突き出たまま残されている。そして左側の寺院の壁には、撃墜を称える小さな石板がはめこまれている。かつては、抗米戦争に関連する記念日になると、この池のほとりに人々が集まり花を捧げていたというが、今では、この場所の存在自体あまり知られていないという。

ベトナム戦争は確かに風化しつつある。ただ、この池と飛行機の残骸が象徴しているように、戦争の傷跡は、いまなお人々の心の奥に深く沈殿している。

「ハノイに帰ってから、自分は（戦場の）恐ろしい記憶の数々と一緒に生きていかねばならないのだ。毎日、毎日、そして毎夜、毎夜。何年それが続くのだろう」

戦争に従軍して帰還したインテリ兵士の書いた、自伝風の小説のなかで、作者は自らにそう問いかけている。

こうした傷痕とは別の次元のものではあるが、意外なところでも、戦争は影をおとしている。たとえば、女性の化粧品にまつわるエピソードである。

一九九〇年代の初めの頃の話である。当時、ベトナム政府は、国営企業の民営化の波と貿易投資の自由化への動きの中で、税制の改革に取り組んでいた。ところが所得税や付加価値税は、制度も社会慣行上もうまく機能せず、他方、固定資産税のような租税は社会主義体制上考えにくかった。そこで、目をつけられたのは物品税であった。テレビ、自動車、オートバイなどに加え、政府は、化粧品に物品税を掛けようとした。ところが、これには、女性たちから激しい反対の声があがった。女性たちは次のように主張した。

「自分たちは、長い間戦火に苦しみ、その間、銃後の守りを固めるものもいれば、女性兵士として戦場に出たものもいた。その間、我々女性は化粧もできず、泥まみれになって働いた。いま、ようやく平和が訪れ、化粧の一つもできようという時に、それに税金を掛けるのは、解放戦争への女性の貢献を無視したやりかたである」と。

こうして、結局、化粧品への物品税は見送られたのだった。

ベトナムの珍味

ハノイの日本大使公邸にベトナムの要人を招待してスキヤキ、テンプラを出してもあまり喜ばれず、一体どういう料理がベトナムでは珍重されているのか、と聞いて回っているうちに、スッポン（現地語でたしかバーバと呼んだ）がご馳走とされていることか分かった。早速公邸料理人の西村氏に無理を言って、スッポン料理を公邸でも出してもらうことにしたが、通常どのように料理されて出て来るのかをためすためにもと、市中でスッポン料理を出す店に出向いてみた。驚いたことに、普通の料理は、精々二米ドルまでであるのが、スッポン料理となると一〇ドル前後する。それも、日本のように、ナベ料理やスープにするのではなく、そのまま炒めたものが多く、料理法に特別の工夫がこらされて値段が高いのではなく、そもそも材料の値段が高いことが窺い知れた。現に、西村君が市場へ行ってみると、スッポンは他の食材に比べると高いと言うことだった。

スッポンの他にも何か「上等な」料理はないか、と尋ねると、あるベトナム人が、犬の肉が珍重されると言う。たしかに、そういわれれば、市中でも、「香肉」という漢字を目にしたことがあり、中国料理の一環として珍重されていることは分かったが、公邸で犬の肉を出すわけにもいかず、話の種だけにした。

そうこうするうちに、渡辺美智雄元副総理が、武部氏など何人かの議員を引き連れてベトナムに来訪した際に、はからずも、もう一つの珍味に出会った。

渡辺氏の相手方は、経済協力担当のフック副首相だった。フック氏は、渡辺議員一行を副首相公邸の晩餐会に招待した。日本の客人に配慮したとみえて、テーブルにはエビやカニが並んでいたが、中央になにやらいわくありげな、大きな蓋のついたナベがあった。フック氏は、このナベを指して、「ここには特別おいしいものが入っているが、それが何かは、皆さんが一口召し上がった後に申し上げたい」という。

渡辺氏以下、首をかしげながら、なべの中から取りわけて貰った、肉のシチューのようなものを賞味する。

「これが何かわかりますか」

と聞かれても誰も返答できないでいると、フック副首相は、ニッコリ笑いながら口を開き、ピョンヤンで日本語訓練をうけたという通訳が翻訳して

「これは、アルマジロです」という。

「エッ」と驚く人もいれば、「アルマジロとは何ですか」と聞く人もいる。渡辺氏は得意げに、「アルマジロとは、穿山甲のことだよ。あのイタチに似て地面を這う動物」と言う。言われて、食べたものを吐き戻すのではと思われそうな姿勢でのけぞる人もいたが、渡辺氏は飄々としていた。以来、アルマジロ料理を公邸でもできないかと試そうとしたが、まさか生きたアルマジロを捕まえるわけにもいかず、また、アルマジロの肉は入手困難の上、衛生上の問題もあって断念した。聞けば、ブラジルなどでもアルマジロを食することがあるそうだが……。

スッポンのステーキ

一九九七年夏、史上初めての日本国総理のベトナム訪問があった。

この村山富市総理の訪越には、奇妙な問題が大きな意味を持っていた。それは、村山総理の「腹具合」の問題だった。村山総理は、直前の外遊先イタリアで腹具合を悪くし、その原因がオリーブオイルであるとかないとかをめぐって、イタリアのオリーブ生産者から苦情が出されるという事態が生じた程だった。その結果、村山総理の体調にそもそも基本的問題があるのではないかという噂まで乱れ飛ぶ有り様となった。

そうした経緯もあって、総理訪越にあたっては、総理官邸、外務省から、現地の大使館に対して、どんなことがあっても下痢や腹痛を起こさないよう、宿舎、食事などについて万全の注意を払うよう、特別の指示があった。

しかし、当時のベトナムは、衛生状態も十分とは言えず、また、随員も含めて多数の人数が同時に共に宿泊できるようなホテルは、二、三に限られていた。そのうち最も高級とされたメトロポルは、フランス資本のホテルで、なにかと特別な配慮を要請するには、あまり適当ではない上、スイートルームの数や位置、そして随員の部屋割りなどの点で、総理一行全員の宿泊所としては適当ではなかった。そうなると、本来は、次の候補のトンニャットホテルになるが、ここは、名前（統一の意味）の通り、共産党色が強い政府系のホテルである上、ハノイ市の中心部から離れており、これも適当とはいえなかった。よって、華僑資本のホテルではあるが、比較的新しく、日本側の要請にも柔軟に対応してくれると申し出てくれたホテルを総理一行の宿舎と決めた。そして、そこでは、すべて総理用の食事は、日本側が自炊することとし、ミネラルウォーターを大量に持ち込んだほか、大使公邸の調理人を配置して、朝食などはそこで調理して総理に供することとした。

昼食については、偶然、公邸調理人の親戚が、村山総理の故郷大分出身であり、調理人も大分料理に多少の知識があったことから、大使公邸で、大分料理（野菜のごった煮のような汁ものなど）を供することとした。

問題は、先方、すなわちベトナム首相主催の宴会での料理である。先方にどんな料理が出るのかと尋ねても要領を得ない。そこで、相手に失礼にならない程度に、衛生上問題がありそうなものには、なるべく箸をつけないでおこうと内部で打ち合わせた。いざ、宴会に出てみると、なんと主たる料理はスッポンのステーキである。甲羅もついたままのスッポンの肉が、いくつか皿に盛られている。

そこで、近くの村山総理の耳にも届くようにとかなり大きな声で、「これは、ベトナムで珍味とされているスッポンのステーキですな」と言って、警告を発した。ところが、村山総理は、こちらの「警告」にもかかわらず、結構スッポンステーキを口にしておられる。冷や冷やしたが、越側の要人の前で大きな声を再度あげるわけにもいかなかった。後で村山総理に、小生が、それとなく用心するよう大きな声を出したのに気か付かれなかったようで心配しました、と告白すると総理は、「いや、前の席に座って居た大使夫人が良く食べていたから大丈夫と思い食べた」とのことだったので、後に妻に問いただしたところ、スッポンのステーキはぞっとしなかったが、少しは食べたふりでもしないと失礼と思い、さかんにナイフとフォークで肉片をいじってはいたが、殆ど口にしていなかったとの答えだった。

いずれにしても、ハノイ滞在中、村山総理の体調に問題はなく、胸をなでおろした次第だった。

初めての社会主義外交？

村山総理のベトナム訪問は、総理の健康問題への気遣いは別として、外交的に見る限り特別変わったこともなく、成功裏に終わった。

しかし、実は、表にはでていないが、社会党党首だからこそ起こった「事件」もあり、それまでの自民党政権の外交とは一味違った場面があった。

それは、首脳会談のうち、全体会議の前に開かれた小人数会談（日本側は、総理、官房副長官、在越大使、越側は、キエット首相、カム外相など）での出来事だ。

冒頭、歓迎挨拶の後、キエット首相は、やや前かがみになった姿勢で、次のように云った。

「ベトナム政府と人民は、あの苦しかった抗米戦争を通じ、日本国民の心ある人々が、ベトナムを支援してくれたことを忘れてはおらず、深く感謝したい」と。

村山総理が、ベトナム反戦運動を支持していた日本社会党の党首であることを意識した発言だった。

しかし、村山内閣は自民党との連立政権であり、総理である以上、村山氏も、かつての社会党の「伝統」に乗って、ベトナム共産党はわが同志であるとは言えない。村山氏は、ベトナム統一を祝福し、国民同士の友好関係の維持強化を希望するといった趣旨の発言をされた。

然し、これからの日越関係の強化にあたって、過去のベトナム戦争についての日本政府の政策、あるいは反政府勢力の考え方をどのように位置づけるのかは、難しい問題だと感じた。同時に、政府の政策に反対する勢力の「政治的姿勢」が、何十年後に「外交的意義」をもつことがあることをあらためて認識させられた首脳会談であった。

水上大使館

村山総理の訪越には、総理の体調管理の問題のほか、洪水の問題があった。

ハノイは急速な発展にもかかわらず排水溝の整備が遅れ、南国特有の急な豪雨に見舞われると、都市の中央部が水浸しとなり、交通が阻害される事態がしばしば起きていた。

ある大雨の日には、町の中央のホアンキエム湖の水があふれ、湖中の魚が町に流れだし、大使公邸の前の広場では、子供たちがバケツを持って魚釣りをする始末だった。あるときはまた、大使公邸の玄関先まで水があふれ、外出先から公邸に戻ってきた大使が車から建物に入れず、運転手におぶってもらって漸く帰宅できると言う始末だった。

村山総理訪越の数週間前、韓国の外務大臣がハノイを訪問した際には、急な豪雨に見舞われ市中で立ち往生し、約束の会合に出席できないという事態すら発生した。

こうした状況のハノイで、位置的に洪水の被害をうけにくい場所にある総理一行の宿泊先のホテル内や、ベトナム側の施設において総理が行動している場合には、その場で緊急対策を講じる時間的および人員上の余裕があろうが、総理一行のうち小人数の人々だけが昼食をとることになっている公邸の周辺が水浸しになり出入が困難になった場合、とりわけ、昼食の最中に急な豪雨に見舞われ、公邸から出ることが困難になった場合の対策は、あらかじめ考えておかねばならなかった。そこで、東京に特別に依頼して、四、五人乗りのゴムボートの提供を要請、自衛隊の使っているのと同じボートを調達して総理特別機で運んで貰い、公邸に備え付け、総理との昼食会に備えた。食事中その話をして、総理もいざというときにはボートで「脱出して頂くことになっています」と言うと、村山総理は、ほほ笑みながら、「そうすると、ここは、水上大使館とよんだほうかよいな」といわれ、ハノイの日本大使館には、「水上大使館」なるニックネームが付けられたのだった。

ダンボウの魅力

小生のベトナム勤務中、妻は、日本での義母の世話や子供（次女）の教育への助言などのため、ほとんど日本滞在が多く、ベトナムへは、節目節目の重要なときにやってくるだけであり、いわば単身赴任に近かった。普段は仕事に追われてそう感じないが、週末になるとハノイでの独身生活、それも大使という肩書がついた生活は窮屈で味気無かった。また、当時のハノイは、町でベトナム料理を食べるのなら虫下しの薬をかならず飲めと言われていたほど衛生状態が悪く、町の通常のレストランで食事をすることはなかなか難しく、勢い、週末に行くところとなると、メトロポリタンホテルかトンニャットホテルなど、外国人の宿泊するホテルのレストランへ出向くことになりがちだった。

トンニャットホテルのレストランでは、夕食時、ほとんどいつも音楽演奏があった。それも、ベトナムの伝統楽器で、とりわけ、左手で弦の長さ（張り具合）を調整しながら、右手にもった小さな「へら」のようなもので弦をはじく、ダンボウという楽器の演奏が情緒たっぷりだった。弦を調律する左手の優雅な動き、そして、時折バイブレーションのかかった、ややもの悲しげなベトナムのメロディの他、「荒城の月」や「月の砂漠」など日本のメロディが心を打った。

思い切って、つてをたどってベトナム国立音楽院の教授に来て貰い、ダンボウの演奏のレッスンをうけることとした。

最初、楽器は先生のものを拝借したが、すぐ自分用のものを買ってもらった。弦はピアノ線であり、楽器を弾く「へら」のようなものは、竹を削ったものだ。この「へら」で弦を弾くのだが、ただ弾くとポーンといった音が出て、メロディにはならない。そこで、弾いた後、間髪を入れず右手の甲で弦を押さえ、音を止めるのだが、最初はそのコツを覚えるのが精一杯で、曲を弾くどころではなかった。しかし、練習するうちにコツを覚え、ベトナムの短い民謡を弾けるようになった。

この楽器は弦が一つなので、いわゆる一弦琴であるが、日本の一弦琴が、左手で弦を押さえ、右手に象牙の小さい管のようなものをはめ、一定の場所を弾く（音階の変化は、左手の位置の変化による）のに対して、ベトナムの一弦琴は、基本的には右手を動かして音階を変化させるが、楽器に直角に立った黒い取手を握った左手も、一音階や二音階程度ならば、弦の緊張度を変えることで音階を変えることもある。また、左手を震わせて、バイブレーションをかけることもできる。ベトナムのダンボウは音が弱いため、胴の中にマイクを装置したり、別途楽器をスピーカーにつなげなければならず、そうすると、音がとかく電子ギターのようになって、伝統的な音色が失われるので、そのバランスが難しかった。

いろいろ試行錯誤しているうちに、ふと気が付いたのは、もともと、この楽器の弦は、羊の筋、いわゆるガットといわれるものや、絹糸で作られていた以上、本来、この楽器を楽しむのは、弾いている本人と精々その回りの数人であったと思われることだ。弦も一つで地味な楽器であり、いわば、音楽の原点、すなわち、音楽は本来他人に聞かせるためではなく、自分自身の楽しみのためだったはずだと言うことを、あらためて深く感じた。以来、一弦琴の「演奏」を「聞かせる」のは、いくら趣味の披露といっても差し控える気持ちが先立つようになった。

また、伝統楽器をめぐっては、日本とベトナムの対応の仕方の違いにも感じるところがあった。日本では、琴や三味線などの「伝統音楽」では、(新しい試みもないではないが)基本的には、楽器本体の素材や弦については、絹糸だの、猫の革、あるいは桐の木材等といった伝統的素材を大事にする。しかし、ベトナムでは、近代的改良に走りやすく、今や、一弦琴の弦は日本製のピアノ線であり、第一線のダンボウ演奏者のなかには、楽器のなかにマイクを内蔵させて音を大きくしている人もいるほどであり、ナイトクラブなどでは、電子ギターなみのダンボウが出現している。伝統芸能のありかたをどう考えるべきか、ダンボウを前にしてふと思う日々だった。

そうした思いもあって、日本に帰国してから、日本の一弦琴を習い出したが、こちらは、本来、演者自身が歌う歌の伴奏楽器であり、原則としては、歌がついているので、楽器のひきかたそのものもさることながら、歌との合わせ方がなかなか難しいと感じた。

いつの日か、ベトナムの一弦琴と日本のものとの合奏ができないかと思う時もしばしばだった。

戦争の傷痕

一九九〇年代になっても、ベトナム各地には、戦争の傷痕が、目に見える、あるいは、体験者から直接聞かれる形で残っていた。

ホー・チミン市内の地下トンネル。一メートル強の幅の穴から地下に入ると、そこは、ゲリラの秘密通路となったおり、中には、十畳はあろうかと思われる空間と云うか部屋がつくられ、壁にはホー・チミンの肖像画が掛けられている。一体、どこから空気を取り入れるのか、水や食料の貯蔵はどうするのかと思ったが、聞いてみると、ゲリラ戦には近辺の住民の同調者が不可欠で彼らが、いろいろ便宜をはかるのだと云われた。

ゲリラ戦やジャングルの行軍を体験した人々は、ある種の自給自足生活に慣れており、料理、散髪なども自分でしてきた関係からか、共産党の上層幹部のなかにも、趣味は料理を作ることだと言う人もいる程だった。

地下壕だけではない。ハノイ市の近辺には、米軍の爆撃の跡が水田のなかの大きな丸い池の形になったり、あるいは、米軍飛行機の残骸の形で、なまなましく残っているところがあった。然し、もっと微妙な戦争の傷痕を感じたのは、ベトナム共産党や政府の要人を大使公邸に招き、食事を共にしたときの体験だった。

当時、公邸の食材は、多く、バンコクやシンガポールから空輸されたものだった。これは、衛生上の理由もあるが、同時に、宗教的配慮もあった。すなわち、ハノイの外交団にはイスラム系の外交官も多かったが、ハノイの精肉市場では、豚肉も他の肉と区別せず、同じ台の上で売ったりしているので、イスラム系の外交官は、地元の肉は絶対食べないと言われていたことも影響していた。こうした事情や衛生上の問題にも配慮し、また、できれば、なんとか「日本の味」も出そうと、銘々皿にすき焼きを盛ったり、テンプラを提供したりしたが、どれもあまり評判がよくなかった。

ベトナムの客人が何をおいしそうに食べているのか、それとなく、いろいろ観察しているうち、多くの客が、満足げに食べているのは温かいご飯であり、人によってはそれにみそ汁をかけて食べているのだ。考えてみれば、長い戦火の中で耐乏生活を強いられてきた革命兵士や政治家にとって、何よりほしく、またおいしかったのは炊き立ての白いご飯だったのかもしれない。そうしたところにも戦争の傷痕は残っているのかもしれないと思ったものだった。

金雲翹（キム・ヴァン・キェウ）談義

在ハノイの日本大使公邸は、グエン・ズウ通りにあった。グエン・ズウは、一八世紀から一九世紀にかけて活躍したベトナム有数の文学者で、かれの代表作「キム・ヴァン・キェウ」は、ベトナム文学の金字塔とされている。

この作品は、長編詩のかたちの物語で、豊かな商家に生まれた翠翹（トイ・キェウ）が、生家の没落とともに芸妓として売られたり、意地悪な正妻の召し使いとして使われたりしながら、恋の遍歴や戦乱を経験するなど、波瀾万丈の人生を送る物語である。

キム・ヴァン・キェウは、日本の平家、源氏物語のように、国民に広く読まれている。ベトナムへ赴任する前、長く北ベトナムと商売上の付き合いのあった商社（大手商社のダミー会社）のN社長から、ベトナムへ行くならこの作品だけは読んでおくとよい、と言われたほどだった。

案の定、ベトナムで、キム・ヴァン・キェウの話をすると知らない人はいなかった。それどころか、ベトナム特有の大きな漆塗りの屏風などに、この物語のいくつかの場面が描かれており、ベトナム人の心に浸透していることが窺われた。

ベトナムの友人と、この作品の話をしていると、「キム・ヴァン・キェウ」は占いにも使われ、ボイ・キェウと称するのだという。どうするのかと聞くと、この作品の本をパラパラめくって、好きな箇所に指をあて、その文章を読めば、占ってもらいたいことの答えが出ているというのだ。そういう話は本当かと、ベトナムの外務省の高官に尋ねたところ、実は自分もやったことがあるという。かつて、パリのユネスコの国際会議に出席したが、会議が長引いて埒があかない、帰国すべきか居残るべきかわからず、同僚たちの意見も分かれたので思い切って「ボイ・キェウ」を試みて帰国することに決めた、というエピソードを聞かされ、いささか驚いたことがあった。

平家物語や源氏物語が、文学の領域をこえて、絵画、音楽、舞踊、さらには衣装など、日本国民の生活に染み込んでいるように、キム・ヴァン・キェウは、ベトナム人の生活に入り込んでいることを感じることは、稀ではなかった。

三度ベトナムを袖にした日本

ベトナム経済の目覚ましい発展、中国への戦略的対抗の駒としての重要性、さらには、優秀なベトナムの人材受け入れなど、日越関係は、今や非常に緊密になっている。

しかし、一九九〇年代半ばごろまでは、ベトナム共産党のイデオロギーもあって、ベトナムの日本に対する見方は、友好的ではなかった。たとえば、一九九〇年代初期、中山外相が訪越した際、相手方のグエン・コー・タック外相は、第二次大戦中に日本軍が行ったとされる米穀の強制調達の被害を強調していた。

この米穀の強制調達云々の話は、多分に、戦時中、共産党勢力が政治的「撹乱」の方便の一つとして宣伝していたきらいがあり、当時そもそも米穀が天候や流通上の問題から不足がちであったのを、もっぱら日本軍のせいにするという政治的意図にもとづく主張だという見方もあった。しかし、中山大臣は、特にグエン・コー・タック氏の政治的立場を考慮してか、特に反論せず、むしろ、過去より未来の話をしようという大人の態度で接していた。しかし、今や日越関係も緊密になりつつある現在、日本としては、過去の歴史において、日本がベトナムを少なくとも三度袖にして、冷たくあしらったことを念頭においておかねばなるまい。

一つは、一七世紀の日本の態度である。一六世紀中葉以降、日本からベトナムへ渡航、移住する者が増え、一時は、ベトナム中部のホイアンを中心に、数百人の日本人が居住し、一種の「日本人街」まで形成され、貿易の発展に寄与したほか、一五九六年には、日越の共同行動でスペインの侵入を撃退するほどであったという。ところが、日本における鎖国令によって、日本人はベトナムに渡航しなくなり、結局、ホイアンの日本人街も廃れていった。ベトナム在住時代にホイアンを訪れたことがあったが、街はずれとおぼしきところに小さな「日本橋」と言われる橋が掛かっていたほか、街の中央の通りには、よく見ると日本的ひさしを残した家屋が一、二あるのが見えたに過ぎなかった。日本人街の衰退は、日本とベトナムの関係の断絶をも意味していたといえる。

日越関係緊密化とその後の冷却化の波は、明治時代にもやってきた。

一九世紀末、清仏戦争に勝利を得たフランスは、ベトナムを保護国としたが、同時に、ベトナム内部では抗仏運動が起こり、また、グエン朝政治への不満と近代化促進を動機とする政治運動を惹起した。そうした流れの一環として、二〇世紀初頭には日本の近代化に学ぼうとするドンズウ（東遊）運動がおこり、その中心人物の一人こそ、日本に留学した著名な革命運動家潘佩珠（ファン・ボイ・チャウ）であった。しかし、日本は、一九〇九年に締結された日仏協商によって、日本国内の抗仏運動を厳しくとりしまるようになり、潘佩珠始め多くのベトナム留学生は日本から離れ、いわゆる東遊運動は挫折したのであった。この一連の動きは、いわば日本がベトナムの革新勢力を袖にして、フランス帝国主義と手を結んだことにほかならなかった。

第三の歴史の歪みは、いわゆるベトナム戦争における日本の立場である。日本政府当局は、軍隊こそ送らなかったが、陰に陽に米国と結んで、南ベトナム政権を支持し、北ベトナム、ひいては多くのベトナム人民を袖にした。この間、日本の社会主義者や多くの知識人が、米国における反戦運動を支持し、北ベトナムに共感したことは事実ではあるが、その「遺産」が具体的な形で長く残ってきたとは言い難い。

かくて日本は、三回ベトナムを袖にした歴史があるといえ、そうした過去をよく踏まえた上でなければ、真の日越友好を説くことはできないといえよう。

ベトナム共産党顧問の追憶

ベトナムを離任するにあたり、ホー・チミン市に引退、在住している、グエン・ヴァン・リン顧問（前書記長）を訪問した際、顧問は、ベトナムの過去を追憶しながら、次のように述べたのがいつまでも心に残った。

すなわち「ベトナムは、半世紀以上フランスの植民地支配を受け、一九四五年の『八月革命』をはさみ、三年にわたる二回の戦争（抗仏、抗米戦争）を経験し、その上更に、カンボジア人民をジェノサイドから救うために一年を費やし、その過程で中国との国境戦争も戦わねばならなかった。平和が訪れた後も、旧ソ連、東欧の社会主義経済を真似たために経済が衰退し、人民の生活も日増しに困難を増す状況になった。こうした状況を克服するため、自分を含む一部の者が、新しい経済管理方式を提唱しようとしたが、そうした意見は避けられ、自分は資本主義路線を歩もうとする者と批判された。しかし、一九八六年になって正しい路線が認められるようになり、ここ十年あまり農業、工業ともに発展してきている」と。

引退したとはいえ、なお多くの人々の敬意と愛着をうけているリン氏の、淡々としたなかに、どこか情熱のこもった声が、いつまでも耳に残った。

ベトナムの通貨と金融

一九九〇年代半ばの頃は、ハノイで買い物や市内見物に出掛けても、ベトナムの通貨ドンの紙幣を使うことはあまりなかった。せいぜい、絵葉書程度のものを買う時とか、公園などの入園料、入場料を払うときに限られていた。その一つの理由は、比較的高額な買い物、たとえば、書画骨董品とか絹製品などは、（すくなくとも外国人とは）ドル決済が一般的だったからだ。当時、ベトナムでは、闇ドルが四、五十億ドル前後も流通、隠匿されているともいわれる程だった。これは、一つには、ベトナムでは、お金を貯めるならドルで、という風習があったせいだった。いいかえれば、当時、ドル紙幣は決済手段として使われる以上に、価値の保存手段だった。それが証拠に、闇市場では、同じ百ドルでも、百ドル札をもっていったほうが、少額紙幣を百ドルそろえて出すよりも、有利な交換レートで替えられると言われていた。なぜなら、保管するのに高額紙幣のほうが仕舞っておきやすいからだ。

現地通貨を外国人があまり使わない背景には、ドルが広く使われていたことのほかに、幾つか理由があった。一つは、ドンの高額紙幣がなく、比較的高額の買い物をドンでしようとすると、財布一杯の紙幣を持ち歩かねばならず、不便だった。加えて、当時のベトナムの紙幣は、薄汚れたものが多く、なかには、赤いキンマの噛みタバコの跡が付着していたりして、持ち歩くのが不快だったことも影響していた。

通貨といえば、当時一般のベトナム人は銀行を利用せず、現に、銀行の窓口があちこちに開かれているという状況ではなく、また、いわゆるクレジットカードも使用出来る店はあまりなかった。そうした状況下で、人々は金銭の貸借を銀行などの公的機関にたよらず、一種の頼母子講のようなグループを作ってお互いの貸借に活用していた様子であった。

また、相次ぐ内戦と対外戦争を経験しただけに、ベトナム人は黄金への執着が強く、赤ん坊の一〇〇日のお祝いに金製品を送る人もいたようで、そうした風習も手伝ってか、ホー・チミン市等では、金製品を売る店の並ぶ、特別の通りもあった。

金といえば、一九八〇年代頃まで、ベトナムでは、ドルが金と交換可能だった時代のドル紙幣が時折出回っており、珍しいので、日本人商社や銀行マンが、日本から来訪した顧客にお土産として進呈することもあったという。

こうしたベトナムの金融制度改革は、ドイモイ政策の進展とともに、日本の対越協力の重要な分野にもなっていったのだった。

第二章　ド・ムオイ書記長訪日随伴記

一九九八年春、ベトナム共産党書記長のド・ムオイ氏は日本を訪問、東京で要人と面談するほか、地方旅行にでかけて、工場見学や農村視察などの日程をこなして帰国した。在越大使であった小生は、書記長の旅程のほぼ全部にわたって随伴した。その際感じたことを日誌にまとめたものは次の通り。

四月一七日（月）

午前八時、外務省差し回しの車で、宿泊先から赤坂迎賓館へ向かう。森閑とした朝の迎賓館の一階の大きな部屋で荷物を解く。三分後、渡辺儀典長の車に同乗して羽田空港へド・ムオイ書記長一行を出迎えにゆく。空港の待合室で、飛行機の到着を待つ時間を利用して、チェン在日ベトナム大使と、日越租税協定に仮署名する。飛行場の待合室での協定仮署名は恐らく前代未聞であろう。

やがて飛行機が到着。赤絨毯の横に並んで、書記長以下代表団と握手。驚いたことに、書記長本人は別だが、随行している外務大臣を始めとする閣僚は、かなり重そうなブリーフケースを自分で持っている。秘書官などお付きの人はいないのであろうかと疑問に思えた。

一行を迎賓館に送り届けた後、午後二時半から宮中で、天皇、皇后両陛下に御進講。ベトナムの開祖と言われる「雄王」や香木の話などをおりまぜながら、最近のベトナム情勢についてご説明する。

午後四時、加藤六月自民党政調会長を往訪、会長の故郷の山形はドラマ「おしん」の故郷だが、「おしん」はベトナムでは大人気で、共産党書記長自身テレビで見ているといった話をする。

日本に帰国以来、いろいろな要人にベトナム情勢を説明してきたが、人により、興味の焦点は異なるであろうと、そこに配慮した説明をしたつもりではあるが、果たして十分であったかどうか、と自問した。

四月一八日（火）

交通管制センター及び都庁見学のため、ド・ムオイ書記長の車に同乗。車中、日本の原子力発電の割合如何といった細かな質問にあう。ポケットに忍ばせて置いた日本経済の統計表が役立った。

管制センターでは、東京の一二〇〇万の人口のうち、年間の事故死傷者が四〇〇人程度であることに書記長は驚嘆していた。

都庁では、引退する鈴木知事の最後の外国賓客となったが、書記長は、一六年間の都知事としての経験を是非ベトナムに来て教えてほしいと懇願、ややためらいがちな知事に何度もハノイへ来てほしいと呼びかけ、最後にウンと言わせたあたりは流石、なかなかの政治家だった。

村山富市首相との首脳会談は、迎賓館の彩鸞の間で行われた。フランス風の豪華なシャンデリアと大理石の円柱が輝く大きな部屋での会合は、始めはどこか儀式張って堅苦しかった。しかし、ベトナム側が、「円高で困っている。もっと無償援助がほしい」「有利な金利を適用してほしい」と率直な注文を切りだし、村山総理がこれに苦笑しつつ答える頃になると、却って場の緊張感が解け、話し合いも盛り上がった。

夕刻、官邸で村山首相の令嬢やド・ムオイ書記長の子息、令嬢を加えての懇談があった。村山首相から、「自分は書記長ほど生み分けが上手ではなく、子供は二人とも女である」といった台詞が飛び出すと、書記長から「首相のお嬢さんは、父親に似ておられる、娘が父親に似るとその家はお金持ちになるという諺がベトナムにある」といった会話が続いて、なごやかな団欒だった。その後の正式の晩餐会では、おしんの役を演じた小林さんが出席していたが、まさにモテモテで、次から次へとベトナムの参席者が、記念写真を撮る始末だった。

夕食会でのこちらの席の隣はチエット女史という、共産党の要職にある女性だったが、外国語は一切通じないので、辛うじて習い覚えた片言のベトナム語で家庭のことや料理のことなどについて会話を交わした。食事の始めから終わりまでベトナム語で通したのは初めてで、体中がくたくたになりそうな感じになり、料理もあまり手につかなかった。途中で、思いあまって、ベトナムの古典「キム・ヴァン・キェウ」の簡略版を丁度持っていたので、それをポケットから取り出してみせながら、この古典を利用して占いをする「ボイ・キェウ」のことを話題にしたが、あまり乗ってこなかった。考えてみれば、日本人が、外国人から源氏や平家の物語をもちだされても、それに合わせて古典の話ができる人は少ないかもしれぬ、と思った。

それにしても、大正時代を思わせるような西洋間で西洋料理を食べ、服装も数人のアオザイ姿のベトナム人を除けば皆洋装、流れる音楽も荒城の月など幾つかの日本の歌曲を除けばすべて西洋音楽、楽器も西洋音楽の楽器という情景に、ハノイでベトナムの民族音楽にひたり、ベトナムの名物料理如何と心を砕いていた身にしてみると、いささか違和感があった。もっとも、「西洋」音楽や「西洋」料理はいまや西洋のものではなく、みんなのものであると思えばよいのかもしれない。

四月一九日（水）

赤坂プリンスホテルの四階。東京を一望に見下ろすレストランで、ド・ムオイ書記長一行と日越友好議員連盟との朝食会があった。日本側の渡辺美智雄会長が「できれば午餐会にでもお招きしたかったのだが、時間がないということだったので、朝食会になった」と弁解すると、ド・ムオイ氏は、「いやいや朝食時の方が、頭がはっきりしていてよい」と冗談を言うなど、両者は旧知の間柄だけに、率直な話し合いに終始した。円高問題でのやり合いがあった後、書記長はしんみりとした口調で、第二次大戦中の日本軍の行為に触れた。

「ベトナムに進駐した日本軍が、稲作に代えてジュートの栽培を奨励したため米不足となり、二〇〇万人に及ぶベトナム人が餓死した。当時、自分はフランス当局によって監獄に入れられていたが、クーデターに乗じて脱獄し、街へ出てみると餓死者があふれていた」――そのようなことを述べた。

ベトナム側も日本側も、ややうつむき加減にして静かに聞き入っていた。円高の話の後だけに、こうした発言は、日本がベトナムを援助する義務があると言いたげに響いた。

食事の後の懇談では、渡辺会長が、先般北朝鮮を訪問したことに触れ、「『北朝鮮は、ベトナムから学ぶべし』と北朝鮮の人々に言ってきた。ぜひベトナムからも、『北朝鮮は、アメリカ、日本などと仲良くする方が得だ。現に、ベトナムは、戦争や過去のことは乗り越えて、日米両国と仲良くしようとしている』と言ってほしい。自分は飾らずに率直にものを言う人間なので、その点も北朝鮮の関係者に伝えてほしい」云々と述べた。ド・ムオイ氏は、時折うなずきながら黙って渡辺氏の言うことを聞いていた。

昼には宮中で午餐会があった。午後は明治神宮訪問。宮中の午餐の際には在フランスのベトナム人音楽家の曲「白い恋人たち」が演奏され、また、明治神宮での神楽の舞では、一〇〇〇年以上も前、もともとは、ベトナム地方からもたらされたという舞が披露されるなど、日本とベトナムとの歴史的接点に配慮した工夫がこらされており、ベトナム側の反響にも手ごたえがあったように感じた。

舞踊の後、そろって舞台に出てきた巫女さんたちに書記長は、「皆さん大学に通っているのか」と尋ね、巫女たちが、巫女は二〇歳未満でなければならないので、高校を卒業してすぐ巫女にならねばならない、と答えると、書記長は、あらためて踊りを褒め、一緒に写真を撮ろうと言い出したが、このあたりは、一般国民と親しく接したいという書記長の心意気もあるのではないかと思われた。舞台の上では取り澄ました顔をしていた巫女たちも、写真を撮るときはほんのり顔を赤らめ、乙女らしい微笑を浮かべているのが印象的だった。

神宮の森から車列を組んで出ようとするとき、運転台のラジオは、横浜駅での異臭騒ぎで五〇人以上の人が病院に運ばれたことを報じていた。サリン事件はじめ狂信的な人々を生んでいる今日の日本で、一〇〇〇年の伝統を持つ舞踊を舞う若い人達がいることを思うと、どこかホッとする。空も雨が漸く上がって雲間から春の空がところどころ顔を出し、沿道の柳の緑を一層鮮やかに浮き立たせていた。

四月二〇日（木）

経団連、日本商工会議所など経済関係団体の合同昼食会の後、書記長は、内幸町の日本記者クラブで記者会見に臨んだ。一国の実力者である共産党の書記長が、外国人との共同記者会見に臨み、しかも、記者の質問に直接答えるのは珍しいことだ。産経新聞の記者が質問して「経済を自由化したら、共産党の一党独裁もゆるめなくてよいのか」という趣旨の問いを出した。書記長は、「経済改革と一緒に政治改革もやっている」と答えただけで、それ以上踏み込んだ答えはしなかった。

しかし、その質問の余韻が残っていたのか、東京から岡山県に飛び、瀬戸大橋を見るためにハイウエーを走っている際、ふと思い出したようにド・ムオイ氏はつぶやいた――「どこの国にも矛盾がある。日本とアメリカも経済摩擦を起こしている。しかし、矛盾があるから発展がある、その矛盾をどう解決するか、国内情勢、国際情勢の変化に合わせて、どう矛盾を解決するかが問題である」――書記長は、そう言いながら、精悍な顔に似合わぬ柔和な細い目付きで、瀬戸内海の青い海を眺めた。その横顔にはどこか寂しげな、どこか自分に言い聞かせているような、不思議な静けさがあった。

しばらくすると、書記長は、これまた思い出話をするかのような、静かな口調で言った――「地球の資源は限られている。しかし、人間の欲望はとどまるところを知らない。うかうかすると、人間の欲望を満足させるために地球を破壊することにもなりかねない。この人間の欲望をどのように制御するか。たとえば、仏教は、どちらかというと欲望を抑えることを勧めている。欲望を抑えて人間が地球と共存するためには、仏教的というかアジア的というか、そうした伝統が生かされるべきではないか」――。七八歳の老革命家が、地球と人類との共存の鍵を、人間の欲望の制御という点においているのを聞いて、何か厳粛な空気が車中を包んだ。賓客用のデラックス・ミニバスのエンジン音は意外と静かで、書記長の落ち着いた口調に同乗者一同がじっと耳を傾ける道中だった。

四月二一日（金）

倉敷の近くの農家を訪ね、マスカットの葡萄栽培の現場を見学する。一八度に温度を自動的にコントロールするビニールハウスの中へ背を屈めるようにして入ると、ふさふさと青い葡萄が実っている。一房五〇〇〇円、一房に五〇ほど粒があるとすると一粒一〇〇円だという説明に、書記長に随行していたベトナムの要人一行は一斉に驚きの声を上げた。書記長自身は、こちらに向かって、「これからブドウはベトナムから輸入してもらえば、断然安く手に入るのだが……」とコメントしたので、「この品種は特別で、価格も高いのだ」と説明したが、それにしてもという顔付きだった。

宿舎のホテルへの車中、書記長は、よほど日本の農村の豊かさに印象づけられたと見えて、農村見学に来てよかったと言いつつ、日本では、都市と農村の所得格差はさほどではないように見えるが、ベトナムでは……。とつぶやきつつ、食い入るように、車窓の外に広がる日本の農村風景を眺めていた。やがて、ふと気をとり戻したように、「今朝の朝食のヨーグルトは美味しかった」とポツリと言い、それに続けて「ベトナムでも最近テレビで新しい乳製品の宣伝をしている。しかしこんなものを本当に農家で作っているのだろうかと思うような新しいものもある。自分が全く知らないうちにいろいろなものが出て来ている。それこそ、経済の開放政策のせいだろう。よいことではあるが、自分が知らないうちにいろいろなことが起こっているのには本当に驚く」と言って、愉快そうに笑った。その笑いには、ある種の満足感と、またある種の漠然とした不安が入り交じっているように思えた。

宿舎での晩餐は、一行だけのくつろいだ食事（和食）を大きな日本間で、背もたれを置いてとった。食事の途次、座が静かすぎる気がしたので、盛り上げるつもりで、ホー・チミンを称える歌を、辛うじて覚えたベトナム語で歌いだし、皆で歌おうと声をかけたまではよかったが、途中で歌詞が出なくなったりした上、ベトナムの人々もホー・チミンを酒席の余興にかつぎ出すことに違和感があったのか、あまり盛り上がらなかった。

第Ⅳ部　アジアを見る目

第一章　「アジアの心」をめぐるエピソード

インドネシア人の心

政府と政府の間で文化交流の話をするのは、一見簡単に見えて存外難しい。その一つの理由は、日本において文化活動に対する政府の関与を警戒する空気が、一部であるにせよ、かなり強いところにある。しかし、もう一つの理由は、若干の国、とりわけ幾つかの開発途上国では、文化活動と思想教育や情報管理とが密接に結び付いており、文化活動への政府の「統制」が行われているため、国際的議論を避けたいとする傾向がままあるからである。

そうした事情もあって、長い間、日本政府が相手国政府と行う年次文化協議は、ヨーロッパを中心とする先進国との間に限られていた（もっとも、中国、韓国とは、なんらかの形の文化協議が行われてきたが、それらは、かなり政治色の強いもので、その内容も違うものだった）。

しかし、一九九〇年代になると、もっと文化協議の相手国を増やすべきではないかという声が強まった。その際、やはり東南アジアとりわけその地域の重要な国であるインドネシアとの文化面での対話を強化しようということになった。

まず、一九九一年六月の外務大臣のインドネシア訪問の際にそうした考えを伝え、先方の原則的合意を取り付けた。その上で、一ヶ月後、外務省幹部が現地入りし、一九九二年の春頃をめどに二国間文化協議をひらくという提案をおこなって、先方も検討を約した。しかし、インドネシア側は、それほど積極的な態度ではなかった。もう一押し、周りからも文化協議の意味について説得工作せねばなるまいという感じであった。

折りも折り、外務省の文化交流部長であった小生は、シドニーへ出張の途次、ジャカルタ空港の待合室でインドネシアの元駐日大使のS氏と遭遇し、いろいろ話し合う機会を得た。その際、「インドネシアと日本との関係が、経済貿易中心の時代から、安全保障や国連の役割などを含んだ政治対話の時代に入っているが、これからは文化、教育、知的交流などの領域が重視されなければならない」——そうした一般論については、氏も同意見だった。しかし、具体的に何をやるべきかについては、元大使は慎重だった。それには、日本とインドネシアとの間で最近引き起こされた、とある「事件」も影響していたかもしれなかった。「事件」とは、インドネシアの劇団の訪日招待をめぐるものだった。この劇団は、何か微妙な政治的理由から、日本への出国に必要なビザをインドネシア政府から出してもらえず、訪日中止になったという事件だった。外国との「自由な」文化交流は、政府の思想統制の上から好ましくない面があるのかもしれないと想像させる事件であった。

こちらから、事件そのものには触れず、一般論として政府側の懸念もあるようだが、と水をむけると、今度は、S氏はむしろ積極的姿勢になって、「経済、貿易、政治などの話は、どうしても、インドネシア側が日本に頼む姿勢になりやすく、完全に平等な対話になりにくい面があるが、文化となれば、全く平等な立場で話し合える」という。こちらから畳み掛けて、「そうは言っても、文化は思想とも結びつきやすいので、政府のなかには、国際的対話をいやがる人もいるのでは」と言うと、先方は、破顔一笑して「欧米、豪州などと違って、日本は民主化とか何とかうるさいことはいわないから、問題ないでしょう」と断言した。

高名な知識人でもあるS氏が、西欧と日本との間に一線を引いているのは、いささか驚きであった。考えてみれば、インドネシア人の西欧に対する感覚は複雑である。インドネシアの近代文学史上の古典とされる『西洋かぶれ―教育を誤って』は、オランダ式教育を受けた若きインドネシアの青年が、フランス人女性に恋をし、一旦それをあきらめ母親のすすめる地元の女性と結婚するが、どうしてもかつての恋をあきらめきれず、フランス人女性と生活を共にするが、結局周りの人々全てを不幸にし、自分も服毒自殺するという物語だ。知的香りはするが所詮メロドラマだと言ってしまえばそれまでの作品かもしれない。しかし、この作品は、たとえ同じ教育をうけ、同じ所に長く住んでいても、インドネシア人とヨーロッパ女性の間の心と心の内面的一体化は、彼ら自身のせいというよりも、社会のせいでできなかったこと、そしてまたその社会の理念の一部なりとも内面化したが故に、かえってその個人に悲劇が訪れたことを赤裸々に描き出している。

この小説が書かれたのは一九二八年だが、第二次大戦後の作品でも、東西の真の心のふれあいの難しさを描いたものがある。たとえば、トリスノユヲノの『収容所長』(世界短編名作選、東南アジア編、新日本出版社)も、オランダ人とインドネシア人の間のほのかな友情も実は相手を利用する方便にすぎなかったことを描いている。

こうした歴史を考えると、日本となら民主化だの人権だのといわないで話し合えるといったインドネシアの知識人の脳裏には、日本は、戦争の暴虐はあっても、インドネシア人の心を支配しようとはせず、また、それは出来なかったが、西洋はそれを行ったという歴史がこびりついていたのかもしれない。

こうした複雑な、相手の心理を十分理解して初めて文化交流も実りあるものになるのだという事が、胸に重く感じられた。

和風と洋風

一九九二年九月のキーティング豪州首相の訪日は、日本へ発つ前から地元オーストラリアではいろいろな意味で注目を浴びていた。

一つには、オーストラリアでの論争があった。キーティング首相の訪日を一週間程に控えた頃、野党のヒューソン党首は、ちょうどしばらく前にアメリカが発表した、小麦に対する輸出補助金の増額を非難するとともに、合わせて日本を非難して、日本はオーストラリアの産品を十分受け入れていないとの発言をした。これが新聞で報じられると、折から訪日を控えていただけに、政府側も黙っておられず与野党間に応酬が始まった。

ちょうどその最中、たまたま首相訪日に先立って、オーストラリアの新聞記者に日本事情を紹介するために記者会見を予定していたキャンベラの日本大使館は、野党党首の対日批判に口を閉ざしているわけにもいかず、若干の事実をあげて、やんわりと誤解を解くためのPR活動を行った。ところが、たまたま記者会見の日取りが野党党首のコメントの直後だっただけに、オーストラリアの新聞には、日本政府がヒューソン党首に反論したと伝えられ、論争がより政治的色彩を帯びることとなった。

加えて、NAFTA、すなわち北米自由貿易協定の問題があった。折から、アメリカ、カナダ、メキシコの三国が自由貿易協定に署名したため、域外、とりわけオーストラリアなどの太平洋諸国に与える影響が取りざたされる状況にあった。日本がこうした動きにどう対応するか、オーストラリアとしては一番関心のあるところだった。それだけに、キーティング首相の訪日は、オーストラリアでは普通以上の関心を持って見守られていた。

そうした背景もあっただけに、九月二一日に総理官邸で行われた日豪首脳会談は、中身の濃いものだった。キーティング首相は、あらかじめこれと決めてきたいくつかのポイントを理路整然と述べた。これに対して宮澤喜一首相は得意の英語を駆使して、リラックスした口調で、しかしきっぱりと応答した。それだけに、会談の雰囲気は温かい中にもどこかバタ臭いにおいが漂い、アジアの国同士の話し合いによくあるような、お互いが相手に相当気を使いながらしゃべるというムードではなかった。

豪州の首相は、予想されたように北米自由貿易協定や、アジア太平洋経済協力会議（APEC）

に触れながら、今や米国をアジアにつなぎとめておくことがアジア太平洋諸国の共通の関心であるべきであり、そのためにも自分キーティングが提唱したような、アジア太平洋首脳会議を開き、この地域の政治的指導者の間の意思疎通をよくしたいと訴えた。

宮澤総理もそうした考え方には賛成であった。ただ首脳会議と言っても、アジアでは中国や台湾との関係や、自分たちの間の結束強化を優先しようとするアセアン諸国の思惑などが絡むので、そう簡単ではなく、日本の立場は百パーセント歯切れのよいものではなかった。

アジア太平洋の問題と関連して、オーストラリアの首相は、この地域における日本の政治的役割の増大に対して豪州としてそれを支持するとの立場を明らかにした。たとえば、日本と豪州との安全保障問題についての対話や協力の増進といったことも話題となったが、これは明らかに、未だに過去の戦争の問題にこだわる一部のアジア諸国のアレルギーを間接的方法で緩和するために、オーストラリアとして一役買ってもいいという暗示にも似た示唆と見受けられた。

やがて話題は、ちょうどキーティング首相訪日の数週間前にまとまった北米自由貿易協定のことに移った。こうした協定がその地域の経済発展に貢献する限りにおいて、域外の国にも望ましいことではあるが――そう言いながらも、キーティング首相の口ぶりには明らかに一種の困惑と言うか心配が込められていた。たしかにオーストラリアにとってみると、アメリカが次々に近隣諸国と貿易圏を形成し、その結果、日本も対抗上アジアに何らかの地域的な連合を作るとなると、オーストラリアは政治的、軍事的にはアメリカを、経済的には日本を選ばざるを得なくなり、二つの間で身を引き裂かれることになりかねない。そうなることを避けるためもあって、アメリカも、中国も、日本も、そしてオーストラリアもともに参加したAPECを発足させたのに、アメリカが太平洋を二つに割るような動きを示すとしたら問題である――キーティング首相の声には真剣さがこもっていた。

さすがに、この問題は微妙な政治問題を含むだけに、総理大臣官邸での正式会談では、オーストラリア側も深追いはしなかった。しかし、その晩、赤坂の迎賓館の和風別館で開かれた宮澤喜一総理主催の晩餐会では、キーティング首相は面白い譬えまで出して、この問題の真剣な検討を呼び掛けた。

アメリカが日本やオーストラリアを含めて、太平洋に大きな自由貿易地域を作ろうというのなら、それは十分検討に値する。しかし、アメリカがメキシコに始まって、チリ、そしてほかの中南米諸国と次々に二国間で貿易協定やそれに類する協定を結んでゆくことは絶対反対である。アメリカが自転車の車輪の中心で、次々とスポークのように二国間協定が網の目のように伸びてゆくことは阻止しなくてはならない――キーティング首相は熱っぽく語った。目の前に繰り広げられるきれいな和食の数々――なかには、月と紅葉をあしらった秋らしい盛り付けの素晴らしい料理もあったが――それすらもあまり目に入らないかに見えるほど真剣だった。あまりの真剣さに、かつてアリタリア航空のスチュワーデスで、若きキーティング氏がまだ一介の下院議員であった時、たまたまアリタリアに乗り合わせて一目ぼれしたという今の首相夫人が、時折夫を気遣うように横を向いて微笑みかけるのに、気づいているのかいないのか、首相は、自由貿易協定と、ハブ・アンド・スポークの話に熱中していた。

夕食が終わり、大きな和室の前の廊下から照明に照らされた池を眺めると、色とりどりの錦鯉が光のせいか、はたまた人声のせいか、足元に泳ぎ寄って、絵のような光景を繰り広げていた。それは、まさに日本の伝統的な文化と「和風」を象徴するような光景だった。しかし背の高いキーティング夫妻がそれを面白そうに眺めている姿は、いささかウルトラモダンな印象を与える照明の白い光と相まって、どこか非常に「洋風」であった。日本とオーストラリアの出会いは、所詮和風と洋風の出会いなのだろうか、それとも、この二つの国は、どこかでアジアの歴史をこれから共有する、和洋折衷のパートナーなのだろうか――そうした思いがふと湧く夕べだった。

アジアとは何か

都内のあるホテルの一室である。ソファーと低いテーブルを囲んで、四人が座談会を開いていた。「外交フォーラム」という、真面目な外交評論専門の雑誌に載せるための国際的座談会だった。参加者は、マレーシア、インドネシア、韓国の学者で、日本だけは司会の関係もあって政府の関係者が、個人の資格で参加していた。テーマは、ちょうどアジア太平洋経済諮問会議がシアトルで開かれる直前だったこともあって、「アジアをアジア人はどう見るか」というものだった。

「さて始めましょうか」

司会者が声を掛けると、皆の目は期せずしてマレーシアの参加者に向いた。おそらく、折から世間の注目を浴びていたマハティール首相の東アジア共同体構想のせいもあって、アジアといえば、まずマレーシアの意見を聞こうという雰囲気があったためだろう。

「最近、アジアのあちらこちらでアジアという言葉がしばしば口に出されるようになっているのは、間違いなくアジアの経済発展によって、アジアの人々が自信をつけているからでしょう。ただ、それだからと言って、アジア人意識ということになると、そういう意識はまだあまり深まっていないのではないか、何故なら、多くのアジアの国では、まだまだ国家意識すらそれほど明確に持っている人は多くないからです」

「昔は『アジア』はありましたね。植民地からの独立という意味で、共通な意識がありました。しかし第二次大戦後はどうでしょう。『アジア』という大義名分よりは、『アジアアフリカ』といったような発想の方が広く受け入れられてきましたね。『アジア』という概念は、ある意味では『南』という概念に取って代わられましたね」

黒っぽい大きなふちの眼鏡の奥から光るような視線を向けながら、インドネシアの戦略家が続けた。

「要するに、インドネシア人にとっては、インドネシアの外は皆世界であって、グローバルです」

最後はいささかそっけないほど明瞭に、インドネシア人は結論付けた。

四人の中で一番若い韓国人が、真剣な表情で言い出した。

「アジアと言う概念は、従来、後進性と結び付けられて、ネガティブなイメージをもっていましたね。それが、日本、続いて韓国、そして東南アジアの経済発展によって、いまやポジティブな意味をもって語られていますね。そうなってきて、初めて、最近韓国では、韓国らしさとか歴史的伝統に対する見直しと再評価がはじまっています。この点は大変おもしろい問題です」

司会者が日本の近代史に言及し、明治の鹿鳴館思想と近代化路線が、やがて国粋的思想とぶつかって行く歴史を簡単に説明しながら、近代化がはたして西洋化なのかという点については、日本では永遠の論争があるようだと言った。

「そうでしょうか、しかし、日本はいつまでも、大変日本的なものを残しているではありませんか」

マレーシア人とインドネシア人がほとんど同時に叫んだ。

「いずれにしても、われわれは、西洋的な個人主義は絶対にとりません、社会的調和が大切で、このことは、インドネシアの文化と社会に根強く残っています」

「インドネシアよりも、むしろジャワ的な思想ではないですか」

マレーシアの学者がそう言うと、皆もさもありなんと頷いた。

「お話を伺っていると、アジアという意識の問題の前に、国家意識の問題がありそうですね。韓国とか日本は、比較的同質的民族、言語、文化で国ができていますから、国家意識と民族意識はほとんど同じ人が多いでしょうが、マレーシアとかインドネシアではそうはいかない。東南アジアの人々はヒンズーとかモスレムとか、宗教的な帰属意識もあるでしょうし、また、マレー人とか、中国人とか、ジャワ人とかいった民族的帰属意識もあるでしょう、その上にアセアン共同体もあるし、いちいちアジア、アジアと言わないでいいのかもしれませんね」

司会者が、自らをなぐさめるかのようにそう言うと、一同は苦笑いしながら座談会を終えたのだった。

結局結論は、共通の利益と立場をもちうるところでアジアという概念を用いて、アジアの国が共同行動を起こすのは良いが、今のところ、そういった共同行動の対象としては、自由貿易の維持といった経済的なものが中心ではないか、そういったところだった。

西洋風のホテルの一室、話す言葉は英語――そんな環境の中で、アジアの共通項を議論すること自体いささか滑稽ではあった。にもかかわらず、座談会を終えた四人の顔には、どこか、アジアの論理を越えた共通意識について、言葉に出せなくとも何か共有しているという漠然とした感じが漂っていた。アジアを、アジア人が一緒になって考えること自体の中に、なにかしらアジア的なものがあるのかもしれなかった。

（一九九三年記）

りんご騒動

一九九三年五月、宮澤総理のニュージーランド訪問は、もともと気楽な楽しい旅になるはずだった。二国間の問題はほとんどなく、国際問題も取り立てて意見が食い違うような事柄もなかった。ところが、出発間際になって厄介な問題が持ち上がった。りんごの問題である。

元来、ニュージーランドのりんごの対日輸出は、二十年来の懸案だった。それが、検疫問題もようやく解決し、解禁のめどが立ちつつあった。従って、本来であれば、厄介な問題と言うよりも、むしろ一つの外交的お土産になりうる話であった。

検疫問題と言うのは、リンゴにとりつくコドリンガという虫や、火傷病という病原菌が日本に入ってこないように、ニュージーランド側でよく消毒なり検疫体制を整えて、それが完成すれば対日輸出を認めようというものだった。

ところが、出発の数週間前になって、ニュージーランドのりんごを解禁すれば、病原菌が入り込んで大変なことになる、解禁は十分慎重にやったほうが良いという声が、青森県を中心にりんご生産地で上がり始めた。今まで、検疫上の技術的問題として処理しようとしていたものが、一気に政治問題化する気配を示しだしたのだった。これは、ニュージーランドりんごのライバルであるオーストラリアのタスマニア島の人々の入れ知恵があったとも言われるほど、動きはやや不自然な突然のものだった。

折りも折り、宮澤総理の訪問である。ニュージーランド側は、どうしてもこの問題を首脳会談で取り上げたいと申し入れてきた。しかも、たんに取り上げるだけでなく、外部のマスコミに対して、話し合いの結果を発表したいというのだ。

日本側からすれば（特に、この問題を直接所管している農林省からみれば）ニュージーランドの動きは、却ってりんごの輸入解禁を遅らせてしまうものと映った。それというのも、もし、この問題が首脳会談でとりあげられ、しかもニュージーランド側から、政治的に解決してほしいなどと言われれば、ただでさえ解禁に反対の日本の農民や政治家を刺激する、なぜなら、りんごの問題はあくまで技術的な検疫の問題であって、政治的理由からこの問題にイエスとかノーとか言えないのだということを、いままで強調してきたからだった。この期に及んで、ニュージーランドのために「政治的」解決をはかろうとすればするほど、これに反対する人々も「政治的」に動こうとするであろう。その結果は泥試合となり、解決に時間がかかることとなろう――そういう考え方が日本政府部内には根強かった。

しかし、ニュージーランド側にはまたそれなりの事情があった。当時のニュージーランドの政権は、数ヶ月後に選挙を控えていた。そして、日本へのりんごの輸出問題は、選挙との関係で、首相としては、どうしても近々解決を図らねばならない問題であった。日本の首相と会見しながら、この重要な問題について何もしないというのでは、ニュージーランドの首相の政治的立場が困難になるのであった。

日本とニュージーランドの思惑がこう真っ向から反していたのでは、なかなか調整も困難である。結局、総理が日本を発つ前には、必死の事務方の努力にもかかわらずうまく調整ができず、そのまま首脳会談に突入した。

首脳会談の場所であるオークランドの首相官邸は、小さな丘の上にある邸宅風の建物で、会談の行われた部屋も大きな油絵のかかった、まるで家族の食堂のような雰囲気の部屋だった。

カメラの撮影が終わり、両首脳の挨拶が始まった。和気あいあいのうちに、話題は世界情勢から国連の問題、さてはカンボジア問題と絡んでいわゆる平和維持活動の問題も議論された、ところが、驚いたことに、このような微妙な話が始まっているというのに、部屋には両国政府の代表団の他に、なんと六人もの制服を着たウエイトレスが後ろに控えているのだ。しばらくすると、ウエイトレスたちがビスケットのようなものをサービスした。同時に、コーヒーが良いか、ティーが良いかと一人一人に丁寧に聞いては、しばらくすると、注文を受けたものを持って来る。そうこうしているうちに、一五分も経ってしまった。ウエイトレスたちが立ち去るまで、日本側の人々は何とはなしに落ち着かない気分ではあったが、首脳会談に家庭的というか柔らかい雰囲気を与える効果があった。

国際情勢についての話が一段落ついた頃、宮澤総理は笑いを浮かべながら、「ところで、ボルジャー首相、あなたはりんごの話をされたいのではないか」と切り出した。いささか嫌な話をこちらから切り出すあたりは、さすがに国際交渉に慣れた宮澤総理らしいやり方だった。

「この問題については、自分は総理を困らせるようなことはしたくない」

ボルジャー首相はこう切り出した。

「しかし、技術的な検討はもう済んでいるというのが、ニュージーランドの認識なので、出来るだけ早く解禁にしていただければありがたい」

ボルジャー首相は、人懐こそうな笑顔を浮かべながら言った。

宮澤総理は、これも笑いながら
「コドリンガとかいうガがいるそうで、技術的な検討が行われてきたが、いまやニュージーランドの言い分に理があるようだ。早いうちに解決されることを期待している」

と述べた。

両方とも、いわば大人の対応だった。

これではあまりあっけないと思ったのか、同席していたニュージーランドの外務次官が、数日前アメリカに行った際、アメリカがこの問題を不当に政治問題化し、その結果、日本のりんご生産農家がかえって頑なになり、身もふたもなくなるのは困る。少し静かにしていてくれと頼んだ——そんな話をして、皆を笑わせてくれた。

やがて、両首脳は、晩餐会に出席するため会談を終えて、首相官邸を後にした。

晩餐会は、ニュージーランド産のワインに鹿のステーキのご馳走で、いかにも心のこもったものだった。

明日はいよいよ東京へ帰るというので総理のスイートに何人かの随員が集まって、ウィスキーグラスを片手に今度の旅行の思い出話に花が咲いた。ふと、大きなマントルピースの上を見ると、大きな籠に盛りだくさんの果物が飾ってある。目を凝らしてみると、どうやらりんごである。さらによく見ると、ハトロン紙には大きなカードが付いている。そのカードには、次のように書かれてあった。

「ニュージーランドりんご生産者組合より」

まさに、粋な「お土産」だった。そこには、どこか「アジア的」人情がこもっているようにも感じられた。

オーストラリアとアジア

豪州のカンタス航空は、乗った途端に、日本航空はじめ他のアジアの航空会社の飛行機とはちょっと違った感じがする。それというのも、ファーストやビジネスクラスには、男性の乗務員はいるが、女性のクルーはいないからだ。

サービスは能率も良く丁寧だが、それだけに、機上や料理店での食事のサービスは本来男性が行うべきという欧州の伝統がここでも守られているせいなのだろうか、と思われた。

東京から約一一時間。やっとブリスベンに着く。街のほぼ中心にあるコンラッド・ホテルへ向かう途中、町並みが奇麗に整備され、車の流れが滞ることもなく動いている有り様はヨーロッパの地方都市の感じで、アジアの街にありがちなある種の慌ただしい風情はない。

翌日、会議場へ向かう。そこは州議会の建物で、いかにも機能的にできている。円形に階段状の席のある議場が、今回の国際会議に使われるのだ。

会議参加者のうち、豪州のM貿易大臣、シンガポールのY商業大臣の二人が議長として壇の真ん中に座り、他の参加者は、前列が学会、ジャーナリズム関係者、後列は政府関係者の席となっている。

「明日の国際貿易交渉の課題」という議題で行われる会議だけに、アジアの新興国の参加者が大いに気勢を上げるかと思いきや、声高らかに発言するのは、英国、カナダ、豪州、ニュージーランド、香港と、英連邦の国々が主で、中国、インドネシア、韓国などはあまり発言しない。そのくせ、発言者は、いずれも、これからの貿易上の話し合いで大事なことは中国を仲間に引き入れることであるといい、あたかも、まだ中国は世界貿易体制のアウトサイダーであるかの如きニュアンスが感じられた。それもあって、こちらから、

「中国は経済的には既に我々の仲間である。問題は、世界的な法的枠組みのなかに、中国をどのように安定的にとりこんでゆくかということであって、経済の実態上の話と法的枠組みの問題を混同しないよう注意が必要だ」と声をやや高めて発言すると、会場はやや鼻白んだ感じになるほ

どだった。

議場の外では、折から豪州の総選挙で、選挙運動が繰り広げられていた。一三年間政権の座にすわり、アジア志向を説いてきた労働党政権に代わり、保守党政権が誕生しそうだという下馬評だが、そうなると、アジア志向から欧米志向になるのだろうか——そういったささやきも議場の内外で聞こえてきていた。会議を終えて、ブリスベンから日航機に乗り、経由地のケアンズ空港に降り立ってみると、飛行場のロビーは、隅から隅まで日本人観光客で埋め尽くされている。新婚さんらしい人もいれば、女性グループもおり、なかには家族連れの人達が関西弁で、大声を上げて話している。これだけみると、豪州は、日本人によって占拠されたかのようにすら感じられる。

しかし、ブリスベンの街には、第二次大戦中、日本軍の捕虜となった人々の建てた「死の行進記念碑」があり、その前では、毎年、対日戦勝記念式典が行われているという。

考えてみれば、オーストラリアは、第二次大戦において、アジアの一員としてではなく、英連邦あるいは欧米の一員として参戦したはずだ。そうした自らの歴史を振り返ると、今日豪州が自分はアジアの一員であるというとき、歴史的体験をどのようにアジアの国々と共有してきたのかという点についても考えねばならないのではないか——眼下に広がる太平洋の青い海を見ながらふと、そうしたことが頭をかすめた。

東京に帰って、一日後、テレビと新聞は豪州の総選挙で保守党が勝ち、今後の外交政策の方向が注目されるとの論評を流していた。そして、保守党党首ハワード氏の言として、「各国首脳のうち真っ先に祝電をくれたのは、日本の橋本首相だった」と報道した。

豪州も、日本も、どこかアジアでありながら、どこかアジアではない。この二つの国が手を結ぶことは、アジア、ひいては世界にとって、特別の意味があるといえるのではないだろうか。

第二章　アジアという概念とアジア的価値をめぐる論評

作られた「アジア」

長い間、「アジア」は、ヨーロッパとアメリカによって作られた概念だった。それも、歴史的に見ると、負（マイナス）の価値を背負った概念だった。ある時には、それは、ヨーロッパの自由や平等に対立する専制と服従の象徴だった。また、ある時は、モンゴルやトルコに代表されるような、軍事的脅威の源であり、また、近代の日本の台頭の際に再び頭をもたげてきた黄禍論のごとく、洗練された西洋文明に対する野蛮な武力の代名詞であった。「アジア」は、ヨーロッパ的秩序と文明に対立する厄介者であり、敵対者であり、挑戦者であった（もっともこの場合、ヨーロッパにおいてイスラム世界が「アジア」と同等に扱われてきた時代があったことには注意を要しよう）。

現代においても、こうしたマイナスの「アジア」は生き残っている。フランスの元首相クレッソン女史が、日本を敵とよび、アメリカの「知日家」の一部が、日本を「異質な」社会ときめつけて、日本封じこめ論を展開する時、ヨーロッパ文明が歴史的に作りあげた、負の価値としての「アジア」の影がちらついていたと言える。

このように、ヨーロッパやアメリカにとって脅威であり、マイナスの価値を背負った「アジア」は、その一方において西洋文明の収奪の対象となりうる富と歓楽と放逸のシンボルでもあった。

インドは、アジアの富の象徴であったからこそ、同時に大英帝国の栄光のシンボルとなり得たのであり、胡椒からルビーまで、およそアジアの富と資源ほど、西欧によって収奪されたものはないほどだ。

経済的資源ばかりではない。ペルガモン宮殿はベルリンに、インドや中国の美術的遺産は大英博物館に、アンコール・ワットの石像はパリの美術館にかざられ、アジアの富の収奪の歴史を白日の下にさらしてきた。

「アジア」は搾取と収奪の対象としてのみ存在していた。しかし、それだからこそ、第三の「作られたアジア」があった。それは、教化の対象としての「アジア」だった。

中国は、アメリカの宣教師たちにとって、キリスト教を伝播すべき「大地」であり、明治の日本は、ちょんまげと切腹の野蛮な風習を放棄させ、文明の光を与えるべき「遅れた」国であった。

今日でも、欧米の人々は、アジアの「民主化」とか、経済の「閉鎖性」といった言葉を用いる。ややもすると、アジアは、欧米が教育し、教化してゆくべき対象であるとする、宣教師精神が見え隠れしている。

こうした過程において、「アジア」は、非民主的な政治、専制的な権力と従順な民衆、封建的社会と遅れた経済制度、そして、硬直化し、化石化した古来の伝統文化といったマイナスのイメージを持つものとして定着した。

まさに「アジア」は、ヨーロッパとアメリカの手前勝手な都合により、「作り出された」のである。

利用された「アジア」

こうして作られた「アジア」は、不幸にして、ヨーロッパやアメリカ人ばかりでなく、当のアジア人自身によって巧妙に利用され、悪用されてきた。

一つには、アジアの社会における知識人と支配階級の人々によって、有効に利用（あるいは悪用）されてきた。

知識人は、アジア的な負の価値を伝統社会の担い手たる庶民におしつけ、自らはこうした「アジア」を脱却し、英国、フランス、アメリカで教育をうけ、西欧的価値を身につけることによって、自らを他と隔絶し、そこに彼らの権威と存在意義をうちたてようとした。

知識人と非知識人を隔て、権力と民衆を隔て、文明社会と伝統社会を分離したのは、まさに、作られた「アジア」であった。

福沢諭吉の脱亜論についての論評の中で、多くの人々が見落としたのは、彼が唱導した脱アジアの「アジア」は、現実のアジアではなく、ヨーロッパによって作られた、非文明の、遅れた「アジア」という概念だったことである。福沢の悲劇は、彼の強烈なナショナリズムが、明治のあの時期においては、西欧の作りあげた「アジア」の概念で世界を割り切る以外に、適当な発露を見出し得なかったところにあった。

言ってみれば、福沢は、ヨーロッパという眼鏡をかけてアジアを見ていたのだ。今日でも、ヨーロッパやアメリカ製の知的眼鏡で自らの住むアジアを眺めている知識人や指導者はあとをたたない。こうした人々にとって、「アジア」は、自らの権威を高めるための反面教師であり、依然マイナスの価値を背負ったものと言える。

他方、「アジア」は、全く別の意味で、アジア人によって政治的に利用されてきた。それは、弱者の自己主張の原点として利用されてきたということである。

近代において、中国でも、日本でも、和魂洋才とか、西洋の技術に対する東洋の精神といった言葉がしばしばとなえられてきた。


西洋においては、花を飾るのは富を表わす一時的美観の一部、すなわちその場の思いつきであるように思われる。…（中略）…〔一方〕わが茶や花の宗匠のやり口を知っている人はだれでも、彼らが宗教的の尊敬をもって花を見る事に気がついたに違いない。（岡倉覚三著、村岡博訳『茶の本』）

岡倉天心の右の言葉も、表現こそやや違え、西洋の「富」に東洋の「心」を対比させたものといえる。

ここでは、「アジア」は、西洋文明に対する精神的自己防衛のシンボルとして用いられている。不幸にして、こうした自己防衛のシンボルとしての「アジア」は、天心の本来の意図に反して、政治的、軍事的拡大主義の旗印として利用され、一層マイナスのイメージを自らに課すこととなってしまった。

いずれにしても、近代において、「アジア」は、アジア人自身によってひねくりまわされたり、捨て去られたり、政治的に利用されることによって、実態とはなれて、特定の主義や主張のシンボルとなり、悪用され、歪曲され、使い古されてきた。

初めて生まれた「アジア」

このように、人為的に作られ、政治的に利用され、経済的に搾取され、文化的に収奪され、マイナスの価値の表象であった「アジア」は、二十世紀の終わり頃から、ほとんど近代史上初めて、人為的でない、あるしっかりとした実体を伴った、しかもプラスの価値のシンボルとして浮かび上がってきた。

日本、韓国、中国の沿海地方、香港、台湾、そしてアセアン地城のめざましい経済発展によって、これらの地域相互の貿易、投資が著しく増大し、相互依存関係が深まった。

一九九〇年代になると、これらの国や地域相互間の貿易は、この地域全体の対世界貿易の四〇から五〇パーセント近くをしめるにいたった。また、投資にしても、日本自身はいうに及ばず、東南アジアの華僑資本、台湾、韓国の資本は、中国本土やアセアン地域において、米国やヨーロッパ資本並みかそれ以上の役割を果たすようになった。

経済面の変化だけではない。

政治面においても、韓国やフィリピンにおける民主的選挙の実施をはじめとして、民衆と権力とを隔絶していたかつての政治システムは急速に崩壊し、経済発展にみあった、安定的政治制度がほぼアジア全体にかなりの程度定着化した。

文化ないし価値観の上でも一つの大きな変化がおこりつつある。

日本の経済発展を支えた「アジア的」要素は（それがいかに正確に定義されうるかは問題としても）世界に一つのモデルを提供し、マレーシアのマハティール首相の東方政策の原点の一つともなった。

南西アジアの一部の国を除けば、アジアの開発途上国は、おおむね累積債務問題を解決し、経済発展の優等生となった。

加えて、純文化的な現象もある。

日本人や韓国人、さらにはベトナム人や中国人が、西洋音楽や建築などの芸術の分野で国際的に活躍する例が目立ってきた。二十一世紀には、日本人や韓国人のバイオリニストのいない西洋の一流交響楽団は存在し得ないという声すらきこえるほどになった。

「アジア」は、史上初めて、実体を伴った、プラスの価値を持つものとして登場してきたのだ。

優等生「アジア」と西洋普遍の神話

こうして「アジア」は、いわば、あらたに生まれた。

しかし、過去のしがらみを脱した「アジア」とは、所詮西欧文明の優等生にすぎないのではないか、そして、優等生になり得た素質や環境の中にいくばくか「アジア」的なものがあったとはいえ、それは、一種の応用の才にすぎないものか、あるいは、アジア独自のものがあるとしてもそれはアジアにとどまるものであって、世界的、普遍的なものとはなり得ないのではないか――そうした疑問が生ずるのは、これまた当然である。

世界的な普遍性を持つものは、所詮ヨーロッパ文明であり、「アジア」はつまるところアジアでしかあり得ないのであろうか。

ここで、われわれは立ち止まって、西洋文明の普遍性なるものが、どういう背景を持っているのか考えねばならない。

近代西洋文明の持つ普遍的価値観なるものは、果たして「西洋」固有のものとして育ち、他の文明が持っていなかったものなのであろうか。

おそらく、そうではあるまい。

近代西洋文明の普遍性なるものは、近代西洋が、ギリシャ、ローマ、ペルシャ、アラビア、トルコなど、種々雑多の文明と文化のるつぼとして成長してきたところに由来していると考えるべきである。異質のものを何百年間にわたって統合し、調和していった、その過程の中から西洋文明の普遍性は誕生したのだ。それを象徴する良い例がオーケストラである。

いわゆる西洋音楽のオーケストラに用いられる楽器を見ると、ピアノを除けば、管楽器から弦楽器まで、いずれも中東やインドなどに発したものであって、西洋固有のものはまったくないといってよい。近代西洋文明は、異質の文明のるつぼの中から、改良と応用によって誕生したといってもあながち間違いではないのだ。

要するに近代西洋の普遍性なるものは、「西洋」に固有のものというよりも、西洋が他の文明と衝突し、これと戦い、またこれを吸収してきた過程から生じたものなのだ。

他の文明との衝突に加えて、近代西洋はもう一つの衝突を体験した。自己の内部での衝突である。ドイツ、フランス、イタリア、スペイン、オランダ、ロシア――そういった国々同士の衝突と抗争が、逆に、西洋の非西洋世界への外延的発展の過程で、西洋の普遍性を強化するのに役立ったのだ。

いわば、「西洋」は、普遍性の神話を得るために、一つには外との衝突、またもう一つには内部での衝突という、二重の踏絵を踏まされたのだ。

従って近代西洋文明の普遍性なるものは、「西洋」に本来固有のものではなく、歴史の過程の中で、普遍的なものに成長していったにすぎないと考えるべきなのである。

「アジア」の伝統精神の活用

近代西洋文明を普遍的にならしめた一つの大きな要因が、他の文明との衝突（並びにその衝突を自律的にうけとめて対応する能力）にあったとすれば、アジアも、今ようやく政治的独立と経済的繁栄を手にして、まさにヨーロッパやアメリカとの文化的衝突の中から何ものかをアジアの声として発信しようとしている。

そうしたアジアの声は、不思議な場所にその徴候を示している。それはとかく人目をひきがちな貿易、投資といったところよりも、もっと身近で、それでいて気がつかないところにある。例えばロックミュージックである。

かつて、フィリピンのヒットソングの題名に、新しい「アジア」の徴候があらわれていた。その題名は、「もうアメリカばかりが世界じゃない」というものだった。

この歌は、フィリピン人が、英語で、しかもアメリカ人そっくりのロック調で歌われていたのである。そこには、（フィリピンがかつてアメリカの植民地であったという歴史的事情をぬきにしても）徹底的にアメリカ化してしまったアジアが、自らをとり戻そうとする皮肉な叫びがこめられていたとみるべきであろう。

北京のロックグループが、万国の労働者よ団結せよという、あのインターナショナルを、こともあろうにロックで歌っているかと思うと、日本の伝統芸能の担い手の家元の若手グループが、鼓や三味線でロックミュージックを売り出している――そうした現象の裏には、アジアが一方では、文化のアメリカ化を通じて一体化するとともに、他方ではアジア独自の音楽マーケットを成長させ、そこにどこか「アジア」の声を反映させようとする動きが見えかくれしている。

こうした動きは、まさに「アジア」が、西欧とアジア自身が作り出した空虚な概念から脱し、ようやく実体を備えた何かに成長しつつあることを暗示している。そうとすれば、世界的な普遍性を持ちうる「アジア」の価値観は何なのかについてアジア内部の、厳格な検討と探求がおこなわれねばなるまい。

そうした探求の過程で、われわれは、岡倉天心の『茶の本』や新渡戸稲造の『武士道』などもさることながら、インドの詩人タゴールや中国革命の父、孫文の言にもう一度耳をすましてみる必要がある。

国家は、ヒューマニティーを不具にし、永い間栄えて来た。神の最もすぐれた創造物である人間は、莫迦々々しくも、自己のあはれなメカニズムの完成を自慢してゐる国家主義の工場から、戦争づくり、金づくりの、操人形として夥しく出て来たのだった。人間社会は、益々、驚嘆すべき能率を持った針金仕掛けで操られてゐる政治家や、兵隊や、製造業者や、官吏などの操人形芝居となって行った。

（中略）

〔これに対して東部アジアの〔筆者注〕〕文明は、政治的ではなく、社会的であって、掠奪的な機械的力を持ったものでもなく、精神的で且つヒューマニティーと多様な深い関連を持った上に築かれてゐる。（ラビンドラナート・タゴール「泰西のナショナリズム」及び「日本のナショナリズム」、『世界大思想全集第39』春秋社、古舘清太郎訳）

タゴールは、日本訪問直後の著作の中で、右のように言い放ちつつ、ナショナリズムとヒューマニティーとの間の闘争において、ヨーロッパはとかくナショナリズムに勝利を与えがちであると断じ、これに続けて、アジアのヒューマニティーの精神こそが、ヨーロッパ文明の裏面にも流れてきている、同じような精神と手を結ぶことによって、世界を人間性の破壊から救うものだと論じたのであった。

孫文もまた、「アジア」を叫んだ。

ヨーロッパの文化は覇道の文化（引用者註、武力を用いて人を圧迫する文化）であります。しかし、わが東洋では従来から覇道の文化を軽視し、別に覇道の文化よりもずっとすぐれた文化をもっております。この文化の本質は仁義道徳であります。…（中略）…このように人に徳を慕わせる文化のことを、わが中国の古いことばでは、「王道をおこなう」と申します。したがってアジアの文化はすなわち王道の文化であります。（孫文の演説「大アジア主義」、『世界の名著64』中央公論社、小野川秀美編著より）

タゴールや孫文の言葉は、アジアが経済的、政治的弱者である時代には、弱者のひとりよがりと自己防衛の論理とみなされがちであった。あるいは、そうでなくとも、せいぜいアジア人自身によって、西欧化に抵抗するための政治的道具として悪用されるのがおちであった。しかし、今や、アジアが経済的、政治的実力を備えつつある時、タゴールや孫文の言葉は、また別の意味で再検討されなければならないのではないか。

タゴールや孫文にまでさかのぼるのが困難であれば、現代のより身近な政治指導者が唱えている、もっと現実的、実際的な声に耳をかたむけることもできる。

例えば、マレーシアのマハティール元首相である。マハティール氏は、「西洋」が今や失いつつあるように見うけられる、勤勉さ、礼節、規律といった価値や行動規範に「アジア」の普遍的価値を見出す。

日本や韓国の国民の労働倫理は、規律、忠誠、勤勉をその内容として、それぞれの経済や社会の発展の原動力となった。そして、この労働倫理は集団や国が個人よりも重要であると

いう哲学から生れたのである。（マハティール・ビン・モハマド『マレー・ジレンマ』井村文化事業社、高多理吉訳）

（もっとも、ここで「集団や国が個人よりも重要である」という表現はやや、誤解を生むものである。マハティール氏が真に言わんとしたことは、個人の利益も、集団や国全体の利益を各人が十分勘案しない限り、結局のところ十分には達成されないとの趣旨を述べたものと解すべきであろう。）

シンガポールのリー・クアンユー氏は、こうしたアジアの規律や秩序を、その伝統文化の中にも見出そうとした。

インドのマハーバリプラムやエローラとアジャンタの洞窟寺院、ジャワのボロブドゥール、カンボジアのアンコール・ワットなど、南アジア・東南アジアのヒンヅー・仏教文明の偉大な遺跡について、忘れられていることは、長期にわたって秩序と規律があり、それは効率的で規律正しい行政の強固な絆によって守られていたということです。（リー・クアンユーの演説「東と西の出会い」田中恭子訳、『シンガポールの政治哲学：リー・クアンユー首相演説集』井村文化事業社）

アンコール・ワットは、過去の栄光のシンボルや歴史の博物館ではない、「アジア」の精神のある部分を体現した記念碑だというのである。

しかし、アジアの復権は、単に規律や勤勉という、西洋で失われつつある価値の再興のためにのみ唱えられるべきものではない。

ヨーロッパ近代史を彩ってきた激しいナショナリズムを、二十一世紀をにらんで、どう克服してゆくかといった問題、あるいは、個の欲求の限りない追求とあくなき自己主張を中心とする機械文明のファウスト的性格をどのようにして制御し、自然環境と人間生活との真の調和をどのようにして実現するか――そういった問いに答えるために、「アジア」の伝統精神の活用が必要となってきているのではないだろうか。

そこに「アジア」の復権があるのだ。

そして、「アジア」が復権する時、その「アジア」は、西欧やアメリカにいたずらに反発し、これと対立するものではなかろう。むしろ、かつて西洋がアジアを吸収し、自らを普遍化していったように、「アジア」は西洋を完全にとりこんだ上で、別の形の普遍性を世界に発信すべき日が来つつあるといったら、歴史はひとり苦笑いするのみであろうか。


（本章の主要部分は「中央公論」一九九三年七月号、小倉和夫「『アジアの復権』のために」を基に加筆・訂正したもの）

アジア的価値について

「アジア」という概念と並んで、「アジア的価値」ということがしばしば言われる。これが何かについては、儒教精神、アジア的自然観、秩序を重んじる精神、社会的規律といった、様々な面からアプローチが為されている。ここでは、アジア的価値の問題を、社会的、歴史的な文脈で捉え、一応三つに分けて考えたい。すなわち、①存在してきたものとしてのアジア的価値論、②世界に共有されるべきものとしてのアジア的価値論、③これから創造されるべきものとしてのアジア的価値論の、三つに分けて考えることとしたい。（元より、この三つの観点は、各々ある程度重複していることは事実である。）

第一に、「存在してきたものとしてのアジア的価値」は、現在及び過去においてアジアに存在するアジア的価値を探り出し、それによってアジアのアイデンティティを確立しようという場合に使われる場合が多い。すなわち、グローバリゼーションの下でアジアが全て西洋化ないしアメリカ化し、均質化していくことに危惧を覚え、アジアのアイデンティティを再確認しようとする場合に用いられてきたとも言える。こうした価値としては、アジアの伝統や文化の中に既に存在するもの、たとえば自然観、儒教的精神や和の精神といったものが充てられる場合が多い。「心の中にアジアを探せ」とインドネシアの詩人のタウフィック・イスマイルが言ったのは、アジア的価値が存在していることを再認識せよという意味であると考えられ、「存在するものとしてのアジア的価値観」の一つであると言える。

この意味での「アジアの価値」論には、二つ注意しなければならない点がある。

一つは、ここにおいては、アジア的価値なるものを、地理的あるいは歴史的に定義されたアジアという空間に固有なものと見なしている場合が多い点である。言い換えれば、アジア的価値は、アジアという地理的空間に固有なものと見なされている。しかし、アジア的な価値はその空間であるアジアの内部においても常に変化してきており、その固有性をどう定義するかはなかなか難しい問題がある。また、たとえば、中国、韓国、日本に各々独自の歴史的伝統や価値観があるにしても、それがどこまで共通なものかはよく吟味しなければならない。

二つ目は、この考え方が、固有と普遍という対立軸を想定していることである。しかし、普遍的なものは必ずしも西洋文明やアメリカニズムだけではなく、社会主義インターナショナリズムやイスラム普遍主義もある以上、これらのものと対立するものとしてアジア的価値が観念されるとすれば、勢い、アジア的価値は、いつの間にか民族や国民国家と結び付けられて論じられるという傾向を生む。一言で言えば、アジア的価値が普遍に対する固有のシンボルとして用いられる危険があり、アジア的価値の探求が、アジアの共通意識を育てることよりも、むしろナショナリズムを覆い隠すオブラートとして使用されるおそれが潜んでいる。

なお、「存在しているアジア的価値」という考え方に加えて、「できつつあるアジア的価値」という見方もある。すなわち、中国や日本における韓流ドラマの流行、村上春樹現象、アジアン・ポップスの流行、漫画・アニメやコスプレの流行――これらの文化的現象の背景として、都市を中心とする若者たちの間に共通の意識と生活感覚とアスピレーションとが生まれつつあり、そこにはやはり何かアジアに共通の価値観が生まれて来ているのではないかという見方がある。ただし、この場合、何が本当にアジア的価値かという問題は十分考える必要があろう（たとえば、共通なものと言っても、それは価値ないし価値観ではなく一種のライフ・スタイルに過ぎず、しかもそのライフ・スタイルは、アジアで共通というよりも、世界共通の若者文化になりつつあるとする見方もできよう）。

第二に、「世界に共有されるべきものとしてのアジア的価値」という見方がある。これは、アジアの経済発展や民主社会の成熟、あるいは中産階級の台頭といった現象の背後に、たとえば、勤倹精神や勤勉、教育熱心、集団的利益への配慮といったアジアの伝統が生きているという見方である。こうした意味でのアジア的価値は、いわば、例示的、模範的（exemplary）なものとして世界に発信、共有されて然るべきという考え方である。

政治面でも、たとえば、民主主義を選挙制度や法律の整備といった制度的なものと捉えがちな西欧に対して、民主主義を権力の恣意的行使への抑制の方策と考え、制度そのものよりも、人格の高潔さや徳といった人間に内的なものの存在、あるいはそうした内的なものを実現する社会規範の存在を、民主主義の重要な要素として考える見方が、アジアにはある。これも、いわば、政治的な意味で発信すべきアジア的価値論の一つと考えることもできる。

こうした「世界に共有されるべきアジア的価値」という見方については、少なくとも一つ注意すべき点がある。それは、この考え方が、アジアにおける経済発展や民主主義の普及は必ずしも西洋やアメリカによって「外」から押し付けられたものとは限らないという考え方と連動している点である。すなわち、この考え方は、アジアは経済発展や民主化の上で単なる西欧の擬似に留まるものではないという考え方と結合している。言い換えれば、アジアの模範性と例示性という考え方の裏には、実はアジアの自律性と独立性という考え方が潜んでいるのである。

第三に、「これから創造されるべきものとしてのアジア的価値」という見方がある。この見方は、世界におけるアジアの責任と関連している。アジアの目覚ましい経済発展は、世界の環境や資源に大きなインパクトを及ぼしつつある。地球温暖化、海洋・空気汚染、原子力発電の安全確保、更には、石油、森林、海洋生物、水等の自然資源へのインパクト、あるいは人口の急速な高齢化等、地球規模の課題の背後には、アジアの経済発展がある。従って、アジアの国々や民族は、こうした地球規模の問題の解決を自らの責任と考え、国際的指導力を発揮しなければならない立場にある。その場合、日本の経済力や技術力、中国やインドのダイナミズム、アセアンや韓国等の貢献といった、いろいろな要因が一つにまとまって総合的な力にならなければ、地球的規模の問題に対するアジアの貢献を有効に作り出すことはできない。そうした総合的な力を結集するための触媒が、アジアであり、アジア的考え方であり、アジア的価値観でなければならないという考え方が出てくるわけである。従って、ここにおけるアジア的価値は、むしろこれから作り上げていくべきもの、練り上げていくべきものとなる。たとえば、限られた地球資源の使い方としての「もったいない」精神、あるいはロボットを人間に対立する機械と見ずに人間の延長として考えるような観点（こうした観点によって、たとえば、高齢者の介護にロボットを使う、あるいはロボットによるペットを作るといった考えが出て来る）等、いくつかのアジア的価値を練り上げていくことは、今後の課題であろう。

（二〇〇六年、「グローバリゼーションとアジアの価値観」をテーマとする国際会議のため作成した個人的メモからの抜粋）

第V部　日米関係のはざまで

第一章　表舞台の活動の一端——ワシントン駐在時の活動を振り返る

議会スタッフとの付き合いから感じたこと

一九七〇年代、米国の首都ワシントンに勤務していたころ、主な仕事の一つは、米国の議会の議員スタッフとの付き合いだった。議員本人は、どうしても、大使や公使といった肩書をもつ者でないとお付き合いできない。従って、若い一等書記官であった自分は、外交委員会を中心に、議会の主な委員会で、日本関係の事柄を議論する場となる委員会のメンバー議員の補佐役、いわゆる議員スタッフとの付き合いに専念した。

日本と若干異なり、重要なポストを占める議員は、優秀な政策秘書といえるスタッフを何人もかかえている。幸い、前任者たちが開拓してくれたネットワークがあったので、何々の後任なので挨拶したいと言って議員事務所に出かけたり、ワシントン郊外ベセスダの自宅のビュフェ・ディナーに招待したりして親交を深めた。

そうした付き合いと交流は、もとより、議会の動向についての情報収集や対日理解の促進といったことにも役だったが、何よりも、米国の政界に関係する若い人々の感情や考え方を知ることができて有益だった。

たとえば、国防関係の委員会スタッフであり、夫人も同じような仕事をしているF氏と懇談したときのことである。

当時、米国では、公立学校における白人と黒人の比率をできるだけ均等にし、もっぱら圧倒的に黒人だけ、あるいは白人だけの学校をなくそうと、生徒を強制的にバスで移動して通学させる「バッシング」を巡って議論が盛んであった。このバッシングについて、F氏の個人的意見を聞いてみた。

F氏は、細みの背の高い体を少しかがめて、青い目をかすかに細めると、

「自分の子供は、バッシングの対象になり、黒人の多い地域の学校に強制通学させられている」

と、言った。そこで、

「それでは、貴方の子供の学力が相対的に低下しないか。私立の著名な学校にゆかせるつもりはないのか」

と尋ねた。すると、

「経済的には無理しないでもそうすることはできる。しかし、自分は、子供たちが、今のアメリカ社会の現実と悩みを身をもって体験することこそが大事だと思い、バッシングの対象になってもよいと思っている」

との答えだった。

アメリカ社会の矛盾や問題の存在以上に、その解決に身をもってなんとか取り組もうとし、そうした体験を子供と共有しようとしている青年の意気を感じ、アメリカの強さの原点を見たような気持ちになった。

また、財務関係の委員会のスタッフをしているS氏と付き合っているときに感じたことがある。S氏は、一緒に食事をしてもお酒は飲まず、また、食後のコーヒー、紅茶も飲まない。

「健康のためか、あるいはアレルギーでも?」

と聞くと、

「自分はモルモン教徒で、モルモン教ではアルコール、カフェインの摂取を禁じている」と、あっさりとした口調で答えた。

モルモン教徒であることをごく普通のことのように話すところに、米国における信教の自由、そしてそれが故に、自らの宗教をおおっぴらに話すことに何ら躊躇がないという社会的空気に、「アメリカ」精神を感じたものだった。

国務省の同僚たちの思い出

ワシントン在勤中、やはり一番世話になったというか、接触の多かった機関は、議会と並んで米国国務省だった。

国務省員、とりわけ東アジア局日本課の人々には、仕事の上のみならず、パーティーやテニスなどで一緒になった(奇妙なことに、国務省員で当時ゴルフに熱心だった人は、少なくとも自分の付き合う若手の人々のなかにはいなかった)。

国務省には、言葉の専攻に応じて、日本グループ、中国グループなどがあり、お互い同士よく知り合っていた。こちらは、主として日本グループの他、中国グループとの付き合いが多かった。日本グループで特に付き合いの深かったのは、日本課の課長代理をしていたランバートソン氏だった。氏は落ち着いた感じの人物だったが、気取らない所があって、こちらにも親近感があったせいか、使う英語も俗語がよく飛び出した。こども（チルドレン）という言葉は使わずいつもガキ（キッズ）と言い、オーケーとは言わずオキトーと言っていた。引退したら農場でもやるといっていたが、それがピッタリと思えるほど、野心とか出世欲とかを全く感じさせない人柄だった。思うに、米国では、局長以上のポストはいわゆる政治的任命で、国務省でも職業外交官が任命されるのはむしろ稀であったせいか、いかにも才気煥発の人とか、野心満々の切れ者といった人物に出会うことはほとんどなかった。

また、いかにも米国人らしいと思った国務省員もいた。中国語を専攻したが日本語もうまく、在日米国大使館に勤務したこともあるB氏は、ベトナム戦争の最中、反戦運動に熱心な妻に、ベトナム戦争に賛成するような米国政府の官吏はやめなさい、自分をとるか国務省をとるかと詰め寄られ、結局離婚したという。その後、B氏は日本在住の際、在日ノルウェー大使館の職員だったノルウェーの女性と結婚したが、彼女はノンポリ的な、いかにも家庭婦人型の女性に見えた。こんなところにも、米国の男女間の葛藤劇の一面をみたような気がした。

なお、当時（一九七〇年代）から、米国国務省では、女性職員も稀ではなかった。秘書的な仕事をする人たちだけでなく、いわゆるキャリア組にも女性が相当いた。たとえば、中国問題、とりわけ中国の内政状況についての意見交換などを行った相手は、国務省の情報調査関連部局の女性だった。彼女とかなり定期的に会って話し合うようになった頃、ある日、彼女の上司の課長クラスの人物と面談したことがあった。談がたまたま彼女のことに及ぶと、その課長は、

「彼女の名前を第三者には言わないで欲しい」

と言う。こちらが訝し気に頷いていると、課長は、

「我々の部局は、とかく世間から一種のスパイ組織のように見られており、例の女性も女スパイと言われることを嫌っているので、配慮して欲しい」

と囁くので、いささか驚いたことがあった。

因に、スパイと言えば、ワシントン在勤中ふとしたことから知り合ったソ連大使館の関係者のXは、お互い連絡をとるのに私宅の電話を使いたいと言い、面談の約束などは大使館ではなく、いつもプライベートに連絡し合った。親しくなると、彼は、自分は諜報機関の出身であることを仄めかしたことがあった。また、ある日、彼が招待してくれたレストランは「イントリーグ（陰謀）」という名前で、いささか面くらったことがあった。

なお、米国には、外交官を装って実はスパイ活動に従事する者がいることもあるせいと言われていたが、出生地主義（すなわち米国で生まれた者は米国国籍を持つ）は、外交官の子供には適用されないという法律があり、そのため、ワシントンで生まれた次女ユリには米国国籍は与えられな

かった。

大統領選挙戦の観察と分析

一九七五年から七六年にかけて、在米大使館の政務班の主な仕事の一つは、折からの大統領選挙戦の行方についての分析だった。

そのための方策として、政務班では、内部での討論の末いくつかの手を編み出した。一つは、過去の選挙戦、とりわけ、いわゆる事前の予備選挙の分析である。どういう思いがけない出来事が、過去の選挙戦を左右したかを知っておくことによって、今回の選挙戦の分析にも役立つだろうと思われたからだ。

たとえば、幾つかの書物を基に、一九五一年の選挙戦について次のような歴史を掘り起こして参考にした。

一九五一年一〇月、当時ミスター・リパブリカンとの異名をもつロバート・タフト上院議員は翌年の大統領選挙への立候補を宣言した。

タフトは、トルーマンのフェア・ディール政策を批判し、同時に、北大西洋条約や対外援助政策に批判的であったばかりでなく、海外投資や国際貿易にも消極的であり、米国にとっては米国市場こそ要であると主張していた。言ってみれば、タフトは、米国の孤立主義的思想を体現した人物であった。

それだけに、共和党内部の国際派は、タフトの選挙運動が盛んになるにつれて危機感を抱き、タフト阻止の戦略を考慮するようになった。戦略の柱は、共和党内の組織を牛耳るタフト派に対抗するため、一般大衆へのアピールのある人物で、かつ、国際情勢にも見識のある者を候補としてかつぎ出すことであった。そこで、当時共和党の国際派の重鎮であったデューイなどは、北大西洋軍司令官であったアイゼンハウアー将軍に目をつけた。デューイたちの意を受けたヘンリー・キャボット・ロッジは、パリでアイゼンハウアーに面談し、米国と西欧との関係を安定化させ、超党派外交を実現し、また、同時に共和党内の分裂を回避するために必要であるとしてアイゼンハウアーの出馬を強く要請した。

こうしてアイゼンハウアーの立候補が決められ、緒戦のニューハンプシャー州の予備選挙では、アイゼンハウアー四六六六一票、タフト三五八三八票と、アイゼンハウアーの勝利となった。しかし、ニューハンプシャーでは、地元の共和党員がアイゼンハウアーを支持しており、事前からアイゼンハウアーの勝利が予想されていたこともあって、この選挙結果だけではアイゼンハウアー陣営に大きな弾みをつけるには十分ではなかった。

続いて三月一六日にミネソタ州のプライマリーが行われた。ここには、共和党の第三の候補、すなわち、一九三〇年代に地元の知事も努めた有力な上院議員のハロルド・ステッセンが出馬しており、同氏の圧勝が予想されていた。そのため他の候補は、さしたる選挙運動はおこなわず、いわば素通りする作戦であった。アイゼンハウアー陣営もそうした戦略をとっていた。しかし地元のアイゼンハウアー支持者が、選挙戦直前にアイゼンハウアー支持の署名運動をいわば勝手に行ない、その結果、アイゼンハウアーは、一一万票近くを獲得、スタッセンの一三万票に拮抗するほどの支持を集めた。この結果は、アイゼンハウアーの選挙運動に大きな弾みをつけ、世に「ミネソタの奇跡」という言葉を生んだ。もっとも、この結果の裏には、アイゼンハウアーの一般的人気もさることながら、地元でのスタッセンの勢力がいつの間にか弱くなっていたことに、多くの人々が気付いていなかったという事情も働いていたとみられる。

こうした過去の選挙戦の研究に加えて、第二に、ワシントン在住の政治ジャーナリストと再三面談し、また、米国の近年の政治動向を記した書物、さらには、丁度流行りつつあった米国各地域の政治、経済的特徴を分析した地域分析の専門書を参考に、米国を幾つかの大きな地域ないしブロックに分け、地域毎の特徴を分析した。たとえば、ジミー・カーターの台頭とともに、当時多くの論評を呼びつつあった新南部の動向に注意を払った（南部の政治動向について、次のような個人的資料ないし調書を作り、その上で現地に赴き、主として地元の政治記者と懇談した）。

深南部地方の政治

歴史的にみると、深南部（アラバマ、ジョージア、ルイジアナ、ミシシッピ、サウス・カロライナ、アーカンソーの六州）の政治的体質の特徴は、なんといっても、偏見と嫌悪の底流の存在であろう。その基礎は、黒人への人種差別であり、それは、政治的にみれば、特定の経済構造を維持せんとする意志の表れであり、同時に、奴隷制に支えられた南部特有の経済構造を破壊せんとした北部、そして連邦政府への反逆の象徴であった。しかも、そうした精神構造は、南北戦争後、米国経済の発展が、東部、中西部、そして太平洋岸地域に片寄り、深南部地方が、一九七〇年代に至るまで、長く取り残されてきたことによって残存してきた。

そのことを象徴する政治的現象の一つが、深南部における民主党の圧倒的優勢である。深南部という言葉がはやり、南部出身のカーターが大統領候補になる時代になっても、深南部州の知事、上院議員、下院議員の約三分の二は、民主党であった。

こうした傾向は、深南部出身の民主党「長老」ないしボス的人物を何人も生むこととなり、地元の政治が、政見よりも人脈のつながりによって支配される体質を生んだ。ルイジアナ州のヒューイ・ロング上院議員、サウス・カロライナのサーモンド上院議員、アラバマのジョージ・ウォーレス知事等は、そうした人物の典型とみられてきた。

こうした体質の裏側には、いわゆるポピュリズムの傾向が潜んでいた。ある種のデマゴーグで大衆を扇動する政治活動が間欠泉のように噴出するのが深南部だった。十九世紀末に「金持ちの独裁」を糾弾したジョージアのトム・ワトソン、ほぼ同時代に現れたアラバマのルーベン・コルブ、一九七〇年代には、黒人と白人の共学に最後まで反対したアーカンソーのオーバル・フォーバス、東部のインテリを「自転車も真っすぐに置けない奴ら」と嘲弄したアラバマのジョージ・ウォーレス知事などをあげる事ができよう。

しかし、こうしたデマゴーグは過激な暴力沙汰を誘発して来た。それかあらぬか、ヒューイ・ロング上院議員は暗殺され、ジョージ・ウォーレス知事も瀕死の重傷を負ったのであった。

こうした体質を持った深南部は、一九七〇年代以降、政治的、経済的、社会的に大きな変化を経験してきた。その主たる原因は、人口構成の都市化（農村人口の減少）と白人人口の増加である。そして、エレクトロニクス、宇宙産業、防衛産業等がこの地域に根づくようになった。こうした変化は、政治的変化につながり、共和党の復権や、黒人政治家の輩出につながってきたのである。

一九七六年の大統領選挙で、ジミー・カーター候補が終始選挙事務所をジョージアにおき、首都ワシントンも含め東部には事務所らしい事務所もおかずに選挙戦を戦ったことは、この地方の勃興と新しい政治傾向を象徴するものであった。

南部周辺地方の政治体質

米国南部といっても、ボーダーサウス（境界南部）といわれる五州（バージニア、ウエストバージニア、ケンタッキー、ノース・カロライナ、サウス・カロライナ）は、複雑な政治体質をもつ。その源は、そもそも、この地域は名前の通り、北部と南部の境界にあり、南北戦争においては、この地域の住民の一部は南軍に、一部は北軍に加担して、友人、親族の間でも分裂したという歴史にある。たとえば、ウエストバージニアでは、北軍とともに戦った兵士三万六〇〇〇、南軍に参じた者一万二〇〇〇だったといわれる。

こうした分裂は、実は、この地方内部の経済的分裂症状にも関連している。アパラチア山脈地方には、大きな農場はほとんどなく、奴隷も必要なかったのに対して、南の平原地帯は、タバコ栽培のように奴隷を必要としたからである。こうした地域内部の亀裂は、今日でも存在しており、山脈地帯は共和党色、平原地方は民主党色が強いといわれてきた。こうした対立を内包してきただけに、この地域の人々は、一般的に戦闘心に富み、軍務につく者の比率は全国有数であるといわれる。それだけに、激しい選挙戦が暴力沙汰を生むケースが稀ではなく、一九七〇年代始めでも、ケンタッキー州の司法官選挙に立候補した者同士が撃ち合いで死亡するという事件までおきている。

ところが、一九七〇年代になり、深南部で政治的変動が起こるにつれて、この地方でも、変化が起こり、山脈地帯を中心とする共和党保守層に加えてややリベラルな共和党支持者が現れ、同時に、民主党内部も伝統的な労組中心の支持層の他に、黒人や教育者の団体などを中心とする支持層が出現して、民主、共和両党とも、内部に複雑な要素を抱えることになった。そして、一九六〇年、ウエストバージニアの民主党大統領選挙プライマリーでのハンフリーとケネディの対立は、こうした民主党内部の亀裂を一層深めたともいわれている。

フロリダの政治地図

フロリダが、他の深南部の州と区別される理由の一つは、南北戦争で、ほとんど戦火を被らなかったことであろう。第二に、歴史的にはタバコ、綿花に依存し、モノカルチャーと呼ばれた経済構造をもってきた州と違って、一九世紀末以来観光産業と不動産業の盛んな地域であること、そして、人口の流入が激しい地方であることが、他の南部諸州とフロリダを区別する背景となった。人口増は、他のいくつかの要素、たとえば、内部の地域差や民族構成と絡み合って、フロリダの政治地図を極めて流動化しやすいものとした。

フロリダ内部の地域差とは、馬蹄形の形のフロリダの踵から大西洋沿岸に沿った地域は、おおむね白人中産階級の都会的保守主義とも呼べる傾向に染まりやすいこと、また、マイアミなど一部の都市ではユダヤ系の住民やキューバからの亡命者の影響が強いことなどに表れている。

それだけに、フロリダの政治は、共和、民主いずれにおいても、内部抗争が激しくなる傾向があり、政治地図の流動化に拍車をかけてきたといわれる。

同時に、政治の流動化は、その反面、全米の政治動向をいわば先取りする形で、新しい傾向をフロリダが打ち出すエネルギーともなった。たとえば、一九七〇年代のいわゆる深南部の台頭も、ロートン・チャイルド、ルーベン・アスキュー、リチャード・ストーンなどのフロリダ出身の政治家が大きな役割を演じたのであった。

大統領、知事、連邦議会選挙などにおいて、フロリダの結果が特に注目される一つの理由は、それが、全米の政治的傾向を暗示しているとみられるからでもある。

第二章　裏舞台での活動——ロッキード事件前夜の情報収集

一九七五年から七七年に至る在ワシントン大使館勤務中の事柄で、後々まで、強く記憶に残っている仕事あるいは案件は、一九七六年二月に米国上院多国籍企業小委員会での公聴会から始まったといえる、いわゆるロッキード贈収賄事件に関する外交的処理と、事件が公になる前に、密かに行われていた情報収集工作であった。

東京にも報告されず、また、一部は大使館内部ですら内密に進められた情報収集工作の顚末は、匿名で信濃毎日新聞にも掲載されたが、この記事の源は、小倉のメモであり、ここに、同新聞の関連記事を転載するものである。

この情報工作の全貌を観察すると、世紀の贈収賄事件についての事実を内聞にしようとすれば、可能であったかもしれない（あるいは、そうでなくとも、公表の仕方やタイミングについて、日本から米側に注文をつけるチャンスがあったかもしれない）ということがおぼろげながら浮かび上がるとともに、それが何故行われなかったについての背景が想像されるのである。

発端は一通の電報

ワシントンに赴任した最初の夏が終わろうとしていた。秋の訪れを感じさせる光が大きな窓から差し込む在米日本大使館政務部の部屋で、私は厚手の堅い焦げ茶色のフォルダーに挟み込まれた電報をめくった。一九七五年九月の初めごろだった、と記憶する。

電報は、月末に予定された昭和天皇の訪米にまつわる細々とした手配など、さして興味あるものはなかったが、中に一つ、先に回覧している政務参事官の赤鉛筆で「○○君要処理」と、頁のはじめに書かれたものに目が止まった。

衆議院予算委員会の質疑に関連する資料取り寄せの指示だ。社会党（当時）の楢崎弥之助議員の質問に関連し、上院銀行委員会で行われたロッキード社に関係する公聴会で、日本関係の事項が取り扱われているようなので調査しろ、という訓令だった。大使館に務める現地スタッフに、「数か月前のことだが、上院銀行委員会の公聴会の記録を取り寄せて欲しい」と指示をした。

数日後、記録が届いた。数十ページのそれほど厚くない冊子で、米国議会特有の長たらしい題名が付いていた。パラパラとめくると、「Ｊａｐａｎ」の文字が目に入った。ロッキード社の重役コーチャンの証言だった。

「どこの国の官吏に賄賂をやったか」と委員会の議員が質問する。

「ノーコメント」とコーチャンが言う。

「では、国名を挙げるから、イエスかノーを言ってほしい」と議員がたたみかけた。サウジアラビアなどの国名が挙げられ、そして、「Ｊａｐａｎ」は？　と聞かれた。

「ノーコメント」

私はぎくりとした。この文脈で「ノーコメント」は、「賄賂をやった」という意味だ。日本の政府関係者が賄賂を受け取ったような記述が、米議会上院公聴会の記録に残されている。それが、日本の国会で問題にされたらどうなるか、しかも、相手は鋭い質問と切り込みで知られる、あの楢崎弥之助議員だ。東京の外務省へこの記録を送れば、当然何か言ってくるだろう。私としては、後手に回らぬよう、まずは銀行委が今後何をやるつもりかを確かめておこうと考えた。

現地スタッフに銀行委の予定を調べさせると、この件は今後、外交委員会の多国籍企業小委員会で行われるとわかった。この小委員会は海外における米国の企業の活動が国益に反していないかという観点で調査をしていた。外交委員会となると、軽々には動けない。大使館とも関係の深い議員も多い。「今後の調査は如何」などと聞きに行って、「日本政府は調査に協力してくれるのか」などと言われては、こちらも困る。

まずは、信頼のおける外交委員会のスタッフに今後の方針を内々に聞くことだろう、と私は思った。外交委員会の重要メンバーで日本とも縁のある議員に、イリノイ州出身のパーシー上院議員がいた。そのスタッフの一人スコット・コーエンと私は面識があった。

スコットとの面談

昭和天皇の訪米が終わった一九七五年十月中旬。私はキャピタル・ヒルにあるパーシー上院議員の事務所を訪ねた。共和党の重鎮パーシー議員がメンバーになっている上院外交委員会多国籍企業小委員会は、日本とロッキード社の関係をどこまで追及するつもりなのだろうか。それを探るため、パーシー議員のスタッフで顔見知りのスコット・コーエンに会うためだった。

「今、ちょうど議員がいるから、挨拶だけしていったらどうだ」スコットに促され、議員室に入った。パーシー議員はサンドイッチを食べながら、書類に目を通している。「日本大使館にこの夏赴任してきた、議会担当のカウンセラー（参事官）です」スコットは口元に笑みを浮かべながら、私を紹介した。「今ランチを食べているところで、失礼する。天皇陛下の訪米は大成功だった。おめでとう。日本大使によろしく」

「サンキュー、セネター（上院議員）。大使に伝えます」私はそう言うと、長居は無用と議員室を出た。小さな応接室に入るや、「僕を参事官に昇格してくれてありがとう」と皮肉っぽく言った。「セクレタリー（書記官）ではちょっと響きが悪いから、カウンセラーにしてあげただけだよ」と、スコットは真面目な口調で言う。

私は冗談で返そうかとも思ったが、思い返して本題に入った。

「実は日本政府の名誉がかかっている問題があって、相談にきた」

私は持参した銀行委の公聴会記録を示しながら、あらかじめ考えて来たセリフを述べた。

「ほら、ここに、日本のことが書いてある。ここでコーチャンが、ノーコメントと言っているのは、前後の脈絡からして、賄賂を日本政府の関係者に与えた、というニュアンスだ。このまま放置しておいては、日本政府の関係者がロッキードから賄賂を受け取ったらしいという疑いだけが残る。これは日本政府にとって由々しい問題だ」スコットは公聴会の記録を興味深げに見ていたが、「由々しい問題（ディープ・コンサーン）」という言葉に顔を上げた。

私は尋ねた。「今後は外交委員会の多国籍企業小委員会が調べるらしい。しかし、外交という観点から調べるとなると、ますます政府関係者の関与は大きな問題になるのではないか。多国籍企業小委員会は、これからどういう観点から、何をしようというのだろうか」

「そもそも――」ゆっくりとした口調で、スコットは説明を始めた。「多国籍企業小委員会は、委員長のチャーチ上院議員のいわば〝ペット〟だ。民主党のチャーチはもともと、米国の大企業が外国相手の商売で米国全体の利益に反するような行動をしているのではないか、と疑っている。多国籍企業は自己のためなら米国の理念や利益を裏切ることも、あえてやるのではないか、という考えだ。それは米国の外交政策上好ましくない。だから外交委員会で調査、討論しようという発想だ」

スコットは一息ついてドアの方をちらと見たあと、やや声を落としてつけ加えた。「パーシー議員は外交委員会の共和党側の重鎮として、もとより多国籍企業小委員会の活動にも関心をもっているが、チャーチとは考え方が同じではない」

そこまで言ったあと、スコットは「自分はこの問題に詳しくない。小委員会の活動についてパーシー議員を補佐しているのは、チャールズ・マイスナーという男だ。自分が紹介するから、直接会って話したらどうだ」

「そうしよう。アドバイスをありがとう」私はスコットと握手を交わして、オフィスを後にした。

大使館の大きな黒い車の中で、私はマイスナーとはどんな男かと想像した。

「スコットのように落ち着いた、それでいて親切みのある男ならいいが」と心の中でつぶやいた。しばらくして、後に決定的な情報を与えてくれるその人物に会うこととなった。

チャックとの出会い

一九七五年秋――。ロッキード社の海外活動を調査している米議会外交委員会の多国籍企業小委員会。その事務局にチャールズ・マイスナーを訪ねた。共和党の重鎮パーシー議員のスタッフをしている、同僚のスコット・コーエンからの紹介だと強調した。

「やあ、スコットから聞いている。僕がチャールズ・マイスナーだ。チャックとよんでくれ」えらく気さくな人物だった。しかし、私が日本政府とロッキード社の関係について話し出した途端、真剣な顔付きになり、議会スタッフ特有の、警戒心とも野心ともつかぬ、ある種のギラッとする鋭さが感じられた。

私は銀行委員会の公聴会についてなぜ関心を寄せているのかを、やや大げさに説明した。

「このままでは日本政府、いや日本の名誉にかかわる。日本政府の役人がロッキードから賄賂を受け取ったとは、ちょっと考えられない。間に入った日本の商社なり仲介業者と政府関係者との間に接触があったとしても、それは日本国内の問題で、ロッキードは直接そこまで関与してない公算も高い。いずれにしても、日本で米国がそうした調査をすること自体、日本の官憲の承諾がいるのではないか。そうした問題にまで波及しかねない」

「なるほど。それで大使館が関心をもっているのか」赤みがかった丸顔にうっすらと笑みをうかべながら、チャックは視線を返して言った。覆い被さるように私は聞いた。

「銀行委員会の公聴会記録はもう東京へ送ったが、外交委員会のほうで、本件について、いままでの調査結果の記録とか資料があればほしいのだが」

「そのようなものはない。今、チャーチ議員のスタッフのレヴィンソンが主任として調査している。自分は共和党側の中心として常に動きを知る立場にあるが、チャーチ議員は多国籍企業問題に個人的な思い入れもある。今後どうなるかはチャーチ次第だ」

では、レヴィンソンに会わしてくれ——喉まで出かかったせりふを、私は飲み込んだ。まずは政府与党たる共和党側のチャックと親密になるほうが先だ。情報のツルは、まず手元を太くしてからだ。

「レヴィンソンのオフィスはあの裏だが——」チャックは私の意図を見抜いたかのように、茶目っ気たっぷりの顔つきで首をちょっと傾げ、ソファーの奥を指すような仕草をした。

「彼は今いない。いても日本の大使館員とは会わないだろう。調査の性格上、外国政府のアプローチはとかく、『もみ消し』とみなされやすいからな」

「こっちは逆だ。曖昧のままにしないで、真相をはっきりさせてほしいと言っているのだが——」

「最初は誰でもそう言う。真相に近づくと、さて」

チャックと言いあって関係を損ねてはいけない、と話題を元に戻した。

「とにかく、日本関係のことが調査の段階で出てきたら教えて欲しい。隠蔽どころか、真相究明が大事だからだ」

「これからも連絡を取り合う事なら、パーシー議員も異議はないだろう」

チャックは意外なほどあっさりとした調子で受け入れた。いずれ、ゆっくりランチでも食べながら懇談したいがと、水を向けると、チャックは軽く頷いた。

ジョッキークラブ

ワシントンのマサチューセッツ通りは、「大使館通り」と呼ばれるほど、大きな館風の大使館が軒を並べている。緩やかな坂を下り、道が平坦になったあたりの角、大きな門構えの古めかしいビルに、しっとりとした雰囲気のレストラン「ジョッキークラブ」があった。

議会からも国務省からも離れているせいで、学者とか新聞記者などの会食に大使館関係者が使うことはあっても、あまり議会関係者と会う場所にはなっていなかった。ムツの卵をベーコンで巻いて焼く南部料理が有名だった。

チャックを食事に誘い、委員会の動向を探るための場所をここに決めた。食事の約束は一度ならず二度までも急用でだめになったが、いつも前日に連絡があり、私は彼に律義さを感じていた。

ようやくジョッキークラブで会えたのは、落ち葉が舞う季節だった。食前酒を飲みながら、「やっぱり、評判のムツにするか」とチャック。私たちは店の得意料理を注文した。しばらく身の上話をし、お目当てのムツを口に入れた頃、私はそろそろと思い、本題を切り出した。

「ところで、ロッキードのことだが、銀行委員会の公聴会記録では、日本のほかサウジとかインドネシアとか、いろいろな国の名が出てきている。どこの国を中心に調べるのか、日本は重点国の一つなのか」

チャックは答えた。「国によっては、航空機の買い手が民間航空会社ではなく、地方自治体だったり政府だったりする。その場合、議会独自の調査は微妙だ。米国政府を巻き込まねばならぬが、今は共和党政権だから（民主党の）チャーチ委員長は政府を巻き込みたくない。日本も最終需要者は軍（自衛隊）の時もあろうが、取引の仲立ちは商社がしている。まずは、そのあたりから調べている」

「調べるというが、どうやるのだ」

「議会の権限でサッピーナ（召喚命令）をかけ、書類を提出させるのだ」

「日本の商社に出させるのか」

「いや、ロッキードに出させる」

「賄賂の受け渡しの証拠など、そんなやり方で本当に出てくるのか」

「やってみなければわからないが、どこをどう押せばよいかは、大体わかっている」

私はナイフとフォークを置いて、チャックの顔を上目遣いに見ながら聞いた。

「日本の商社で関係があるのはどこか」

一瞬、チャックは手の動きを止め、しばらく私の顔を直視した。

「ロッキードと提携関係にある日本の商社は、調べればすぐにわかることだが、マルベニーだ」

「丸紅」を発音するのに、チャックは語尾に奇妙なアクセントで長く伸ばした。

議会と政府

チャックから「丸紅」の名を聞いた後、私は偶然を装って同社の現地駐在員に接触した。しかし、彼は連絡員に過ぎないと思われ、「マルベニ・ルート」での情報収集は期待薄だった。

そこで私は、チャック以外に網を張る対象として、外交委員会、軍事委員会、そして銀行委員会の議会スタッフに目を付け、盛んにワシントンのレストランに招待した。対日関係や大統領選を控えた内政問題について話す傍ら、それとなく、上院外交委員会・多国籍企業小委員会（チャーチ委員会）の動静について漏れ聞くところがないか、あるいは、チャーチ議員の評判などについて聞き込みをした。

その中で、私は彼等議員スタッフの気質とでもいえるようなものを感じ取った。多くの人々が議会の権限に至って敏感であり、政府に対して距離を置くことを身上としていた。そして、自分の仕える議員に対する忠誠心もさることながら、議員なり政党の持つ信条とでもいうべきものへの共感と使命感が、個人的野心と混ざり合って国務省の役人にはあまり見られない、粗削りだが率直な性格が読み取れた。

その一人、軍事委員会の若いスタッフは、私の質問にこう答えてくれた。

「チャーチは人柄から言っても、またチャーチ委員会の趣旨から言っても、企業の賄賂工作めいたことは容赦なく暴き批判の対象とするだろう。それがたとえ、米国企業の売り込みに水を差すことになっても、一向にかまわないという態度だろう。それに、大企業寄りの共和党に対抗する民主党の有力者としてのチャーチの意地もあろう」

では、チャーチ委員会の調査が日本商社に及びつつあることを、米国行政府は全く知らないのであろうか。チャックが私に日本商社の関与をこっそり教えてくれたのは、「日米関係に影響することあり得るべし」という、こちらの言葉を信じたからだろう。とすれば、チャックが仕えるパーシー議員も共和党の重鎮だ。政府も共和党である以上、どこかの段階でチャックなりパーシー議員が行政府に対して、チャーチ委員会の調査活動の結果が日米関係に与えるかもしれぬ影響について、念のため意見を聞くのではあるまいか。それはいつだろうか。そして、誰が、誰に聞くのだろうか。

この疑問を、思い切ってチャックにも聞いてみた。

「行政府だって？　行政府は今のところ関係ない」「なんでそんな質問をするのか」と言わんばかりに首を斜めに傾けながら、きっぱりと答えた。

確かに、チャーチ議員やそのスタッフは民主党だから、共和党政府にご注進めいた情報提供はしないだろうが、パーシー委員はどうだろうか。親日家だけに、日米関係にも波及しそうな事態となれば、行政府と接触するのではないだろうか。

「しかし、今後の調査の進展に応じて、もし、行政府にもある程度調査内容を知らせるような場合、どのレベルでコンタクトをするのか」私が重ねて尋ねると、「自分が、東アジア担当国務次官補にコンタクトするのが普通だろう」とチャックは言い、付け加えた。

「ただ、議会と行政府との関係、それにチャーチ議員の性格から言って、調査結果が公聴会などで公にされる直前で、しかも、重大な国際的影響があり得るような場合に限って、行政府とはなんらかのコンタクトをとるだろう」

私は要請した。「公聴会を開くとか、調査結果を公表する時には、ぜひ事前に教えて欲しい。東京とワシントンの時差を考えると、遅くとも二日前くらいには教えて欲しい」

「君の要望はテーク・ノートしておくが、君の方から、あらぬ方向に逆流しないように頼むぞ」

チャックも、議会、行政府、そして外国政府との間にはさまることには、至って慎重だった。

私の心中

一九七五年晩秋の段階で、私はこれまで集めた情報を、上司にも東京にも知らせていなかった。知らせれば、「大統領選挙を控え、政務班の若手事務官のやるべきことは他に多々あるだろう」など、嫌味をかまされるとも限らない、と私は思っていた。

そもそも、私は何故この事件の背景調査にこれほどの熱意を持っていたのだろうか。自分で一〇〇パーセント自覚はしていなかったが、ある種の競争心と、焦りにも似た衝動があったと思う。

私のポストの前々任者は、沖縄返還交渉で米国議会の工作に走り回り、その過程で多くの議員スタッフと知り合いになっていた。私が議会関係者と会うと、彼の名前が良く出てきた。前任者も安保と軍事問題を担当していただけに、かなりの数の議員スタッフと知り合っていた。二人が作り上げたネットワークをただ維持していれば済むものではない。私は私で新しい人脈を開拓したい――。そういう思いが強かった。だからこそ自分のやっていることを、早い段階で他人に知られたくなかった。

私は自分のやっていることに多少なりともためらいや疑いの影が射しそうになると、いつも「正義心」で払い去った。日本政府関係者に賄賂が行ったかどうかは「ノーコメントだ」そんな言葉で議会の報告書が終わっては日本の名誉にかかわるし、日米関係のためにも良くないのだと。

その裏でもう一つ、ある種の勘も働いていたのかもしれなかった。「ひょっとすると、これは、大きな黒い霧かもしれぬ」「何かが隠れているなら、探し出したい」そんな追求心も私をとらえていた。それらの心理が、集めた情報を自分だけの秘密にしておく、という態度を私に取らせていた。

だが、そうも言っていられない状況がやってきた。ハロウィーンデー（一一月）の直前、自宅に招いたチャックに、調査の進捗状況を尋ねた。

「実は、要の時期にきている。アーサー・ヤングという著名な会計事務所が、ロッキードの公認会計士として経理を見ているのだが、それに召喚状を出した。日本関連の経理の書類も当然入っている。問題はアーサー・ヤングが書類を出してくるかどうかだ。ロッキードとの契約などを盾にとってあくまで提出を拒み、裁判になるかもしれない」

「いつまでに決着するのか」

「年内か、遅くとも年初だろう。来年は選挙の年だから、チャーチ委員会としても、ぐずぐずしていられまい」

その時、やや声を低めながらチャックが言った。

「日本が本気でアーサー・ヤングの出方や書類の内容について知りたいのなら、一つ方法がある。ロジャース元国務長官だ。今、アーサー・ヤング会計事務所の顧問をしている。ロジャースなら日本大使も面識があろう」

ロジャース。その名は、キッシンジャーの極秘の中国訪問を最後まで知らされず、同じく寝首をかかれた日本政府に弁解じみた説明をしなければならなかった人物として、日本の外交筋にはよく知られていた。

第一のチャンス

ロジャースと面談すべきかどうか。誰が面談すべきか。これは一等書記官では決められぬ。といって、この種の話をいきなり大使に相談するのは適当ではあるまい。大使は天皇訪米をつつがなく終え、近く帰国するはずだ。そこで私は、夫婦同士の付き合いがあり、ざっくばらんに話せる大使館筆頭公使のN公使に相談することにした。

私は情報源の議会スタッフの名前などは明かさないようにして、銀行委公聴会についての電報が東京から来て以来の動きを説明して、最後にこう付け加えた。

「アーサー・ヤング会計事務所が召喚に応じて書類を出せば、賄賂に関連した日本人の名前が出てくるでしょう。しかし、最後まで書類の提出を拒むかもしれない。そのあたりの感触を、ロジャースから聞き出せないでしょうか」

N公使は読みかけの電報に目を落としながら話を聞いていたが、ふと顔をあげると、「ロジャースに会えたとして、なるべく書類を提出してくれるな、と言うのか。それとも早く提出してほしいと示唆するのか。どっちなのかね」と言った。

「いや、それは、内容がまだわかっていない以上、どちらとも言えません。ただ、このままでは疑惑だけが残るので」

私の発言を遮るように、N公使は、「どうこうしてくれと頼むならまだしも、情報収集のようなことのために大使を動かすわけにはゆかない」という。

「それに」と、N公使は付け加えた。「大使は近々離任される。そこにこんな問題を持ち込むのはどうかな」

「では、公使ご自身がゴルフでもロジャースとやっていただくという案はどうですか」と食い下がったが、公使は最後までロジャースとの接触に消極的だった。

やはり、もう少し証拠固めしてからでないとだめだな、と思って私は引き下がった。

今から振り返ると、この段階でロジャースに接触し、日本政府の考え方なり立場なりを伝えていれば、あるいは日本政府にとって、翌年に公になるロッキード事件の「破壊力」は、かなり減じられた可能性があったのではないか、と思う。

絶句

クリスマスも近いある朝。自宅の電話が鳴った。チャックだった。

「例の書類が週末に届いた。朝来て見ると、チャーチ委員会宛とだけ書いてあって、議会に届けられたものだ」

「とうとうアーサー・ヤングも召喚に応じたということか」

「いや、それが良くわからぬ。誰も知らぬうちに、ドアの外に置いてあったという事らしい」

「えっ」絶句する私の反応を見越したように、チャックは早口で付け加えた。

「まだ内容をよく精査していないが、日本関係で、二、三人の名前が出ているようだ」

「誰の事か、教えて欲しい」

チャックはイエスともノーとも言わないで電話を切ったが、わざわざ書類のことについて電話をかけてきたことから、「いずれわかる」と私は思いながら、受話器を下ろした。

果たして数日後、チャックから再び電話があった。

「イトーという人物とコダマという名前がある。どんな人物か知っているか」

「いずれも日本人にはよくある名前で、それだけでは何とも言えない」

「ヒロシ・イトーとヨシオ・コダマだ」

そう言われても、私はすぐ思い出す人物はいなかった。もっとも、コダマ・ヨシオと言う名前は、昔どこかで聞いたことがあるような気がした。しかし、どこで、どういう文脈で聞いたか思い出せなかった。

チャックに情報提供を謝した後、私は今まで以上にこれからの自分の行動をどこまで上司に伝えるかを真剣に考えた。この時期、たまたま政務部を統括しているK参事官は健康上の理由もあって日本に長期帰国中であり、総務部長格のH参事官が政務部長の役割を代行していた。H参事官は東京在勤時代、経済局で共に働いていたこともあって、自分と親しい仲だった。

私から相談を受けたH参事官はちょっと考えた後、「ここまで来たのなら、国務省はどう動いているのかを調べよう」と言った。

国務省の壁と私の悩み

大詰めを迎えているチャーチ委員会の調査を、国務省はどこまで把握し、どうするつもりなのだろうか。この種のテーマで国務省に接触するとなると、東アジア局の日本課となる。東アジア局は日本大使館にとっていわば「親元」みたいなものだ。そのせいあってか、そことの接触には不文律があった。東アジア局長は公使が接触する、日本課長は参事官が相手をする、そして、書記官が課員と付き合う、というものだった。

私も何人かの日本課員を知っていたが、事柄の性格上、筆頭事務官格のランバートソンに的を絞った。ランバートソンは真面目な性格の家族思いの人物で、引退したら田舎で牧場を経営するのが夢だともらしているほどで、格別の野心に燃えている気配はなく、率直に話せる相手だった。

国務省へ出向き、秘書役の女性三人の誰にともなく、ランバートソンへの取次ぎを頼むと、真ん中の黒人女性が後ろの部屋を指して、「そこにいるはず」だと言う。課長以外は特に取り次がなくとも個室に入って良い、ということらしい。

私は彼に、手短にチャーチ委員会の調査に触れた後、単刀直入に尋ねた。

「日本人の名前がアーサー・ヤングの書類には出てきているようだが、議会筋から国務省には接触はあったか」

「一、二の日本人について、どんな人物かといった問い合わせはあったが――」

「コダマのことか」

ランバートソンは軽くうなずく。

「本件調査が日米関係に及ぼすかもしれない影響などについて、議会は国務省の意見を聞いてこないのか」

「そもそも、そういう聞き方はしないだろう。そんなことを聞かれても、国務省として返事できないことは、議会も百も承知だ」

「しかし、そこを見極めておくことが、国務省の役目ではないのか」

「国務省として何か言い得るとすれば、事案が安全保障上、重要な意味合いを持つときだけだろう。しかし、そうした場合でも、国務省は議会に対して、安全保障上の意味について説明責任を負わねばならないから、そう簡単な話ではない」

「要するに、情報交換はしても意見交換はしないということか」

私はいささか皮肉っぽくコメントすると、ランバートソンも卓上のパイプをいじりながら、口元をかすかに曲げて、「日本政府が、本件は日米安全保障上重大な影響を及ぼすものであると申し入れてくれれば、それは、また、多少違ってくるかもしれぬが」と、呟いた。

日本の保守政党との繋がりも当然あると思われる右翼の大物の名前、防衛関連の航空機の調達問題、多国籍企業の賄賂工作疑惑――。これだけ揃えば、日米安全保障上重要な影響を持ちうる事件だ。議会に対して慎重に対処するよう、国務省からも申し入れてほしい、と言うべきだろうか。

しかし、そう言ったら、日本政府はもみ消しを頼んできた、と解釈されるかもしれぬ。それはそれで、避けなければならぬ。私は情報交換を再度要請して、日本課を後にした。しかし、「これでよいのだろうか」という疑念は、青く塗られた国務省の長い壁に沿って歩きながら、私の脳裏から去らなかった。この段階で、今後の調査について政府の代表機関たる大使館が、米国議会に聞いて回ることは、果たして、日米関係のため、そして日本の名誉のためになるのだろうか――。

バランス感覚

「国務省も知っていました」

私はH参事官にそう言い、ランバートソンとの面談の内容を報告したうえで聞いた。

「さて、これからどうしますか」

「議会と国務省の双方に網を張るより仕方なかろう」

「東京へはどうしましょう。そろそろ、公電で報告しましょうか。報告してどうなることでもないでしょうが」

「東京は、余計なことを報告してくるなと思うかもしれぬ。こうした政治的スキャンダルめいた事柄に首を突っ込むな、土台日米関係を揺るがすようなものでもないしという反応かも」

温厚で、バランス感覚の優れたH参事官はそうつぶやいた。私、そしておそらくH参事官も、長年の外務省勤務から来る、自らの組織に対する政治的ともいえる感覚があった。純粋な外交案件に関連する場合は別として、国内の政治的抗争に利用または悪用されるおそれのある国際的な情報は、与党政府幹部や総理官邸といえども、みだりにこれを伝達しない方が良い、という感覚である。私もH参事官も、この感覚に動かされていたと思う。

「公聴会の日取りでも決まり、事態が公になることが分かった段階で、東京へ知らせましょう」

私がそう言うと、H参事官はためらいがちではあったが、同意した。

もっとも私には、どこかスリルをぎりぎりまで自分だけのものにしておきたいという、別の衝動もあった。それだけに、「当面、議会や国務省への接触は控えよ」と言われることだけは極度に恐れていた。

私はロッキード事件が日本国内でスキャンダルに発展し、どういう結果を生むかは、さほど関心がなかった。現に「コダマ」とか「イトー」といった名前を聞いても、詳しい経歴を調べようとはしなかった。関心事は、それらの人物の背後、あるいは横にいかなる「オフィシャルズ（官吏）」がいたのか、いなかったのか、すなわち日本政府関係者の関与が明白にされるか否かにあった。

ジャパン・インの密談

チャーチ委員会の調査に対する国務省の出方はどうだろうか。かりに賄賂の明確な証拠が出てきて、議会が日本人に公聴会出席を要求するような場合、国務省はどうするのだろう。それに、そもそもいくら議会と行政府の間は微妙だとはいっても、日本の政界を揺るがすような事件の調査に米国行政府が、議会に対して牽制球を投げるということは、本当にあり得ないのだろうか。ランバートソンの言っていることに嘘はないとしても、今後、高度の政治判断が求められるという事はないのであろうか。

こうした疑問について、それとなく、それこそ、それとなく、米国政府や議会の見方や感触を尋ねることのできる人物はいないだろうか。私は悩んだ末、ジョージタウンの鉄板焼きレストラン「ジャパン・イン」の個室を予約して、パーシー議員のスタッフであるスコット・コーエンと密談に及んだ。

スコットは「まず考えられるのは、パーシー議員その人だろう。なんといっても現政府と同じ共和党であり、外交委員会の重鎮であり、国務省、日本政府双方とも関係が深い。しかし、パーシー議員の立場は極めて微妙だ。チャーチ議員と性格も政治的信条も違うが、同じ上院議員として、チャーチの裏をかくような行動はできない。日本政府関係者と本件について話し合ったことが万一漏れれば、議員としてのインテグリティ（高潔さ）を問われることにもなりかねない」

「それに」とスコットは付け加えた。「議員は、国務省は何を考えているのかを、仮に知っていても、立場上、外国政府関係者に説明するわけにはゆかぬ。その点はパーシー議員が、常日頃気を使っているところだからだ」

そんな会話の後、緑茶を飲みながら、ふと思いついたような調子でスコットは言った。

「例えば、インガソル元駐日大使はどうか。国務省のことも、日本のこともよくわかっており、しかも今は公的役職にないから、率直に相談できるのではないか」

こうして私は、クリスマスシーズンが終わった頃、ニクソン大統領の辞任劇の発端を作ったウォーターゲートコンプレックスの中の事務所で、インガソル氏と会うこととした。

ウォーターゲートの事務所

約束の時間に三〇分も早くウォーターゲートに着いた私は、インガソル氏の事務所のある建物とは別棟のホテルのバーで、コーヒーを飲んで時間をつぶした。あらためて私は、面談の仕方について反芻した。

事態の説明、日本政府の関心、そこまでは簡単である。問題はそこから先だ。日米関係のため、できれば本件は先延ばし、あるいはやみに葬る方が良いだろうかと、思い切って聞いてみるかどうか——。最後まで迷っていた。

やはりそれは無理だ、いくら私的面談とはいっても、日本政府が実は事件のもみ消しをねらっているかの如き印象を少しでも与えることは許されない。そう決意して、事務所へ向かった。

事務所のドアのベルを鳴らすと、インガソル氏自身がドアを開けてくれた。「秘書が今休暇をとっていて」そう言いながら、二〇畳ほどもある部屋の大きな机の反対側のソファーに案内された。面談時間は三〇分程と言われていたので、私はY大使が帰任し、後任のT大使は着任しておらず、自分がいわば大使の代理として参上したことを述べると、すぐに本題に入った。

チャーチ委員会の活動から、これまでの経緯を簡単に述べながら、特定の日本人の名前には言及せず、最後に「国務省は議会から日米関係への影響如何を問われた場合、どう答えるのが常道なのか、一般論として教えて欲しい」と尋ねた。

インガソル氏は、ガラスの入った大きなテーブルに目を落とすと、「一般論からいえば、そもそも国務省が、議会の調査案件について何かいっても、それを議会が考慮するかどうかは疑わしい、むしろ、それを逆手にとって政府を困惑させる方向へもって行くこともあるからだ」と、ゆったりとした口調でいった。

「ということは、多くの場合、特段のコメントはしない、どうぞご随意にということなのでしょうか」

「そういうことであろう」

「もし、まったく仮定の話ですが、もし、日本政府が、本件は日米関係にとっても重大な政治的意味合いがありうるので、慎重に、すなわち、調査結果の公表は慎重に取り計らってほしいと要請するとすれば、そうした要請はやはり、国務省を通じて行うのが筋でしょうか」

「どうしてそういう要請をするのか、その理由如何にもよろうが――」

インガソル氏の答えは、どこか斜めに構えているようなところがあり、それは氏の紳士的態度とあいまって、本件の如き問題には腹を割って話すこと自体無理な話だ、とでもいいたげな調子がこもっていた。

インガソル氏を動かすには相当なテコが必要だ。それも、大使自身がやらねばとてもだめだ。そう感じ取った私は、時間を割いてくれたことに礼をのべると、そそくさとウォーターゲートを離れた。

こうして、チャーチ委員会の調査に待ったをかける、一度目の機会は消えた。言いかえれば、私自身、そうしたチャンスをつくるためにもう一歩ふみこむことに消極的であることを、自らに再確認することとなった。

公聴会迫る

ワシントン駐在の日本人は、クリスマス気分にはなっても、あまり新年気分にはなれない。正月だからと言って町の様子に変化もないからだ。それでも、松の内は仕事への取り組みもスローペースだったが、そろそろペースを上げるかと、私は、一九七六年一月中旬のある日、チャックに電話を入れランチに誘った。

フランス料理店として名前が通っている「レストラン・リオン」で私たちは会った。

「ちょうど良いタイミングだ」

顔を合わせるなりチャックは言った。

「ロッキードから金を受け取った証拠となる領収書が出てきた。これを基に公聴会が開かれる予定になった」

「誰の領収書か」

「コダマとイトーだ」

「それで、公聴会の日取りは？」

「二、三週間以内だろう」

そこまで一気に進んだ会話は、一瞬そこで途絶えた。

私もチャックも、その後の話題について、期せずして同じ思いが頭をよぎったようだった。

「行政府とのコンタクトは？」

私が聞くと、チャックは「国務省は、本件が日米関係を揺るがすとは考えていない、という。証拠があるなら、公聴会でも何でも公表して構わない、という意見だ」と言う。

「公聴会の日程が確定したら、すぐ教えて欲しい。それに、公開される文書をできるだけ事前に欲しい。遅くとも二日前にはもらえまいか」

チャックはイエスともノーとも言わなかったが、その顔つきは明らかにわかったというものだった。

チャックと別れた後、私はすぐ国務省のランバートソンに電話を入れた。「公聴会も近く開かれるようだが、文書の公表について、特に日米関係に影響なしと、議会に伝えたのか」そう尋ねると、ランバートソンは「公表、非公表の是非、そして公表するならいつかは、議会の判断によるもので、国務省としては関知しないと言っただけだ」という。

「公聴会の日取りはいつか聞いているか」

「正確な日取りは知らないが、近々と承知している」

「今後も連絡を取りたいが」

「オーキトーI」ランバートソンは「オーケーI」と言わずに、いつも得意としている言い回しで電話を切った。

それから私は、二、三日おきにチャックと連絡を取り、公聴会の日取りについて尋ねた。一九七六年一月末になって、二月四日に多国籍企業小委員会の公聴会が開催されることが分かった。

東京の指令

私は、H参事官と相談の上、ロッキード問題に関する公聴会が二月四日に開催されること、並びに、そこで何らかの文書が公表される予定であること、そして、その文書については出来るだけ事前に渡してもらえるよう手配中であることを、配布先を特に限定する、限定配布電報に指定して、東京・外務省へ発信した。

ほとんど折り返しに、「本件はマスコミにおいて大きく取り上げられることが必至であり、関連文書が入手され次第、大至急東京へファックスで送信ありたい」との、東京からの電報がワシントンの大使館に入った。

二月二日。チャックから、公表されるべき文書がほしければ取りに来いとの連絡がった。現地スタッフに大使館の車を付けて派遣し、私が書類を受け取ったのは、もう夕方であった。

文書は「アーサー・ヤング事務所およびロッキード株式会社からの、エージェント手数料および外国への政治献金に関する文書」というタイトルで、一五〇頁以上に及ぶ分厚いコピー文書だった。日本のみならずイタリア・ドイツなどに関連する部分もあり、そのうち日本関連部分は約四〇ページ程であった。九五〇〇万円を受け取ったというコダマ・ヨシオの受領証や、「百個のピーナッツ」を受け取ったとするイトー・ヒロシのサイン入り文書もあった。

すでに、東京からすべての在外公館に対して、半日ほどの間、別途指示があるまで、東京宛てにファックスを使用しないようにとの指示が出ていた。一五〇頁のコピー文書を、出来るだけ鮮明なかたちで東京へ送るには、よほど時間をかけねばならないという。H参事官は皮肉を込めた調子で、私に解説した。私も笑いかけたが、笑顔はすぐ曇った。

東京から大至急電報が、「部内連絡」と言う非公式な連絡の形で入ったからだった。

「明日の公聴会に大使館員は出席しないようにせよ」という連絡である。

「どういうことなのですか」

私がなじるように尋ねると、H参事官は言った。

「さきほど、東京から電話があった。外務省がこのことについて、事前にキャッチしていたという事を知られないようにするためだ」

「それはおかしいではないですか。他のことならいざしらず、外交問題を論ずる米国議会関係の小委員会の公聴会に日本の大使館員が傍聴していて何がおかしいのですか。事前に何かをつかんでいたとかいうことと関係なく、外交問題関連の議会の会議をたまたま傍聴していたとしても、全く不思議ではないでしょう」

私は憤ってH参事官につっかかった。

「外務省が事前に知っていたとすると、何故知っていたのか、そして何をしていたかと問われることになり、政治的に極めて困った立場に立つことを、本省は極度に恐れているのだ」

「納得できません。公聴会で何が起こるか、大使館としても見極めておかないと今後の行動に影響します」

しばらくやりあっていたが、結局大使館の現地スタッフを派遣して、出来るだけ詳細な記録を提出してもらうこととなった。

事態はそこで止まらなかった。やがて、東京から奇妙な部内連絡電報が来た。

「公聴会の開催日時と文書の公表を知らせた限定配布電報はなかったことにしたく、右電報は取り消すとの電報を打ってほしい」というのである。

私はここでも抵抗したが、自分が拒否しても誰かが取り消し電報を打てばそれまでだと観念した。

私は「○○電報は取り消された」と受身形にして、取り消す行為の主体をぼかした。一書記官の、せめてもの抵抗の印だった。

キシ・ナカソネの怪

チャーチ委員会からピーナッツの領収書を含む日本関連の文書が公表されるや否や、「ロッキード事件」は日本のマスコミ、政界の台風の目となった。折しも内閣は、三木武夫首相率いる自民党リベラル派の内閣であり、首相は公明正大な取扱いと資料の公開を強調した。そうした内閣の姿勢もあって、一時期ワシントンはマスコミ並びに次から次に日本から派遣される政党の調査団でごった返した。

チャーチ委員会のスタッフをたばねるロビンソン氏の自宅の前には、日本の取材陣のテントまで作られ、周辺住民から大使館に間接的ながら苦情が寄せられるほどであった。

政党の調査団の一つに、当時野党の一角をしめるK党の調査団があった。この調査団は、チャーチ委員会の調査報告書のコピーを数冊欲しいと大使館に要請してきた（確かその頃にはチャーチ委員会には調査報告書の余部が全てなくなっていたと記憶する）。

日本の政党関係者の担当は、H総務参事官であった。K党の調査団が到着して、調査書のコピーが配られた直後、普段はいつもニコニコ顔で鷹揚なタイプのH参事官がめずらしく興奮した口調で、至急参事官室に来て欲しいと言う。何事かと思ってかけつけると、青い表紙のチャーチ委員会の調査報告書のコピーが机の上に大きく開かれている。

「君、これこれ、この項の左にカタカナで何と書いてあるか読めるか」

H参事官がそう云うので、肩越しに覗き込むと、白い紙におそらく鉛筆で書いた字のコピーであろうが、薄目ではあるがはっきりとキシ・ナカソネとカタカナで書いてある。

「誰ですか、こんなところにイタズラ書きしたのは」

そう聞くと、

「正に今それを調べているところだ。この文書のコピーをとった元の資料はどこにあるか調べているのだが、コピーは何十部もあるし、どこからそもそもコピーをとったのか、また、大使館で取ったコピーか、コピーをチャーチ委員会から貰ったという人もいてはっきりしない」

H参事官は、そもそもこうした資料の入手に最も早く走り回った小生に疑いをかけているのだろうかと、一瞬H氏の目の中をのぞきこんだが、そうではないようだった。

「困るのは、K党の関係者が、大使館から貰ったコピーに二人の政治家の名前が落書きして入っているのはどうしてかとしつこく聞いてくることだ。そもそも配ったコピーを配る前に全部点検した訳ではないが、自分の手元にあるものにはそんな落書きはないし、今のところ落書きの入ったものは見つからない。誰かの陰謀のような気もする」

H氏も困り果てている。
二、三日大使館中調査したが分からず仕舞いで、結局、大使館のコピーにはそういう落書きはありませんと、あらためて元々のチャーチ委員会の出した資料を見せた上で、コピー機の前で問題の項をコピーして納得して貰ったように記憶するが、H参事官がその他の方法も講じたのかどうかは聞かなかった。ともあれ、狐につままれた様な事件だった。
（以上の経緯は、「若き外交官の記憶」として信濃毎日新聞二〇一七年八月一一日～一四日に大略掲載された）

第三章　日米関係の万華鏡

日米農産物貿易についての親子論争

一九八〇年の夏、折から激しさをましていた日米貿易摩擦、とりわけ、農産物貿易交渉に関連して、外務省の広報誌ともいえる「経済と外交」誌上に、稲田転作という名の人物の書いた「日米農業問題の底流と今後の方向」という論文が掲載された。

この論文は、日米貿易交渉が、牛肉、オレンジ、さくらんぼの輸入問題といった、個別品目の問題ばかりに焦点があてられていることを批判したものだった。そして、日本農業のあり方についての根本的議論がなされず、そのあおりをうけて、日本が米国農産物の最大の顧客でありながら、そのことへの認識が交渉において十分反映されていないことを憂い、あわせて、米国の政策の矛盾点、たとえば輸出制限などについて日本側がこれを問題としていないことを批判した論文だった。

また、この論文は、日本の農業関係者が、食料安全保障という言葉を使って日本農業の保護を合理化する傾向に疑問を呈し、むしろ、備蓄や供給保証を推進すべきと主張した。

この論文は、実は、当時外務省で対外経済交渉を担当していた小生自身が、稲田転作というペンネームで発表したものだった。

ところが、これを目にした小生の父、武一は、長年農林省に奉職していたこともあって、数ヶ月後の同じ誌上に、「水田不作」というペンネームで「稲田転作氏に応える」として論文をよせた。同じくペンネームでの寄稿であるため、世上、これが小倉親子間の論争であることは分からなかったが、実は、奇妙な親子論争だった。

もっとも、武一は、供給保証の重要性などについては、小生の意見に賛同するなど、全体として反論するといった姿勢ではなかった。武一が、最も言いたかったことは、現状では、農業政策と食料政策はつながってはいるが、別次元のものになりつつあるということだった。そして、国民に安全に食料を供給することが安全保障ならば、国内生産の奨励、供給保証、食料配給制度の準備など多角的観点の政策が必要であり、それには、土地所有権をふくむ構造改革、不足払い制度の導入、開発途上国への経済協力による農業の振興などといった施策が必要であるとの趣旨を述べたものだった。

この親子論争には、奇妙な尾鰭がついた。それは、この武一の論文が、ある農政ジャーナリストの目にとまり、この記者は、この論文が武一の筆になるものであることを突き止めた上で、彼が、ペンネームで寄稿したことにふれ、日米農業問題は、通常自説を言うことにあまり躊躇しない小倉武一ですら、本名で意見を発表しがたいほど微妙な政治問題であることを示していると論評したのである。

武一がペンネームを使ったのは、もともと、反論の対象の小生の論文がペンネームだったためであり、しかも、稲田転作というこちらのペンネームを意識して、水田不作という、いささか「ふざけた」ペンネームを用いたものであり、また、そこに、ある種の父らしい洒落と皮肉がこめられていたことまでは、世間の目に上らなかった。

日本異質論に立ち向かう

一九八〇年代末、日本経済が破竹の勢いで世界を席巻し、『ジャパン・アズ・ナンバーワン』などという書物が評判になるにつれて、米国を中心に日本に対する風当たりが強くなった。

その一環に、「日本異質論」(あるいはリヴィジョニズムないし修正主義)という論調があった。この見方によれば、日本の社会経済体質は、基本的に欧米とは異なっており、共存はできない。むしろ、日本を封じ込めるような政策こそ必要だ、とりわけ、安全保障上の理由からこうした日本の異質性を問題としないで放置しておく政策は修正されなければならない、という趣旨のものであった。

もともとは、ジェームズ・ファローズという評論家が、『アトランティック・マンスリー』という雑誌に発表した論説が発火点になったと言われるが、チャルマーズ・ジョンソンやヴァン・ウォルフレンなどの知日派あるいは日本研究者と見られていた人々もこうした主張に同調し、欧州にまで飛び火する始末だった。

論説ばかりではない。米国の対日政策、とりわけ経済貿易政策にも変化がおこった。すなわち、日本など貿易慣行の「不当な国」へ一方的制裁を規定する条項（いわゆるスーパー三〇一条）を制定したり、日本に輸入の数値目標を設定するよう要求するなど、自由貿易原則に反するような対日政策を実行しようとする動きまで出て来た。

日本側でもこれに対する反発が強まり、石原慎太郎、盛田昭夫両氏の共著『「Ｎｏ」と言える日本』が発刊されたり、嫌米派などという言葉がうまれるほど知識人のなかからも対米批判があいついだ。

小生も、日本異質論は、米国の社会的病理現象の一環であり、欧米中心の世界観からくる偏見の一種であるとの論議を展開して、世論啓発に努めた。しかし、反発、反論だけでは、日米関係の健全性を維持できないと考え、日米が、積極的に協力できる面では協力を推進すべきであるとして、環境問題や、開発途上国における社会開発などを日米共同で実行するためのフォーラムとして、「グローバル・アジェンダフォーラム」を官民合同で設立することを提議して、その実現に努力した。

そのとき、対日批判者の多かった米国の政権幹部のなかで、こちらの声に耳を傾けてくれた人に、当時国務次官補だったジョアン・スペロ女史がいた。彼女は、グローバル・アジェンダフォーラムは良いアイディアではあるが、米国内では、日本が、貿易面での批判をかわそうとする煙幕にすぎないと見る向きもあるとして、米国内部の説得に困難があることをほのめかしつつも、全体としてよく協力してくれた。彼女は、実業家の夫と幸せな家庭を築き、学者としても、また経済人（アメリカンエクスプレス社副社長）としても活躍した女性で、米国における女性のロールモデルの代表とまで言われた人だった。彼女とは、その後もながくクリスマスカードを交換する仲となったが、知性も高い、良きアメリカ女性の典型のような人だった。

「嫌米外交官」の日米関係論

一九九一年、いわゆる湾岸戦争が始まり、米国の同盟国の多くが米国と肩をならべて参戦したにもかかわらず、日本は、「憲法上」の制約もあって、軍隊の派遣といった人的貢献はおこなわず、米国の戦費を一部負担する形の「金銭的」貢献をすることに終始した。しかし、折から日本の経済的進出にいらだちを深めていた米国は、日本の対応を身勝手なものとみる世論におされて、対日圧力を強め、日米関係に亀裂が生じた。

そのとき、外務省の文化交流部長であった小生は、直接対米関係に関与していない立場であったため、思い切って、日米関係の新しいあり方をさぐるべく、日本、米国双方に対して、新しい方向を探るべきとの論文を『外交フォーラム』誌上に発表した。「理念の帝国と喪失の民」と題したこの論文は、日本のいわゆる平和主義の転換の糸口をさぐる目的と並んで、米国のやや身勝手な態度を批判したものでもあった。そのため、日本の外務当局のなかにも対米批判を公にするものが出て来たとして、小生を「嫌米外交官」とよぶ人もでてくる始末だった。

この論文は、当時の日米関係の緊張を背景としており、全部が今日でもあてはまるわけではないが、価値観の共有という問題をめぐっては、日本人と米国民との間には、基本的あるいは歴史的乖離が生じやすいとの点は、今日においても十分留意すべきことと思われる。（この論文の要旨といわばその改訂版は本部第四章に掲載）

日米知的交流の光と影

いつもは、結婚式や華やかなパーティーに使われるホテルオークラの宴会場も、この日ばかりは、緑の布の掛かった、いささか無粋な机に、仮設の同時通訳用のブース、それにマイクのコードが床を走り、どこか雑然とした雰囲気だった。

中央の司会席には国際交流事業で名高い山本正氏が座り、その両側には、日米の発言者、経団連のN氏、日経新聞のK氏、ニューヨーク・ジャパンソサエティのG氏などの顔が見える。参席者のなかには、フォード財団、ロックフェラー財団の関係者、「ジャパン・アズ・ナンバーワン」の著書で名を馳せたヴォーゲル教授や、日本の政治に詳しいカーティス教授などの姿もあった。

このシンポジウムの議題は、日米間のグローバルパートナーシップの在り方、知的交流の推進についてであった。

丁度、一九九一年、政府予算で、四〇〇億円の基金、すなわち、日米間の各種交流を抜本的に増やすための基金として日米友好親善基金が誕生したところだった。その基金の初仕事として、基金の在り方、あるいは、もっと有り体にいえば、お金の使い方について知恵を出し合い、同時に、基金の設立を日米双方で祝福しあおうという意図がこめられた会議だった。

他方、会議に参加した米国の財団関係者や知識人、また、日本側の学者、知識人、国際交流関係者は、この会議を通じて、ある一点について合意を共にする事を目指していた。その、ある一点とは、この新しい基金が、出来るだけ日本政府の直接、間接の介入を受けず、自由に自律的に活動すべきという点であった。

議論がはじまると、日本側からの意見開陳は、まさにこの基金が、日本政府のプロパガンダに使われてはならないという点に集中した。アメリカ側も同意見であったが、米側には、単なる政府の介入を超えた、ある「懸念」（センシティブなポイント）があった。それは、米国における日本の「お金」自体の影響に係わっていた。折から米国では、パット・チョートなるコンサルタント兼ジャーナリストが、日本人がお金をばらまいて米国で議会工作（ロビイング）を行って米国の政治に事実上口を出しているという批判を展開し話題になっていた。これには三菱によるロックフェラーセンターの買収や、ソニーによるコロンビア映画の取得などに象徴されるように、日本の「お金」によってアメリカの「心」が買われているという批判と合い通じる懸念がからんでいた。

それだけに、米側の参加者は、新しい基金のお金の使い方に注文をつけた。注文の核心は、新しい基金が、そのお金の使い方について、米側と良く相談してほしいという点だった。そうした米側の注文に、日本の知識人たちも、米側の意見をたてれば新しい基金の日本政府からの独立性を保ち得るという思惑もあってか、米側の意見に賛同する声があいついだ。

数十名の参加者のなかで、ただ一人日本政府の一員だった小生は、あまりに議論の方向が一方的流れに偏していることに憂慮を感じた。しかし、まともに反論すると、それみたことか、日本政府は介入しようとしている証拠だといわれかねないし、ここで、論争しても大人気ない。ここは、むしろ、日本の知識層の役割について皮肉なコメントをすることから始めようと考えて発言を求めた。また、いままでの日本側の参加者と違って、わざと日本語で発言した。

「明治時代以来、日本の知識層は、外国の文物や思想を日本に紹介し、日本人を啓発し、西洋化することを大きな使命として来た。そのためもあって、日本の知識人と米国の同僚が会議で同席すると、日本のインテリはどうしても欧米の知識人の見解に迎合する。したがって、日米間で知的対話を真に推進しようとするのならば、そういった、知識層の歴史的役割の違いに十分留意してすすめなければならない」

そのように、前置きした後、次のように延べた。

「新しく出来る基金が、政府のプロパガンダ機関になったり、お金のバラマキ組織になってはならないということについては誰も異論はないところだろう。ただ、この基金は民間資金ではなく、国民の税金によるものであり、したがって公平、公正な運用がなされねばならない。特定の目的に極端に傾くようなことは問題であり、そういう点についてのチェック機能は政府としても果たさねばならない責任がある」

そう述べると、会場はシーンと静まり返った。丁度コーヒーブレイクの時間になったので、小生はそこで退出した。

数日後、ニューヨークタイムズの東京特派員が小生に電話してきた。

「先日のセミナーで雄弁をふるわれたそうで……」特派員の声には、皮肉が混じってはいたが、同時に、『はっきりものを言ったね』といわんばかりのかすかな驚きの響きもあった。

一五分ばかりのインタヴューだったが、二日後、ニューヨークタイムズ上に、実名で、小生の発言とインタヴュー内容が他の人々の意見と共に報道された。小生の名前が、ニューヨークタイムズに載ったのはこれが初めてだった。

リーランド議員の思い出

一九九一年頃のことである。

三年後にアジア大会を控えた広島市で、地方の国際化と国際交流を討論するシンポジウムが開かれた。

元駐米大使のM氏の講演とそれに続いてパネル討論があり、それには、シンクロナイズドスイミングの小谷実可子さんも参加していた。小谷さんは、オリンピックに出場した自らの体験談として、本当の交流は競技や競演によってはできない、競技が終わった後、参加者が集まって誰彼と無く自分のスカーフやシャツを脱いで互いに交換し、抱き合うときにこそ生まれる——そんな話をしてくれた。

その話の地をゆくかのように、まさに、討論会の後、主催者のテレビ会社の招待で、参加者が市内のこぢんまりした料亭に集まったとき、一同に和やかさと親しさが共有された。そんな雰囲気も手伝ってか、話題はテレビの社会的、政治的影響の話になった。

「国際関係におけるテレビの役割は非常に大きくなっていますね。湾岸戦争の戦闘シーンがお茶の間に入り、天安門事件の流血惨事が手に取るように目の前に展開される——こうなると事件の背後にある政治状況とか歴史的背景は一切切り取られて、そのときの映像が全てを決めてしまう。恐ろしいことですね」

あるテレビ関係者が、一同に質問するような口調で言った。

「テレビと言えば本当にテレビの恐ろしさを知ったのは、あの中曽根発言のときでしたよ」

同席していたM元大使は、ビールグラスを傾けながら、ゆっくりと、きっぱりとした口調で、語り出した。

「丁度あれは、国連総会の時で、外務大臣がニューヨークにいた関係もあって、自分もワシントンからニューヨークへ出向き、ホテルでテレビを見ていた時ですよ。ニュースの時間に、いわゆる中曽根発言がビデオで流れた。どこで誰が手に入れたのか、自民党の研修会で、中曽根首相が、『米国の黒人やヒスパニック系の人々の教育水準は低い』といっている姿が大きく写しだされ、しかも発言が字幕で流れたのです。私は、これはいけないと思った。中曽根発言は、すでに新聞で報道されてはいたが、こうやって大きくテレビで報道されたとなると深刻な政治問題になる――そう直感した自分は、すぐ、ワシントンへとって返した。案の上、ワシントンでは大騒ぎで、黒人議員連盟やヒスパニック系の議員たちは、中曽根首相非難決議を議会に上程しており、これが通過するのは時間の問題とみられる事態に発展していた。

こうした決議案が議会を通過すれば、日本と日本人のイメージを大きく傷つけ、日米関係に影響するのみならず、場合によっては人種差別発言として国際的に糾弾され、首相も退陣を余儀なくされる事態にまで発展しかねない。東京は深夜であったが、首相秘書官を電話で呼び出し、至急総理自ら釈明のメッセージを出してもらうよう依頼するとともに、どうしたら議会通過を阻止できるかアドバイスを得ようと思って、長年の友人である米国下院院内総務に電話をかけた。

院内総務の忠告は率直だった。『自分は、この種の決議案には、動く事は出来ない。最良のやりかたは、決議案の上程者たるブラック・コーカスやヒスパニック・コーカスの指導者たちと、直接話し合うことである』と。そうした人たちと直接話し合うことは、一歩間違うと取り返しのつかないことになりかねず、外交上リスクを伴うが、この場合他に手段も無いと思い、意を決してブラック・コーカスの議長、リーランド議員と会見し、決議案を思い止まってもらうよう働きかけた。しかし、なにせ、差別発言だけに、多くの人々の関心の的となっており、議長の一存では決めかねると言うのだ。そこを何とかとねばっていると、リーランド議員は、しばらく黙っていた後、おもむろに一つの提案をしてくれた。それは、翌日、ブラック・コーカス始めマイノリティ問題の関係者が集まって決議案を議論するので、異例のことだが、大使に出席してもらって釈明してもらうという提案だった。翌日、自分（M大使）は会合に出席させてもらって、総理の釈明文をよみあげ、あわせて、日米関係に傷がつかないようにしてほしいと訴えた。日系のマツイ議員が議論の口火を切って、

『差別発言は容認しがたいが、この事件によって日米両国や両国民の友情にひびが入ってはならない。差別に苦しんで来たマイノリティの者こそ、寛容と勇気に富む者でなければならない、日本大使が、一人で、ここに釈明に来た勇気を我々は称えねばならない』――そう言った趣旨の発言をしてくれた。そこには、アメリカの良識が滲み出ていた。そして、リーランド議長の采配が、会議の雰囲気を和ませてくれた。その結果、決議案は上程されたが、投票には付されず、日本の首相が、公式に米国議会によって糾弾されるという事態はさけられた。このリーランド議員の尽力に報いようと、自分は彼の地元を訪問して激励することを約束した。しかし、僅か一ヶ月余りの後、リーランド氏はアフリカを旅行中、飛行機事故で不慮の死を遂げたため、約束を果たせなかった」の由。

語り終わったとき、M大使の目は、心なしか潤んでいた。窓の外を眺めると、平和公園あたり

であろうか、遠く光の静寂が空を照らしていた。

台風一過

一九九二年秋九月の日米貿易委員会は、もともとは、ハワイのカウアイ島のウェスティンホテルで開かれる予定だった。ところが、会議の予定されていた日の二週間ほど前、この島を数十年ぶりの大型台風が襲い、島に大打撃をあたえた。おかげで、ウェスティンホテルは水浸しとなり、バンガロー風の建物も大きな損害を受け、その修理には一、二年かかると言われるほどの被害が生じた。こうなっては、会議の場所を変えるほかなく、やむなく前の年と同じマウイ島のウェスティンホテルが開催場所として選ばれた。

マウイ島のウェスティンホテルは、ゴルフ場を前にし、海をうしろにひかえた、正にハワイの典型的な観光ホテルで、泊まり客は皆ビーチウェアかゴルフスタイルだ。そこにネクタイと背広姿の「紳士」たちが真面目くさった会議にやってくるのはおよそ場違いな感じだった。たしかに、アメリカ側から、会議はノーネクタイでとは言われていたが、秋もやや深まった東京から、しかも、役所から飛行場へ直行するような人々にとっては、そうラフな服装というわけにもゆかず、なかには、ハワイではいささかギョッとさせるほどきちんとした服装であらわれた日本の代表団員もいた。

しかし、ホテルのロビーではやや当惑気味だった「紳士」たちも、会議場に入ってやや安心した。それというのも、会議場にあてられた部屋は、天井の高い、屋内体育館のような殺風景な部屋で、おまけに、窓がまったくなく、ドアを一旦閉めると外の華やいだ南国ムードとはまったくかけはなれた「事務的」な場所だったからである。

会議冒頭の演説で、日本側の団長はありきたりの挨拶に代えて、やや辛口の攻撃的な陳述を行った。これにはいささか訳があった。

会議の始まる前、会議の進め方に関して東京とワシントンの間で行われた話し合いで、アメリカ側は、アメリカの要求項目の討議に時間をかけることを要求し、ややもすると日本側の提起したい問題を討議するゆとりがなくなるような議題の設定を要求してきた。これは、単にタクティクスのためだけではなく、そもそも日米間の貿易問題は、その本質において、日本側が何かすべきという意味で「日本問題」であるという、パーセプションないし偏見があった。個々の事柄の議論に入る前にそうした「偏見」の問題に一言触れておく必要があった。

日米間にある貿易収支の不均衡は、主として、マクロ経済の要因によるもので、日本市場が閉鎖されている云々と言った要因は、たとえあるとしてもわずかな程度に過ぎない。日本の経済成長が鈍り、輸入が減ったことが貿易収支に出てきているのである。また、日本商品がアメリカ市場を席巻しているのは、日本人が取り立てて攻撃的だからではなく、アメリカ自身が自らの経済に構造的な問題をかかえ、製造業において国際競争力を失ってきているからである。言ってみれば、長い間主として「日本問題」の解決が議題であった日米貿易委員会は、今や「アメリカ問題」を議論しなければならない時代になったのだ――こうした趣旨を日本側は冒頭に述べたのだった。

意外なことに、これに対してアメリカ側から特段の反論はなく、やがて打ち合わせ通り、個別の貿易問題についての議論に入った。アメリカ側からは、日本の政府調達慣行や板ガラス、紙市場の問題から、外国人弁護士問題、保険業務などのサービス貿易問題が取り上げられ、また日本側からは、バイアメリカンの問題やダンピング規則の運用問題などが取り上げられた。日本側の強い姿勢もあって、日本側の「攻める」問題と「守る」問題はほぼ均衡がとれていた。

こうして、一日目が過ぎ、二日目の夜の七時、いよいよ会議の終わりになって、両国の代表が最後の、いわば一般演説をして会議を締めくくることとなった。

その段になって、アメリカ側は急に、「最後の演説については日本側からどうぞ」と言い出した。ホスト国がアメリカなのに妙だとは思ったものの、そういわれて断るのも変である。そこで、とりたてて用意した原稿ではなかったが、これからの貿易委員会のあり方に示唆を与えるようなコメントをしたいとして、日本側の団長は次のように述べた。

この際、貿易委員会の機能と言うか役割を日米双方でよく考えて、このフォーラムをうまく利用していくことが大切である。そうした機能あるいは役割としては、一に教育的効果がある。日米間の貿易、経済問題の中には、お互いが相手の制度ややり方、あるいは考え方を誤解しているところから出てきているものもある。そうした事柄については、ここでの議論を通じて誤解が解ければ、解決は容易となる。第二に、良い意味での相互の切磋琢磨と圧力による改善努力を促進する機能がある。お互いが批判し合い、同時に前へ進むことを約束することによって、国内の抵抗を排除し、双方にとってより望ましい方向へ持ってゆくことができる。第三は、一種の早期警戒機能である。この場で問題を提起しておくことによって、問題が不当に拡大し、難しくなる前に手を打つことができるからである。

こうした議論めいたことを述べて、日本側としては、今回の会議が成功であったことを暗に表現し、同時に次の会議のあり方について一つの示唆をしたつもりであった。こちら側としては、こうした発言でもって、未来への若干の展望を示しながら、気持ちよく会議を終るつもりであった。ところが、突然台風がやってきた。

日本側の発言の後を受けて話し出したアメリカ側の団長は、こちらが言ったことにはまったく答えず、突然前の日に日本側が言ったことに反論したいと言って、あらかじめ用意してあったとみられるステートメントを読み上げ始めた。その内容を聞いているうちにこれは困ったことになったと思った。アメリカ側は、日米貿易不均衡の責任の大部分はアメリカ側にあるという日本の主張を表から反論するのではなく、日本市場は依然として閉鎖的であるとか、あるいは、アメリカは別に政治的責任を日本に転嫁しているわけではないといった、やや横からの反論を始めたのである。最も困ったのは、今や日米の貿易収支不均衡の問題は、多分に、「アメリカ問題」であり、「日本問題」ではないという日本側の主張に真っ向から反論し出したことである。しかも、ややずるいことに、発言にあたって、もう時間も過ぎており、この発言の後、部屋を移ってカクテルラウンジで待っていてくださいなどと言って、こちらが反論に十分時間をかけることを許さないような議事の流れを作ったことである。

しかし、こうなったからには、たとえ夕食が遅れようともこちらとしても反論しておかなくてはならない。ただ、あまり長々とやれば向こうもまた反論してくるだろうから、会議の雰囲気はさらに悪くなる。したがって、反論するにしても、短く、しかも要領を得たものでなければならない。これはなかなか難しい。こみ上げる焦りと怒りをぐっと抑えて手をあげ、立ち上がろうとする相手を制止して、次のように述べた。

日米間の問題が、「アメリカ問題」か、はたまた「日本問題」か、それを再び今ここで議論しようとは思わない。しかし、日本においては、日米間の問題がますます「アメリカ問題」になっているという考え方がどんどんと増えており、こうした政治的現実から目をそらさないで欲しい、いずれにしても、我々は共通の目標に向かって進むべきであり、そのためには、現実の事態についての認識を共通にしなければならない。そういう意味から日本側はこの問題を提起したのであり、アメリカを一方的に非難するつもりで行ったのではなく、したがって、アメリカ側も大人の態度で受け止めてほしい。

幸い時間の制約もあって、アメリカ側はそれ以上追及しなかった。台風一過とはこのことか――そんな思いが胸をかすめた。

「危機」の外交

一九九三年一月一三日、パリにしては珍しく穏やかで暖かい冬の朝、渡辺美智雄外務大臣一行は、宿舎のオテル・クリヨンを出てものの数分の距離にあるオテル・プランス・ド・ガル、すなわち英語で言えば、プリンス・オブ・ウェールズに向かった。この間まで国務副長官であり、ベーカー長官がホワイトハウス入りした後、臨時代理を勤めていたイーグルバーガー氏を、ブッシュ大統領が、いわば自分の任期中にできる最後の恩返しとして、国務長官の座に抜擢したことは、国際的に周知の事実だった。それだけに、イーグルバーガー国務長官を、日本の先輩外相がこちらから訪ねていくことに対しては、異論をさしはさむ向きもないではなかった。しかし、去り行く政権の国務長官に別れと感謝の言葉を述べたいとして会見を申し込んだのはこちら側であり、しかも、おりから、イラクへの爆撃問題で米国政府が極めて緊張した状態にあっただけに、渡辺外務大臣もいわば「大人の態度」でこちらから、先方のホテルに出向いたのであった。

プランス・ド・ガルは、クリヨンやリッツのように超一流とは言いかねるが、なかなかパリらしいホテルで、とりわけ、インターコンチネンタルと並んで、アメリカ人が良く泊まるホテルだった。それかあらぬか、一九五〇年代に日本のインテリを魅了したイングリッド・バーグマンの映画「凱旋門」の主人公のラヴィックが、バーグマン扮するキャバレーの歌姫ジョアンに引かれながらも、同時に付き合っていたアメリカ人の金持ち婦人、ケート・ヘグストロームの泊まっていたホテルがまさにこのプランス・ド・ガルであった。

ジョルジュ・サンク通りに面したこのホテルはややくたびれた感じで、とりわけクリヨンから来ると、服装の雑なアメリカの新聞記者が徘徊しているロビーはいささかみすぼらしく見えた。さすがにプロトコルの人であろうか、きちっとした身なりの女性がロビーで大臣を出迎えると、エレベーターを止めて三階の部屋に案内した。

数秒おくかおかないうちに、大きな体のイーグルバーガー長官が、巨体をゆすりながら入ってくると、いきなり小さなソファーに座っていた渡辺大臣の隣にどっかと腰を下ろすと、「やあやあ」とばかりに話を始めた。日本側とアメリカ側の通訳があわてて近寄って通訳をはじめだすと、先ほどの案内の女性が現れて、苦笑しながら、ここは会談の場所ではない、会議室が隣に用意してあるという。一同笑いながら隣室へ向かうと、そこには十人ほどのジャーナリストが、カメラやテープレコーダーを手に持って待機しており、両国の外相が握手するのももどかしそうに、矢継ぎ早にイランへの爆撃について長官に質問し出した。

イーグルバーガー長官は、半分記者の質問に答えながらも、半分は日本の外相の方を向いて、笑いながら、「どうです、今日は、誰も日米関係のことを聞きませんよ、何をしゃべっても安全だ」などと冗談を飛ばした。

新聞記者が退席すると、先ほどの女性が、さあどうぞとばかりに、数メートル離れた場所の会議用テーブルに案内する。ところが、白いカバーをかけたテーブルの上に何かが置いてある。なんとイーグルバーガー氏のステッキだ。ステッキが取り払われると、すぐ会談が始まった。

「選挙には負けたが、冷戦には見事に勝った、これこそ歴史に残るブッシュ大統領の功績である」

渡辺大臣はこう口を開いた。

「戦争に勝ったものへの最大の賛辞は、後世の評価であって、選挙の結果ではない」

大臣はこう言い放って、この言葉を日本政府の感謝と共に、ブッシュ大統領に伝えてほしい、と述べた。

続いて外相は、ちょうど数週間前にイーグルバーガー長官がその演説の中で、日米関係の重要性に触れていたことに言及し、政権が共和党から民主党に替わっても、米国の対日政策の根本は変化しないものと信ずる——そういった趣旨を述べた。

これに対して米側は、

「もちろんである。とりわけ、日米関係の重要性は、東西冷戦の後ますます高まっている。日米関係の処理をあやまると、世界は大変なことになる」

そう言いきった。その後、長官は、アメリカの知識人にしてはめずらしくタバコをふかしながら言葉を続けた。

「ソ連邦の崩壊の後、世界はむしろいっそう問題を抱えるようになった」

そう言った長官の口調には、国際的な危機管理のやり方について、ソ連という直接の対立者をいまや欠いたアメリカがいろいろ考えあぐね、そのやり方を探求しているといわんばかりの、一種のいらだちと焦りと苦しみが感じられた。

考えてみれば、共和党は、自由経済原理に基づく経済の自律的発展を重んじ、また、政治の面でも政府の役割の限度を強調し、社会正義の実現よりも個人の能力と個性が自然にうまく発揮されていくことに重点を置きがちであった。そうした政権においては、政治の核となる部分、とりわけ、外交の中心が、一種の危機管理におかれるのはもっともであった。安全保障のみならず、経済問題においても、危機管理的発想が支配していた。ところが、民主党となると、特定の価値の実現、とりわけ社会正義の実現のために政府が介入することをそれほど躊躇しない。そのあたりの違いに敏感なイーグルバーガー長官は、微妙な言い回しながら、新しい世界における日米関係の役割分担の難しさと、それに重なって生じている、民主党の哲学からくる日米関係への新しい注文のあり方について、それとなく日本側に警告を発したように聞こえた。それは、彼の日本に対する友情の表れとも取れたし、同時にまた、彼一流の歯に衣を着せない忠告とも取れたし、さらに言えば、そのこと自体が日本をアメリカの望む危機管理のシステムにうまく取り込もうとする、アメリカの戦略そのものとも取れた。

映画「凱旋門」は、思い返してみれば、いつ何時、強制収容所へ送られるかもしれない不安におののくユダヤ人医師ラヴィックの個人的危機管理と、その彼のつかぬ間の憩いの恋の物語であった。今、その映画とゆかりのあるパリのホテルで日米両国の外相が語り合っているのは、世界の危機管理と日米間の友好関係のあり方であった。日米の友好なるものも、ラヴィックとジョアンの恋のごとく、必ずしも、確固たる基礎の上にでき上っているとは言い難い。ただ幸せなことに、ラヴィックたちと違って、両国は自分たちの運命を自分たちで決められる力をもっていることではあるまいか。

ゼロサムゲームかプラスサムゲームか

一九九三年七月、折からの東京サミットの機会に行われた日米首脳会談は、日本とアメリカとの間の経済問題の協議機構をつくりあげる問題が話題の中心であった。不幸にしてマスコミの報道は、日本が一定の数値目標の設定に合意するかどうかといった、日米間の「摩擦」の側面に集中したが、政府間の交渉の中身としては、もう一つ重要な要素があった。それは、日米両国が、何のために摩擦を少なくし、何のために共同で努力するのかという点についての合意をどう取り付けるかという点であった。言いかえれば、日米経済関係は、摩擦をどのようにして解消するかといった視点だけでなく、世界の二大経済大国がどのようにして世界に貢献できるかを示すものでなければならなかった。

不思議なことに、一昔前とは違って、そうした世界的規模での日米の協力の重要性を説いたのは、アメリカではなく日本であった。

それには、いくつかの理由があった。

第一に、アメリカは財政赤字の削減に力を入れており、政府予算の削減の最中であって、世界的課題にお金を出せない状況にあった。しかし、それよりも東西冷戦の終結によって、いわゆる世界的課題の問題に対して、グローバルな規模でソ連邦に対抗して、いろいろな問題に口をさし挟むことについての戦略的意味が、米国にとってやや薄らいでいるという事情もあった。いいかえれば、環境問題、開発途上国問題といった「地球村」の共通の課題に対するアメリカの戦略的関心が低下していたのであった。

その一方で、日本にとっては、こうした課題への関心と関与がますます重要になってきていた。まさに、日本の国際貢献が世界で問われてきたからだった。

こうした事情を背景として、日本は日米間においてこうした課題を共通の問題としてとりあげ、協議していくことを強く主張した。四月に宮澤喜一総理が訪米した時も、こうした考えをクリントン大統領に伝え、大統領の賛同を得たところではあったが、その後のアメリカの態度はいささか煮え切らなかった。それは、アメリカがこうした問題に対する戦略的関心を低下させていただからではなく、むしろそれよりも、日本側の提案に疑心暗鬼となり、日本が日米二国間の貿易摩擦の問題から政治的関心をそらすために作戦を展開しているのではないかと疑ったからであった。

そうした状況下で、日本の関係者たちは、日本で「積極的案件」と呼ぶところの、環境、科学技術、電気通信、運輸といった分野での日米協力問題を包括協議の重要な一部分にすべく、熱心な活動を展開した。

根回しはまず国内から始めなければならなかった。外務大臣はともかく、総理官邸への根回しが大切だった。しかし、新聞が全くこうした問題に興味を示さず、もっぱら日米摩擦の度合いばかりを報道する状況の中では、外務省の力だけでは、たとえ一時はなるほどと思う人々が官邸内部にも出てくるとしても強い力にはならないのではないか――そうした危惧があった。一つの方法は与党の指示である。もし与党の方からの申し入れの形で何かメッセージが総理官邸に伝われば効果的である。それに、もし総理の派閥に属し、総理に個人的にも近い有力者が総理への進言という形で忠告したら有効であろう――そう思いつくと、思い切って総理に近いある自民党の有力議員に面談を求め、相談しつつ根回しを要請した。幸い、二つ返事で引き受けてくれたこの議員は、単に自分の忠告だけではパンチが効かないだろうと言って、親切にも党の部会を動かして、部会からの申し入れとして総理に進言してくれた。こうして日本内部の態勢は完全に固まった。残るはアメリカ側である。

大使館が動き、国務省やホワイトハウスに工作してアメリカ側の賛同を得るように働きかけた。しかし、その工作はなかなか容易ではなかった。それというのも、アメリカ側に、一つの疑惑、そして一つの懸念があったからだった。

一つの「疑惑」とは、日本側はこうした積極的な日米協力案件を打ち出すことによって、摩擦の案件から注意をそらし、その重要性を薄めようとしているからではないかという疑惑であった。

一つの「懸念」とは、アメリカ側に予算が少なく、日本と協力して何か大きなプロジェクトを企画することは難しいという心配だった。四月の宮澤総理の訪米が目の前に迫っても、アメリカ側の態度は依然煮え切らなかった。そこで、日本側は、総理自らこの問題の重要性に言及することにして、首脳会談に臨むこととして、クリントン大統領の原則的同意を取り付けた。大統領が、「日米関係は、政治安全保障の関係、経済貿易の関係、それにグローバルな協力関係の三本柱からなる」と宣言したのだった。

しかし、これだけでは、まだ五合目に辿りついただけで、頂上にはほど遠かった。それというのは、日米関係の上で重要とはいっても、そうした事柄を、いわゆる「包括協議」、すなわち、これから作ろうとしている日米間の経済問題についての協議機構での議論の対象とするかどうかは、別問題だからである。アメリカ側の関係者の中には、いろいろな理屈をつけて、こうした積極的協力案件を、事実上包括協議の外におこうとする動きが断続的に続いた。それに、考え方の混乱もあった。

アメリカ側に日本の主張を訴えるには、まず、国務省を説得しなければならない。幸い、経済担当の国務次官は、ジョアン・スペロという女性で、かつてアメックスの重役をしていたこともあって、日本に友人も多かった。説得工作は、まず彼女から始まった。

一九九三年五月、折から東京で行われていたロシア支援のための国際会議に出席していたスペロ次官と内々にホテル・ニューオータニのバー・カプリで会談した。そんな場所で会うより仕方がないほど、次官の日程は混んでおり、またそこまでして会って説得することが、日本側として重要に思えたからであった。

「日米間の摩擦の因となっているような事柄を取り上げることはもとより大事であり、日本側もそれを避けようとしているわけではない。しかし、そもそも何のために摩擦を解消するのか、まさに、日米両国が世界で協力してゆくためではないか」と真摯に説く日本側の態度に、次官はいちいち頷いてはいたが、完全に納得した様子ではなかった。日本側の考えはよくわかるが、その真意について疑いを持つ者もいる――スペロ次官は率直に言った。

時間の関係もあって、ニューオータニでの会談はそれほど長時間できなかった。第二、第三の攻勢が必要だった。

その機会は、翌月、フランスのパリでやってきた。折から、パリで先進国の経済問題に関する大臣会議が開かれ、そこにスペロ次官や、日本側の次官、局長クラスの人々も出席していた。その機会をとらえて、パリの一流ホテルの一つ、ロワイヤル・モンソーでの一室で朝食をとりながら懇談の機会を作った。その席上、日本側は国内の事情を説明した。日米間で前向きの案件を取り上げることはぜひとも必要である。なぜなら、いろいろなプロジェクト――運輸協力、電気通信分野の協力など――に関係する当局は、アメリカとの協力を進めたいと思っている。しかるに、そうした意欲を支持しないで、その一方、日本の規制を直せとか、電気通信分野を開放しろといっても、正にその分野に関係している当局としては、感情的な対立を抱くだけである。日本のしたいこともアメリカの損にならない以上、快く受け入れた上で、日本に対する注文を行うべきである――クロワッサンとカフェオレを前にして、日本側は真剣に議論を展開した。スペロ次官もうなずいていた。こうして、ワシントン、東京、パリと地球を一周する工作によって、漸く、日米のいわゆる包括協議の中に、積極的協力案件と地球的規模の共同プロジェクトが盛り込まれることになったのだった。

成功と失敗の間

宮澤総理とクリントン大統領との初めての出会いは、公平に見てかなりの成功だった。一九九三年、東京での桜がちょうど散り終ったばかりの時にワシントンへ乗り込んだ総理一行は、折から真っ盛りのワシントンの桜を鑑賞できた。寒冷にたたられて華やかさを欠いたその年の東京の桜に比べると、米国の桜は花びらも重々しく、いかにも結った糸が咲いているように見え、それも首脳会談の成功を象徴するように見えたほどだった。

折から世界の注目の的となっていたロシア支援の問題は、数日前の外相・蔵相会談で一応片が付き、アメリカも日本の役割を高く評価していた。

アメリカは、半分お世辞も手伝っていたが、同時に、日本を盛り立てた感じでロシア支援に取り組まないと、日本国内で北方領土問題を巡る対ロシア不満が一転して対米不満になりかねないことをよく理解しているようだった。この点については、いろいろなレベルで、日本の立場をアメリカに伝えていたことが大きく役立っていた。

しかし、何といっても、首脳会談が成功だったのは、日米会談の歴史の中でほとんど初めて、日本側が多くの点でイニシアチブを発揮し、それが実ったことだった。

第一に、会談の形式の問題があった。普通、会談の形式をどうするかについては、日本側は比較的拘らず、相手方次第という場合が多いが、今度の日米首脳会談では、こちらから積極的にできるだけ宮澤総理とクリントン大統領のさしの会談の時間を長くとるように申し入れ、相当程度それが実現したことだった。

加えて、中身の問題でも、日本側がいわば先手を取った。すなわち、日米間にそれまで存在した構造協議のような、包括的協議機構をつくり、そうすることによって、日本と米国の間の経済政策を調整し、貿易問題の解決方法を検討しようという考え方に、米国もある程度乗ってきたことだった。ただ、米国は日本といくつかのところで考え方が違い、そのため協議機構での討議の対象となるべき事柄は、やや違ったもの、すなわち、日本側の言うような政策や将来のビジョンというよりも、目先の貿易問題を中心とするとの点が強く出てしまったのは、やむを得ないとはいえ、残念なことであった。

さらに、全体の意見交換における日本側の姿勢にも、今や、米国の言いなりになってばかりおらず、言いたいことははっきり言うとの日本側の姿勢が色濃く反映していた。事実、包括的な協議機構を作るにあたって、宮澤総理は三つの点を主張した。

一つは、一方通行ではなく、双方向の議論という原則である。日本側の問題ばかりではなく、米国の問題をも取り上げようと言う姿勢である。二つ目は、ゼロサムゲームを避けることである。すなわち、単に貿易問題にまつわる紛争の処理だけではなく、プラスのもの、すなわち日米間の協力、例えば環境や科学技術と言った事柄について日本と米国が手を携えて協力していく方法について議論しようというのであった。そして第三に、話し合いは、あくまで自由貿易の原則に従って行い、政府がいたずらに干渉するような、いわゆる「管理貿易」は避けるという点であった。

二人だけの会談でこうした点についておおよその合意ができた後、クリントン大統領と宮澤総理は他の閣僚、すなわち、国務、財務両長官、それに通商代表と新しくできた経済安全保障会議の責任者であるルーベン氏なども列席する会談に臨んだ。

一九世紀の服装をした女性の大きな肖像画が左右にかかっていて、庭を向いた窓はフランス風に小さく枠が付き、全体としてどこか家庭的な雰囲気が漂う部屋での会談だった。

「この部屋は、昔、大統領の家族が食事する場所だったが、ケネディ大統領が二階に新しい食事室を作らせてから、ここはお客さんを接待する場所となっている」

若さに溢れた赤ら顔を左右に向けて日本側一行を見回しながら、クリントン大統領が説明してくれた。

料理は、タートルスープにサーモンのグリルでいわゆるワーキングランチに相応しく、食べやすくしてあった。アメリカ風のところと言えば、木製のボウルに盛った色とりどりのサラダで、いかにも開放的な米国の雰囲気を象徴するかのようだった。

倫理規定がやかましく、外国の大使館やロビイストとは二〇ドル以上のランチを食べてはいけないとか、あるいは、それに反発したあるイタリア料理店のオーナーが、それではと、一九ドルのメニューを出したとかで、ワシントン雀の噂に上っていた時だったが、流石にホワイトハウスの食事は特に倹約した風情はうかがえなかった。

クリントン大統領は、食事の間中彼特有の人をそらさない愛嬌をそれとなく振りまきながら、どちらかといえば質問役に回り、中国や朝鮮半島の問題について宮澤総理の意見を聞きたいと言って、耳を傾けるのだった。

総じて、貿易問題をめぐる見解の相違はあったものの、中身とスタイル双方の面で、首脳会談らしい充実した、両国指導者の出会いだった。

しかし、総理に同行してワシントンへ来た官邸詰めの記者は欲求不満だった。その発端はつまらないことにあった。

大統領と総理との、ホワイトハウスにおける共同記者会見が事の発端だった。

首脳会談が終わって、クリントン大統領と宮澤総理が記者会見場に現れた時は、アメリカ人記者も含めて会場はいっぱいだった。会場には同時通訳設備があったが、クリントン氏のみならず、宮澤総理まで英語でステートメントを読み上げた。もちろんそのことはあらかじめ日本人記者には通知してあった。しかし、両首脳がペラペラと英語でやりだしたためにその後の質問も勢いアメリカ人ペースとなった。質問の第一はアメリカ人の記者からクリントン大統領にあてたもので、ユーゴ情勢に関する質問で、日米関係とはあまり縁がないものだった。言ってみれば、共同記者会見とはいっても、クリントン大統領の会談に日本側が同席しているような雰囲気となった。其れが、日本人記者の感情に障った。

ところが、事態はそれで終わらなかった。クリントン大統領も気を使って、アメリカ人の次は日本人記者を指名した。ところが、その記者はワシントンに駐在する特派員で、流暢な英語でクリントン大統領に質問した。日本人記者が二番目にあたった時もそうであった。その後日本人記者が当たった時、流石にその記者はクリントン氏だけでなく宮澤総理にも質問した。しかし、言葉は英語だった。とうとう日本から総理に随行してきた記者団は、晴れの舞台で誰一人質問できず、しかも自分たちはイヤホンを付けて日本語の翻訳に聞き入るだけなのに、同僚の特派員は堂々と英語でクリントンに質問しているところを見せつけられ、いわば、二重の恥をかかされた格好となったのである。

しかも悪いことに、質問に答えたクリントン大統領がありきたりの答えにとどまらず、自分の考え方をかなり詳しく述べ、日本との貿易アンバランスを解消するには四つの方法がある、一つは日本の内需拡大、もう一つは為替の変動、次にアメリカの競争力、そして日本の市場開放——

そうした考えを披露したために、総理に随行して訪米した記者団は、首脳会談の肝心の点を、自分たちだけにゆっくり関係者からブリーフィングされる前に一般のニュースとして流されてしまったのである。

ホワイトハウスからの帰りのバスの中で、外務省の報道担当者は散々にこき下ろされた。たしかに、アメリカのペースにはまりすぎたといえばそう言えないことはなかった。しかし、一国の総理が流暢な英語で相手とやり合う中で、その総理を取材している官邸詰めの記者が英語もろくにしゃべれず、そのフラストレーションのあおりを随員の政府関係者にぶつけているのは、あまり、みっともも良いものではなかった。ただ、報道機関は第四の権力である。この事件のあおりで、総理訪米のニュースはどちらかと言えば皮肉や批判めいたものが多くなり、官邸づめの記者と政府関係者の間に微妙なしこりを残したのだった。

首脳会談が成功しても、それが正確に世に伝わるためにはマスコミ対策も大切なことがひしひしと感じられた。

成功と失敗の間は紙一重と言うが、実態の成功とマスコミ対応の良し悪しとの間の紙一重の差が、報道の態様に大きな違いを生むときもあるようだ。

政治家クリントン

二月中旬にしては、その日のワシントンの陽気は暖かかった。温室を思わせるようなガラス張りの大統領執務室は、午後の鈍い日差しが差し込んで、画家のアトリエのように明るかった。

渡辺外務大臣を団長とする日本政府の一行が部屋に入ると、クリントン大統領はにこにこ笑いながら、親しく一人ひとりと握手を交わした。

「私は小倉と申します」

英語でそう言うと、大統領は、その場で手を差し伸べながら

「小倉さんようこそ」

と、すかさずこちらの名前を正確な発音で繰り返した。あらかじめこちらの人数と名前が通報されていたとしても、じっくりそれに目を通す時間的余裕はなかったと思えるのに、その場でさっと日本人の名前を握手しながらきちんと言えるのには感心させられた。

一同が馬蹄形状に用意された安楽椅子に腰を下ろすや否や、渡辺大臣が口を切った。

「私の選挙区は日本の栃木県ですが、そこにセンチュリーツウーという小さな会社があります。従業員二〇〇人ほどの小さな会社ですが、この会社が、大統領のいわば選挙区というか、故郷アーカンソー州に投資して工場を建てました。その時、クリントン大統領を筆頭に、州政府当局が大

変協力してくれたということです」

大臣がこう切り出すと、こちらの話が終わるのももどかしそうに

「そうです、中村社長ですね」

と、クリントン大統領がさらりと言ってのけたため、大臣もびっくりした様だった。

「私は、日米関係に非常な重要性を置いています。日本の友人もたくさんいますし、また、日本の経済発展を心から尊敬しています」

そう断言した大統領の口調には、本当の親しみと敬意の念がこもっているように聞こえた。とりわけ、大統領の、飾らぬ率直なあけっぴろげな態度は、いかにも庶民的で、親しみがわいた。もっとも、あとで考えて見ると、こうした一種の庶民性は、アメリカの政治の底流に脈々として流れる、ポピュリスト的な伝統を体現しており、クリントン大統領の個人的資質というよりも、米国の政治的体質であり、とりわけ政治権力そのものに対する厳しい批判が広がっている現代のアメリカで選挙戦を勝ち抜くために、どの政治家もとる態度だったのかもしれない。

しかし、クリントン大統領はあけっぴろげで、親しみがわくタイプの政治家であるばかりではなく、相当抜け目のない人であることがすぐ、感じられた。たとえば、NAFTA（北米自由貿易協定）について、クリントン大統領は次のようにコメントした。

「NAFTAを南米に広げ、この地域に高い経済成長を実現したい。そして、日本が、アジア地域の成長を高めてくれることを期待する」と。

一見、何でもないようなこのコメントは、事情を知る者からいえば大変身勝手な主張だった。そもそも、日本は、NAFTAそのものについてすら双手をあげて賛成というわけにはいかない、また、たとえNAFTAそのものは、日本にとってそれほど問題はないとしても、これを他の中南米諸国へ広げることは、相当異論のありうるところだった。それにもかかわらず、クリントン氏があっさりとこの問題を世界経済の成長に結びつけ、日本側から異論をさしはさみにくいようにしたことは、さすが百戦錬磨の政治家であった。しかも、日本は別にアジア諸国と特別の排他的協定を結んではおらず、その意味で、アジアにおける日本と、北米や中南米における米国とは立場が違うにもかかわらず、あたかもこの二つを同一の次元に属することのように言及したのは、まさに一種のタクティクスに近かった。

こうしたクリントン氏の巧妙さは、いわゆるスーパー三〇一条の問題に対する彼の応答ぶりにも見られた。

渡辺外務大臣が、総理からの伝言として、特定の外国を「不公正国」として指定し、それと貿易交渉を行い、アメリカに満足のいく結果が得られない場合には制裁を加えると言うスーパー三〇一条という法律案に対して、そういう措置は日米関係のためにならないからやめて欲しいと要請した時、クリントンはそのことは何遍も聴いているとでも言うように、にっこり笑いながら、「そういう条項はめったに使われてはならないと思うが、貿易相手国の注意を喚起し、真剣に取り組んでもらうためには、そうした法律も有効であるという考え方もある。いずれにしても、貿易問題のゆえに二国間の関係がまずくなるようなことがあってはならないと思う」

そう断言した。そこには、相手を刺激しないような言葉遣いで、アメリカの決意を示そうとする意気込みが自然と感じられた。

会談が終わると、そのまま一同が着席しているところへ、いきなりカメラマンや報道関係者がどやどやと入り込み、大統領にマイクを向けるやいろいろと質問し出した。にこにこ笑いながら質問に答えているクリントン氏には、アメリカの大統領というよりもどこか地方の知事のように、きさくな政治家のイメージが漂っていた。

ふと庭の方を眺めると、執務室の窓のところ、庭に面した白い棚に人の横顔の彫刻が見えた。鋭い鼻と細い顔――リンカーン大統領の銅像である。

クリントンが理想とする人は、リンカーンなのだろうか。そういえば、リンカーンは、その人好きのするまじめな性格にも拘らず、政治家としては相当複雑な面を持った人だった。あるいは、クリントン氏もリンカーンのように私人としては人懐っこくあけっぴろげであっても、政治家としては相当複雑な人物なのかもしれない――そんな思いを抱きながらホワイトハウスを去った。

外へ出ると、雨は上がって、薄日が差していた。

深夜の閣僚会議での「決断」

一九九三年一二月のある夜のことである。

場所は、総理官邸。

細川護熙総理以下、外相、農林水産大臣など関係閣僚が集まって、いわゆるウルグアイラウンド交渉の妥結を決める最終議定書に日本が署名するか否かを決定するために関係閣僚会議が開かれていた。

問題は、コメに関する合意であった。コメについては数量制限を撤廃して関税化すべしとの米国などの強い要望に対して、日本は、七年後には関税化を検討することを約束するとともに、その間、いわゆる「ミニマム・アクセス」と称する輸入枠を設けて、外国産米の輸入を許可するという妥協案で、何とか国際的合意をとりつつあった。この妥協案について、政府として最終的に合意することを決定するための閣僚会議であった。

与党日本新党は、既にこの合意案を了承していたが、連立を組んでいた社会党は、最後まで了承することを渋り、関係閣僚会議になっても、いまだに正式に態度を決定しえないでいた。

首相以下政府首脳は、もはや時間切れであり、本日中に決定してほしいと社会党に要求した。社会党は、党内事情もあって、丁度開催中の党内会議で、今や時間切れなので仕方ないという形で了承するしかないということになりつつあった。

重苦しい雰囲気の会議のなかで、細川首相は、羽田孜外務大臣に目を向けながら、

「一体最終的にいつまでに決断すればよいのか」

と尋ねた。

丁度、スイスのジュネーブでの会議が開かれており、そこで日本の最終的態度を明白にしなければならない事態となっていた。

羽田大臣は、経済局長として臨席していた小生にささやくように、何時までにか、と尋ねた。

しかし、一〇〇ヶ国以上が参加している交渉会議であり、しかも、時として、わざと時計を止めて交渉するようなこともする会議であり、小生としては、はっきりとしたことは言えない。

「なにせ一〇〇以上の国がからんでいますので……」とつぶやくと、総理は、やや声を強くして
「とにかく何時までに決めればよいのか、何時か」

と発言した。ここで、はっきり言わなければきまらないと悟った小生は、一瞬の間に、ジュネーブと東京との間の時差を計算し、その上、若干のゆとりを加えて、「日本時間明朝午前二時が期限と思います」と、わざときっぱりとした口調で答えた。もし大きく違えば辞職する覚悟だった。

後で聞いたところ、社会党が最終的に「了承」したのは、午前一時頃だったという。

大きな政治的決断のための最後の手段は「時間切れ」かもしれないと思ったものだった。

ヴァルドーフでの記者会見

パークアベニューのヴァルドーフ・アストリアホテルのボールルームは、殆ど真っ暗だった。警備の関係から、午後三時半までには必ず記者会見場に入っているように言われていた、訪米中の細川護熙総理の日本側随行員たちは、前日の騒ぎにこりていたこともあって、記者たちよりも早く三時少し過ぎにはボールルームの隣の部屋の前に集まっていた。前日の騒ぎというのは、ちょうどクリントン大統領のニューヨーク到着が午後二時頃になったため、大統領の宿舎にあてられたヴァルドーフに泊まっている日本人やアメリカ人全てが、ホテルへの出入りを差し止められ、人によっては一時間以上も道路で立ちん坊を食わされたことがあったからだった。

今度は、ところが、いささか早く来すぎたようだった。ボールルームから隣の部屋に行く入り口には、かばんや手荷物をチェックする機械と、飛行機の乗客を調べる時のような大きな箱型のボックスがおかれ、新聞記者のカメラからビデオデッキまで検査するのだった。

ようやく厳重な検査を終えてボールルームの中に入ると、そこは、ホワイトハウスでの記者会見場をやや小ぶりにしたようになっていた。正面には、高い演説用のプラットフォームが置かれ、その後ろには日米両国の国旗が飾られていた。

演説台に向かって右がアメリカ側、左が日本側の席だった。両側にはともに折りたたみいすが

五、六〇ほど置かれていたが、四時少し前には左右両側とも満員の盛況だった。
四時二〇分を過ぎた頃になって、演説台の後ろのドアが開き、何かざわざわとした感じが会場に漂い出したかと思うと、突然大きな声でアナウンスがあった。

「クリントン大統領が日本の細川総理を連れてこられます」

「細川総理を連れて、とは変だ」——日本人記者団の間でぶつぶつ言う人がいた。しかし、クリントン大統領の二、三歩後から会場に現れた細川総理はきわめて落ち着いた様子で、体格の大きいクリントン大統領に比べても決して見劣りしないくらいであった。

大統領と総理は、自分たちの会談について短いコメントを述べ、そのあとすぐ質疑に移った。アメリカ人の記者はもっぱらソマリアへのアメリカの派兵問題について質問し、日本人記者は日米経済問題について質問した。

日本人記者が、クリントン大統領に対して「日本側に減税を要求したか」と聞くと、大統領は「要求はしなかったが、日本側からいろいろ説明は聞いた」と答え、続いて「あるいは細川総理はこの点について何か言いたいことがあるかもしれない」と言って、横の細川氏に顔を向けた。しかし、総理は、同時通訳のタイミングが遅れていたのか、あるいはクリントン氏の誘いに何か危ないものを感じたのか、軽く微笑むだけで特に反応しなかった。クリントン大統領は、自分の誘いが空振りに終わったのを見て
「細川総理はなかなかの政治家だ、微妙な質問には黙って答えない」

と、冗談を飛ばして会場を笑わせた。

その後いくつかの質問が続いたが、どれも日米関係のことでないものか、あるいは、そうであっても、すべてクリントン大統領に対するものだった。もとよりこれは、この記者会見のすぐ後に細川総理の単独会見が予定されており、日本の総理に質問があれば、その時に十分できるという事情もあった。けれども、共同記者会見には、全くと言ってよいほど「共同」の精神は見られなかった。同じ質問に双方が割って入るくらいになって応答があるとか、あるいはそうでなくとも、前の質問や相手の言ったこととの関連で他方がコメントするといった雰囲気とは程遠かった。

日米両国の首脳二人は、実は別々の劇を別々の観客に対して演じていた。日米関係はまだ本当のパートナーシップと言えるには遠かった。それは細川総理のせいでもなく、クリントン大統領のせいでもなかった。まだまだ両国は本当の意味で一緒に仕事をしていなかった。何とか共同の精神で事に当たろうとしてはいるという段階なのかも知れなかった。

記者会見場を後にしてボールルームに入ると、そこは薄暗かった。ボーイたちが制服の上だけ脱いで、シャツのままでテーブルをセットしていた。おそらく夜には大きな宴会がここで開かれるのだろう。テーブルの間をぬって、記者たちはぞろぞろと列をなして帰って行った。盛り上がりを欠いた演劇の後の寂漠感のようなものが漂っているように思えた。

太平洋の懸け橋

K銀行の大きな会議室の天井には、巨大な貝殻とも、白い花びらともみえる照明が光っている。新年初の、有識者との懇談会がここで開かれた。

「今年の国際情勢はどうでしょうか」、座長格の副頭取に促されたので、こちらから「今年、一九九六年は選挙の年ですね。アメリカ、ロシア、台湾、韓国、インド、英国、そしておそらく日本もそうでしょう。したがって、経済政策、外交政策が、そうした選挙の影響を受けて、軌道を外れたり、歪みが出たりしないか、そこに十分注意すべきではないでしょうか」と述べた。

その後の議論の中心は、やはりアメリカの情勢だった。折しも、就任したばかりの池田行彦外務大臣が訪米中だった。

日米会談では、沖縄における米兵の婦女暴行事件をきっかけに再燃した米軍基地の縮小問題、中東和平、旧ユーゴ地域の経済復興問題、そして朝鮮半島と中国情勢、といった事柄が議論されていた。

これらの問題は、全て、米国の頭の中では、一つの問題とも言えた。すなわち、世界の安全保障確保のための米国の役割と日本の分担と協力の問題だった。

しかし、日本にとっては、これらの問題全ては、いまだに日米関係上の問題だった。もちろん、日米関係を超えた、世界に対する日本の国際貢献という合言葉はあったが、自衛隊の海外派遣も容易ではなく、また国連安全保障理事会の常任理事国でもない日本の国際貢献は、実際には米国への協力に落ち着きがちだった。

ただ最近の問題は、世界経済における米国の相対的地位の低落と、ソ連邦という「敵」との対立が緩んだ結果、アメリカが、国際的役割を果たすゆとりに影がさし、やや内向きな姿勢がちらし出していることだ。それが証拠に、池田外務大臣のワシントン訪問時の国務長官との会談でも、半導体、フィルム、保険、航空などの個別問題を、四月に予定されるクリントン大統領訪日まで片付けたいという点が米国の最大関心事のように強調されていた。日本側からみれば、「小さな」貿易、経済上の個別案件のために日米関係全体が損なわれるかのようなことを言うこと自体心外だという心理があった。ところが、米側は、こうした問題の解決に新内閣を率いる橋本総理がどこまで指導力を発揮できるか、その能力がためされると言っている――そういった新聞記事が日本の新聞に出る始末だった。

議論が進むにつれ、懇談会の雰囲気には心配気な、不安そうな空気が漂い出した。

突然、アメリカ通で名高いベテラン記者のT氏が、ガラガラ声でしゃべり出した。

「私は、もともと、日系アメリカ人の女性と結婚したのですよ。もともとは、カリフォルニアで、野菜栽培を手広くやっていた、相当裕福な家の娘でした。それが、戦争で何もかも没収され、集団隔離されて、無一文になって、戦後は東部で働いていたときに知り合って結婚したのです。でもガンで亡くなりました。友人がアメリカ第一と称される名医を紹介してくれて、カルテを全部送ってみてもらいましたか、手遅れだと言われました。今生きていて、あの、ワシントンの大きな日本大使公邸に招待されたら、どんなに喜んだ事でしょうね。しかし、その後、今度は生粋のアメリカ人と結ばれましたよ。北欧系の白人女性です。ですから、私は、日米間の貿易アンバランスの問題が出るたびに、『私は純粋のアメリカ製品を日本へ輸入してアンバランス是正に貢献しています』と言ってやるのです。この話をアメリカの有名な銀行家にしたら、大笑いして感激してくれました。その銀行家になんとか高い位の勲章をあげようと随分骨折りました。勲章をあげたら、大変喜ばれました。なにせ、軍人は別として米国に勲章はありませんから」

一同、T氏のおもしろい話に聞き入っているうちに、始め会場に漂っていた漠とした不安感はなくなっていた。残ったのは、T氏が、太平洋をまたぐ愛情と友情の懸け橋にまつわるユーモラスな逸話から発した、清々しい気分だった。

第四章　日米関係についての論評

日米経済摩擦の態様とその背景

一九六〇年代以降、日本経済が躍進するにつれて、日米間の軋轢が、二十世紀を通じて大きな問題として取り上げられるようになった。

こうした「摩擦」をふりかえると、そこには、経済、貿易問題が、政治、外交問題化しやすい土壌が、日米双方に存在したことが強く感じられるとともに、日米間に特有の要因が摩擦を強めていたように思われる。

そもそも、日本の対米貿易収支は、一九六〇年代の後半からほぼ一貫して黒字であり、とりわけ、七〇年代半ばからは、米国が全世界を対象としても貿易赤字を計上する一方、日本が黒字を増加させる傾向にあったため、米国の対日攻勢が強まる要因となった。

こうした貿易赤字の軽減策として、米国が日本に要求してきた主な措置は、ほぼ四つに分かれた。

一つは、米国国内で地場産業に日本からの輸入が影響を与えているとして、日本側に輸出規制を要請するというものである。繊維製品から、テレビ、自動車まで、多くの分野でそうした要請が行われた。

第二に、日本側で、米国産品をもっと輸入すべく、米国からみた日本の輸入障壁を軽減すべきという主張である。とりわけ米国の農産物の対日輸出については、そうしたアプローチがとられがちであった。

第三に、個々の産品や分野ではなく、そもそも日本経済の「体質」や制度、たとえば、系列重視の体質など構造的問題の解決を要請することも見られた。

第四に、日本経済の成長率が米国のそれを大幅に上回ればおのずから輸入も増えるであろうと、日本のマクロ経済政策に注文をつける場合も存在した。

こうした経済貿易上の問題が、感情的もつれや、政治的問題に発展しやすい幾つかの要因が、日米間には存在してきた。

第一に、防衛あるいは安全保障問題との関連である。

米国内では、日本がその経済力にもかかわらず、十分自己防衛に資金を投ずることなく、米国に安全保障を過度に依存しているという見方が強く、日本が基地の提供という「対価」をはらっていることに対する理解は十分とは言えない。そのため、米側ではとかく日本は利己的に経済力をつけているという感情に走りやすく、それが、経済摩擦問題を政治化する要因の一つとなってきた。

第二に、摩擦を増幅させかねない「制度的」問題がある。

米国は大統領制であり、また、議会と行政府の関係はときとして、極めて敵対的である。したがって特定の地方の政治経済的利害が強くかかわるような場合、議会は、行政府に対日強硬姿勢をとるよう強く要請しがちである。行政府も、時として、これを対日交渉上の圧力に転化するため、交渉が先鋭化しやすい雰囲気が作られるのである。

第三に、日米間の制度、慣習の違いを米国は、とかく、日本の特殊性ととらえ、それを正すことは、日本の「国際化」にも役立つはずであるという、宣教師的精神ないし、一種の使命感がある。そうした米国のアプローチは、これをうまく日本側で活用して、日本の「慣習」を改善するという方策（いわゆる外圧利用の自己改革）をとることが適当な場合もあるが、えてして、米国の「圧力」に対する感情的反発が高まり、問題をかえってこじらす要因ともなりかねないという要素がある。

第四に、日本の特殊性や異質性をことさらに強調し、そうする事によって、日本との経済的な相互依存関係の深まりを避けようとする底流が米国社会に存在し、一九八〇年代後半から九〇年代にかけて流行した「日本異質論」（当時、リヴィジョニズムと呼ばれたもの）に表れたような、対日偏見にも近いものが、折に触れて噴出することも無視できない。

第五に、日本側はとかく対米関係において、面子や体裁を重んじる。なぜなら、そうした点が日本国内で政治的に重視されがちだからである。しかし、米国は、ときとして、そうした面子や体裁を軽視あるいは無視する。たとえば一九七三年初頭、米国行政府が議会に提出した外交白書には、直前の時期に起こった、いわゆるニクソン・ショック（米国の突然の対中接近や一方的経済措置の発表）を弁明して、真実の同盟関係に重要なことは、問題の本質にどう取り組むかであり、表向きをどう取り繕うかの問題は些細なことであるとの趣旨が書かれていた。このことに象徴されるように、米国はとかく、一方的措置をとって、それが正しければ、体裁には拘らぬという態度をとりがちであり、それが日本側を刺激することも稀ではなかったといえる。

第六の要因として、比喩あるいは象徴化の使用にまつわる感情的軋轢がある。たとえば、米国は、米、牛肉、柑橘類などの農産物の対日輸出が思うようにゆかないと、これらの問題を、日本市場の「閉鎖性」のシンボルのように宣伝した時期がある。また、日本の経済攻勢を、「日本株式会社」と比喩し、あたかも日本全体が、「稼ぐ」ことに専念し、国民は「社員」として働いているかのごとき論説を展開することも稀ではなかったことが想起されるのである。

日米摩擦とギャップの深層

湾岸戦争を通じて日米間の緊張が高まり、日米関係のあり方が問われた一九九〇年代初頭に「理念の帝国と喪失の民」という題で小生が発表した論文は、ニューヨークタイムズでも報じられ、日本の外交当局者の間でも、日米関係のあり方に疑問を呈する者が現れた例とされたが、この論文の主張のかなりの部分は、今日の日米関係においても考慮すべき点を含んでいると考えられ、ここにその抜粋を若干加筆・訂正したものを掲載したい。

二つのパラドックス

「アメリカの知識人の九割以上は、今後のアメリカにとって、日本は最も重要な国の一つ、おそらく、重要度で一位か二位を占める国とみなしている。また、一般大衆にとっても、時にはソ連、時にはサウジアラビアが上位を占めることがあっても、日本は、常に五本の指の中の上位に位置するほど、重要な国とみなされている」――。東京で開かれた会議に参加した、米国の世論調査に詳しいあるアメリカ人は、一九九一年の時点で、こうきっぱりと断言した。

しかし、その同じアメリカ人は、続けてこうも言った。「他方、日本は信頼できないとか、日本こそソ連に代わる脅威であるとみなす米国人の数は確実に増えてきている」と。

片方で日本は重要な同盟国であると言う意識が強い一方、もう片方では日本への信頼感と友好的感情が薄らいでいるというパラドックスは何を意味するのか。

目を太平洋のこちら側、日本へ移そう。

ここでも、世論調査（たとえば一九九一年三月上旬に朝日新聞に公表された日米関係についての世論調査）によれば、生活様式や考え方も、中高年層に比べれば余程アメリカ化しているはずの二〇代の若者の間に、逆に、アメリカへの反発や反感が高まっているという。また、政界、財界、官界を見渡しても、案外に、アメリカを知り、アメリカとつきあいの深い日本人の間に、アメリカのやり方についての憤懣がうずまいている。

全体としてみれば極めて親米的であり、米国的生活様式や価値観を一層うけいれるようになっている日本で、かえって近年、微妙な対米感情が、じわじわと広がりつつあるのは、一体何故なのか。それは、アメリカの一見「強引な」対日圧力外交に対する反発として片づけてしまうには、あまりにも深くかつ広いものではないのか。

「親米派」の言い分

二つのパラドックスのうち、アメリカ側のパラドックスについては、一見、明快な説明をしてくれる人々がいる。いわゆる親米派（もっとも彼ら自身の言葉によれば親米派ではなく知米派）の理屈である。

これらの人々によれば、海の向こうのパラドックスは、米国の対日期待と日本の反応との間のギャップにほかならない。

米国は、日本を重要な同盟国とみなしている。同時に、米国自身が、独りでは、いまや経済的、軍事的に全うし得ないような国際的責任の一端を、日本に代わって背負ってもらい、米国と一緒になって、新しい国際秩序を作ってほしい——そういう対日期待がある。ところが、日本は、こうした期待に十分こたえていない。

この論理には、一面の真理がある。否、アメリカ側から見れば、一面どころか、全面的に近い真理がある。

しかし、ここには、かくされた一つの大前提がある。それは、米国が、本当に心から日本に依存し、日本の助けを求め、日本に期待しているという前提である。日米間のコミュニケーション・ギャップにおいて、真に重要な点は、実は、この前提に、かなりの疑問があることである。

言いかえれば、日米間のギャップの奥にあるものとして、日本の対応の遅さや消極的態度のみをあげつらう人々は、国際的真理を一見主張しているように見えて、実は、もっとその奥深くにひそむ日米間の真の信頼感の問題を無視していると言えるのではないか。

米国人の心の中の矛盾

何故、米国の対日信頼感の問題が、それほど問題なのか。

それは、米国が日本に期待し、日本にある程度依存せざるを得なくなったからである。米国の対日期待感なるものの背後には、米国の掲げる理念とそれを実行する力との間のギャップの問題が横たわっている。

米国は、世界の民主化にせよ、湾岸の平和にせよ、国際秩序についての理念と構想（それはもちろん、米国の政治的、経済的利益と結びついたものではあるが）を持ち、それを世界で実行しようとしている。しかし、以前と異なり、米国の経済力とその世界における相対的地位は下落し、米国一国が、その理念の実現のための人的、資金的負担のほとんどを背負える時代はすぎ去った。

米国といえども、自らの理念の実現にあたって、他国に頼らなくてはならない。しかし、ここにパラドックスが生じる。何故なら、米国は、歴史的に、他の国に依存することを極端にきらってきたからである。

もとより、本来、いかなる国も、他国に依存することを潔しとはしない。しかしながら、あるいは歴史の教訓から、あるいはまた、現実の経済的、政治的必要性から、今日、ほとんどの国では、国際的相互依存に対する自覚が深まっている。しかし、米国民は、未だに、こうした新しい状況に慣れていない。慣れていないどころか、かなり多くの人々は、他の国、とりわけ日本に依存することを必ずしも快く思っていない。

この矛盾をたち切る方法は二つしかない。一つは、米国自身が経済の再活性化をはかり、同時に巨大な軍事力を維持して、他国に依存する必要性をなくすることである（あるいは、若干形をかえて、それを実現することである。例えば、カナダなどと経済ブロックを作る一方、安全保障面では西ヨーロッパ、特に英国との提携を深め、その他の国とはいかなる意味でも「依存」しなくともすむ体制を作ることである）。

けれども、心ある米国人は、こうした見方に全面的には賛同しないはずである。何故か。

何故ならば、現代における国際的相互依存関係は、単に米国の相対的力の低下や産業の競争力の衰退にだけ理由があるのではないからである。貿易と資本の自由化、金融と技術の国際化、そして何よりも、情報革命と巨大な研究開発投資の必要性は、米国といえども、もはや相互依存の世界に生きねばならぬことを意味しているからだ。

そうとすれば、この相互依存、特に、日本への依存の問題と、米国の独立と誇りとの間の溝をどううめたらよいのか。

答えは唯一つである。

米国は日本に頭を下げて依頼しているのではなく、日本は米国と理念を共有するが故に、日本は自ら進んで自分のために金を用立てし、また技術を提供している——米国としてはこう考えたいのである。

米国が、湾岸戦争で、何故あれほど、資金面の協力だけでなく、「人的」貢献を日本に迫ったか——その一つの、かくれた心理的背景は、そうすることによって、米国は、日本の「金」に対して頭を下げなくてすむからなのだ。

自らの理念の強さと、それを実行する上での実力のたりなさとの間のギャップ、そのギャップを、こともあろうに、さして伝統的には好きでもなかった日本にうめて貰わねばならないという米国民の心の苦しみの中に、日米間の一つの巨大なコミュニケーション・ギャップが存在すると考えることができる。

「理念を共有すること」をめぐる日米ギャップ

しかし、この「理念なり価値観を共有すること」をめぐって、再び、日米間にギャップが生ずる。

それは、日米両国が価値を共有していないからではない。民主、自由、市場原理――どれをとってみても、日本ほどアメリカと、基本的価値を共有している国は、世界を見回しても数少ない。問題は、日米両国が価値を共有しているか、いないかにあるのではなく、「価値を共有する」ことの結果に対する考え方、あるいは、「価値を共有すること」の国際的（すなわち日米関係上の）意味についての意識が、異なるところにある。

アメリカ人の大多数は、信教の自由、政治的自由、経済的豊かさなどを求めて、自らの選択で（あるいは自らの肉親の選択で）米国人となった人々である。従って、米国人であるかないか、良き市民であるかないか、あるいは、国際社会において米国の友人であるかないかの尺度は、基本的価値を共有するか否かにかかっている（もとより、鎖と鞭で強制的にアフリカ大陸から連行された奴隷の問題をどう考えるべきかとか、あるいは、米国も、自らの戦略的考慮から、価値を共有しない国を友として選んできたではないか、といった議論はあり得るが、そうした議論は、米国民の一般的意識を問題とする限り、ここでは、一応捨象できよう）。

従って、米国民にとって、価値を共有する国は友人であり、身内であって、同時に、危機に瀕しては一致団結して行動すべきであると考える。しかも、人種と文化のるつぼのようなアメリカでは、自らの歴史的、人種的、文化的背景の違いを口実にして、国の基本的あり方について、一致した行動をとることへの参加をこばむことは許しがたい行為とみられる。

さらに、米国が世界中の移民からなる超大国だけに、米国の価値は、他の国々も当然共有でき、かつ、共有すべきものと考える。

米国籍を、自らの選択で選んだ人々とその子孫は、当然、米国のかかげる理念にあくまで忠実であろうとする。それが、彼らの生存の原点だからだ。従って、価値を守るための熱情と信念と、そして行動力がほとばしる。

しかし、大多数の日本人にとって、日本人たることは、自らの選択の結果ではない。日本にたまたま生まれ、日本人として教育をうけたから日本人なのだ。

アメリカ人にとって、アメリカ人たることが一つの信条や信念の問題であるのに対して、日本人にとって、日本人たることは信条や信念の問題ではない——ここに、日米間で大きな誤解と摩擦が生ずる一つの基本的原因が横たわっている。

米国人から見ると、日本は米国と価値を共有すると言ったとたん、日本人は米国人となる（あるいはそうなることが当然期待される）。日本人はアメリカ人と同じように行動するはずだ、行動すべきだ——そういうことになる。しかし、日本人から見るとそうではない。自由や民主主義や市場原理を共有する、しないは、日本人たることと直接関係ない事柄である。これらの価値を共有するものが身内であり、そうでないものは異国人であるという見方はない（日本における外人という言葉は、価値観の共有とはほとんど関係ない）。その結果、こうした価値のために必死に戦うことこそ、日本人の日本人たるゆえんであると信ずることは相当難しい。

このような日本の苦悩と煩悶を、アメリカ人は理解しないし、理解しても同情はしない。何故なら、それは、アメリカ人の奥深い生き様の問題と衝突するからである。

戦後外交の足どりと日本人のパラドックス

アメリカ人の対日態度に一つのパラドックスがあり、それはアメリカ人の生き様と深層心理に結びついているように、日本人の対米態度のパラドックスも、日本人の真理の深い部分と関連している。

それはどういうことか。

第二次大戦後の日本外交は、国際社会（主として米国）のかかげる自由貿易の理念と、世界の安全保障についての考え方に対して、日本国内の制度的、経済的、社会的現実を、できる限り近づけてゆくことに大きな眼目をおいてきた。関税の引下げ、輸入障壁の撤廃、さらには構造問題へのとりくみは、広い意味での貿易自由化と経済の国際化への努力であった。政治や安全保障面でも、防衛力の整備、駐留米軍経費の負担、国連の平和維持活動への協力、戦略的考えも加味した経済協力など、幾多の努力が払われてきた。

もとより、こうした努力については、それをさらにおしすすめなければならない部分も未だ残っていよう。しかし、多くの国民から見た場合、今や事態は、次のように映ってはいないだろうか。経済面では、日本の国際化は、一〇〇パーセントとまではゆかないまでも相当なところに達した。分野によっては、米国の方が輸入障壁が高く、また、構造問題をかかえているところさえある。

政治、安全保障面でも、日本のできることは、現行憲法の下ではかなり限度一杯まで近づきつつあるのではないか。防衛力増強や日米間の協調の強化の方向は賛同できても、そのペースと態様をいっきに強化することは微妙な問題をはらむおそれがある。また、その過程で、アラブ世界の反感を買ったり、アジアの国々の疑惑を招くとしたら、かえってマイナスではないか、と思う人も少なくないであろう。

すなわち、本質的な問題は、日本の戦後の生き方が一つの壁にぶつかり、一つの袋小路にはまりこんでしまったことではないのか。

戦争放棄の理念をかかげながらも、現実の国際的要請に自らを適応させ、同時に自らの経済の国際化の努力を行なって、平和と繁栄をきずきあげた戦後日本の生き様が、もはやそれだけでは、国際社会の敬意や評価を得られない時代に突入しているのではないか。そうとすれば、日本とアメリカとの間のギャップとは、日本から見た場合、日本の生き様に対する日本国民自身の苦悩にほかならない。

日本的生き方に対する日本的苦悩

しかし、この「日本国民自身の苦悩」という場合、この苦悩を、単に、平和主義という理念と国際社会の現実との間をうめる苦悩としてのみとらえてはならない。

日本国民の真の苦悩は、もっともっと深いところにある。それは何か。

日本国という国は、（先にものべたように）一つの理念や価値観を共有することによって成立したのではなく、また、宗教や政治信条の点でも、他の世界に対して主張してゆく「普遍的」な原理を持たない。日本国という国が、外にむけて派遣すべき「神」はない。

その一方で、日本精神とか、民族の誇りのために命を捧げるという愛国心も、第二次大戦の経験の後遺症のために、国民的思潮としては相当風化し、わずかに文化活動や芸能の精神の中に生き続けているだけとも言える。

現在の日本で、国のために命を捧げるものへの敬意がどこまで浸透しているであろうか。

その一方で、経済大国日本は、国際責任の遂行と、指導力と、しっかりした理念の遵守を、国際社会において要求されている。

歴史的に言って、一神教の使命観の如きもので動いた経験もなく、かつまた、民族の歴史をあくまで守りぬこうとする愛国心にもいささかとぼしい国民が、単に、国際社会で尊敬と地位を得るためだけに、「理念」をふりかざし、人命の犠牲すらいとわないなどと大見得をきれるであろうか。

答えは否である。

にもかかわらず、国民の心理の奥深くに、日本と日本人は、国際社会において名誉ある地位をしめたいという、国民的願望が、漠然とではあるが宿っている。命をかけて守るべき理念もなく、また命をかけるための熱情を育てる愛国心もない国民が、どうして、その一方で、「名誉ある地位」など占めうるであろうか。

ここに、自らの生き様に対する、日本人の深い苦悩がある。第二次大戦後の日本的生き方に対する日本的苦悩がここにある。

ギャップはどうやってうめられるか

以上の見方が、大方においてあたっているとすれば、日米間のギャップを軽減する方法は、日本、米国、双方において、自らの生き様をより厳しく、より真剣に見直すこと以外にない。日本において、この見直しは、世界に対して日本が要求し、また日本が最後まで守りぬくべき、外交上の価値や理念は何なのかについて、もう一度戦後の原点に立ち返って考え直してみることである。

例えば、非核三原則や武器輸出三原則、さらには、国際紛争を武力で解決しないという理念は、一体、日本だけが、他の国々とは関係なく、独りそのつもりで遵守していればよい原則であり、理念なのか、それとも、遠い将来であるにせよ、世界の国々が、その原則や理念に向って努力すべき国際的理念なのか。もし、前者であるとすれば、自らだけがそういう原則や理念にたてこもる結果、国際社会からのけものにされても、なおかつ孤高に、その理念にあくまで忠実でありつづけるだけの、国民的決意と、その決意を実行するための最小限の手段を考えておく用意がなければならない。

他方、もし後者であるとしたら（すなわち、日本のかかげる理念は、いずれ将来には、人類すべてによって受容されるべきだと考えるのならば）世界に発信すべき日本の理念を整理し、その理念を実現するための外交努力をもっと積極的に行なわねばならないであろう。その場合、当然、米国や他の西側諸国、あるいは独自の安全保障観を持つ中国とも、事柄によっては、相当対応の仕方が違う場合も出てこよう。そうした時に、日本の主張をあくまで貫くための外交的経済的、あるいは軍事的手段は何なのか。また、そうした手段を充実する努力を早く始める必要がないのか。そうしたことが真剣に問われねばならないであろう。

ひるがえって、米国についていえば、米国民は今や国際社会が相互依存の時代に突入しており、米国といえども、他国に依存せざるを得ないという、厳しい現実を、まず十分認識することから始めなければならない。

その現実を直視した上で、その次に、米国のかかげる理念と、米国自身では十分まかない得ない人的、資金的資源との間のギャップを、どのようにうめてゆくかについて、客観的、冷静な評価を行なわなくてはならない。まかり間違っても、理念と現実との間のギャップにフラストレーションをおこし、他国、たとえば中国を政治的商品にしたてあげて、これをバナナのたたき売りのように、たたいたり、値切ったりすることによって、フラストレーションを解消するような愚かなまねをしてはならないのである。

このように日米ギャップの深層は、実は、日本の生き様と米国の生き様の問題なのだ。

（「外交」一九九一年六月号掲載の論文を基に、訂正・加筆したもの）

日米関係をめぐる神話と現実

米国の歴史学者チャールズ・ビーアドの著書『ルーズベルトの責任』は、入手可能な資料を使って、如何にしてルーズベルトが、自国民を騙して第二次大戦に米国が参戦するよう導いたか、そしてその過程で、いかに戦争を回避するための日本との交渉を故意に挫折させるよう取りはからったかを描き出している。

ビーアドの著作は、日米関係の裏に存在するいくつかの歴史的神話を想起させ、すくなくとも、三つの次元で、そうした神話の意味を考えさせる。一つは、日米戦争は、日本の侵略的意図と行為によって引き起こされたという神話である。第二は、米国は、自由と民主の精神を守るために参戦し、日本に勝利することによって、その精神を日本に定着させたという神話である。第三は、日米戦争は、米国にとっては正義の戦争であり、原爆投下や大量の市民の殺害といった行為も、正義の貫徹という戦争目的のために合理化されるという神話である。

第一の神話——戦争責任論にまつわる神話

ビーアドの著書始め、多くの歴史的記録は、今や、日米戦争の責任の一端は、日本を戦争に追い込むことに専念した、ルーズベルトを中心とする米国の戦略にあることを明らかにしている。

その意味で「日本責任論」的神話の真実性は大きく損なわれている。しかし、だからといって、現在、東京裁判の非道や米国の謀略ばかりを強調することは、日本にとって真に意味あることとはいえないであろう。むしろ、そうした米国の戦略にむざむざはまっていった日本の政治的、外交的弱点がどこにあったかを深く考えねばならない。現在においても、米国のいう日米同盟の深化やアジア重視の戦略が、真に何をねらったものか、また、米国の軍事戦略や経済安保戦略が、政治的、外交的戦略として何をねらったものかについて、冷静かつ透徹した考察が必要であろう。

第二の神話——軍国主義日本に対する、自由民主のアメリカ

ビーアドの著書は、アメリカの掲げる自由民主の精神が、当のアメリカによって実は裏切られてきた過程をあますところなく暴露している。

ビーアドの著書を離れても、アメリカが、日本との関係において、自由、民主、平等といった民主主義の根本原理を踏みにじる面を持っていたことは疑いない。

一九二〇年代の排日移民法、国際連盟における人種差別決議案に対する米国の反対、そして、第二次大戦中の日系アメリカ人の強制収容——アメリカが戦略的、政治的、外交的理由から、みず

からの理念を（日本に対して、そして世界に対して）裏切った事実は、良く知られている。ビーアドの著書も、民主的手続きによって選ばれたルーズベルトが、不戦の選挙公約を脱するために、いかに米国国民に隠れ、日本に対して謀略を実行したかを詳細に論じている。

ここでは、現在の日本の状況を念頭におくと、二つの違った問題が提起されている。

一つは、国家戦略を、民主主義社会のなかで、どの程度、どのように国民に対して透明性をもって説明しながら構築してゆくのかという問題である。

外交的、国際的戦略は、時として、密約や秘密工作と結び付き易い。とりわけ、日本の現状において日米関係に「密約」がつきまとうことはしばしばである。その理由の一つは、日米関係が「神話」とある種の虚構の上に成り立っているからではあるまいか。

もう一つのポイントは、選挙公約と外交政策との関係である。たとえば、農業政策についての選挙公約と、TPP交渉を行った日本の戦略は、本当に整合性がとれたものなのであろうか。また、今日、日米同盟の強化や沖縄問題の解決のために「外圧」を利用し、国民不在の「共同謀議」を図ることがないかどうか、が問われねばならないであろう。

日米両国が、真に民主主義を信奉するのであれば、その精神は、まずもって日米関係の処理のなかでこそ発揮されねばなるまい。

第三の神話——聖戦神話と不戦神話

第二次大戦は、米国にとって正義の戦いであった。だからこそ、米国の参戦は、日本の侵略的行為と、日本の「卑怯な」不意打ち攻撃によるものであるという聖戦神話が今にいたるもまかり通っている。ビーアドの著書が、長く「禁書」であった事実は、アメリカが、いかに聖戦神話を守ろうとしてきたかを裏書きしている。そして、ビーアドの論考をたどってゆくと、戦争における正義の旗印は、ほとんど常にある種の「偽善」であり、戦略のカムフラージュに過ぎないのではないかという疑問が生じてくる。しかし、今日の日本にとって重要なことは、その裏側に存在する日本的神話である。すなわち、戦争はすべて、いかなるものも悪であるという神話である。民主、平等、自由を標榜する日本が、そうした基本的な政治価値を守るためであっても、戦争に入らないという主張は、何を意味するのであろうか。

米国は、真の民主と自由のためにこそ、聖戦神話の虚構をあばくことをためらってはならないように、日本も不戦の神話に潜むある種のごまかしをもっと直視せねばなるまい。それが、ビーアドの著書の今日的意味ではあるまいか。

（小倉論文「日米安保の過去・現在・未来」及び論文「日米関係をめぐる神話と現実」より。前者は『日米安保とは何か』藤原書店、二〇一〇年所収、後者は『ビーアド『ルーズベルトの責任』を読む』藤原書店、二〇一二年所収）

第Ⅵ部　ヨーロッパのお国柄

第一章　ドイツ

ドイツと日本——それぞれの「過去」

一九九〇年代の初め、日本に赴任して来た新任ドイツ大使は、一見ドイツ大使らしく見えなかった。第一に、そもそも、あまりドイツ人らしくなかった。どちらかというと丸顔で赤みがかった顔色と生き生きとした目付きは、ブルゴーニュ地方のブドウ園の主人のようにも見えた。おまけに、彼は、大使らしくなかった。早口の英語に、かつて日本在勤時代に覚えた日本語を時折はさむ話し方は、大使というより、大使館の気さくな中堅幹部のように見えた。

しかし、一旦仕事の話、すなわち一二月初めにベルリンで開かれる予定の日独文化協議の話になると、反応はさすがに鋭かった。

大使は、まず協議の内容よりも、ドイツ側の首席代表たるウイッテ文化局長の人となりを解説してくれた。

「ウイッテ氏は、首相はじめ与党の幹部に近く、政治的影響力のある人です。もともとは外務省の人ではありませんが、二〇年くらい前に来てから残っている人です。今や彼は完全にわれわれの同僚の一人であり、誰も彼を党の大目付役とは思っていません」

大使は、このように首席代表の人柄や経歴を賞賛することによって、ドイツ側が、この協議を重視していることを日本側に印象づけようとしている点が窺われた。

協議の内容については、こちらから、日本側の関心は何といっても、実現したばかりのドイツ統一の文化的影響の点ですというと、大使は、一瞬驚いたかのような目付きをしたが、すぐ、「それはそうでしょう」と応じてくれた。

「ドイツ統一というと、とかく政治的、経済的影響が議論されますが、それは、統一後の課題ないし解決すべき問題が何かという発想から出ています。すなわち統一に伴う摩擦や問題点という観点が前面に出ています。しかし、文化面では、むしろ統一のよい面が出るでしょう」

大使はおだやかな口調でそう言ったが、それだけに、いささか外交辞令的にも響いた。こういうときは、わざとやや挑発的問いを発して相手の真意を確かめる必要があると思い、こちらから質問した。

「東と西に分かれていると、どうしても文化面での言動もお互いに政治色を帯びざるをえないでしょうが、統一後は、ドイツ文化を政治から離れて、いわば共通の文化財として広く宣伝出来るでしょう。そうすれば、世界、特にヨーロッパにおいてドイツ語やドイツ文化の普及が一層容易になるのではないでしょうか。そしてドイツ人としての民族意識（アイデンティティ）あるいは伝統文化への愛着も高まるのではないでしょうか」

それに対する大使の答えはやや予想外だった。大使は、

「東西に分かれても、ドイツ文化の統一性は失われていなかった。言い換えれば、ドイツは文化的には統一されていた。したがって、政治的統合が実現したからといって文化的統一性も強まる

ということはない。そもそもドイツ人は、自分をまずヨーロッパ人と考え、その次には、アメリカや日本のような先進民主主義国の一つと考えます。ドイツ文化をもつ民族という見方はせいぜい第三番目でしょう」

大使は静かな口調でそういった。

今でもドイツというとゲーテやベートーベンを思い起こす日本人から見ると、ドイツのアイデンティティはそうしたドイツ文化にあると思いがちだが、ドイツ人はもっと「国際的」なのだろう。しかし、それは、逆にいえば、二度の大戦によって、ドイツの伝統の多くの部分が壊されてしまったことを意味するのかもしれないとも思えた。

警句を使うゲンシャー外相

一九九二年二月一一日、祝日にもかかわらず外務省の大臣室はライトがともり、部屋の前にはカメラの放列が敷かれ、メモを持った新聞記者がたくさん詰めかけていた。久しぶりに日本とドイツの外相会談が開かれるのだ。とりわけ、ドイツ統一後初めてのドイツ外相訪日であり、しかも相手はベテラン中のベテラン、すでに十年以上外務大臣の職にあるゲンシャーだけに、そして、これを迎え撃つのが、これまた就任以来僅か三ヶ月とはいうものの、実力政治家で副総理の渡辺美智雄外務大臣だけに、マスコミの関心も常日頃になく高かった。

会談が始まってみると、実力政治家同士、どこかで通じ合うものがあるのか、なかなか波長が合った形の会談になった。

ゲンシャーは、まず最近の国際情勢に触れ、日本とドイツの国際的責任に言及しながら、ヨーロッパ情勢、とりわけヨーロッパ統合の問題に触れた。ヨーロッパ統合をうまく進めていくためには、二つの問題を解決しなければならない。一つは構造問題である、もう一つは精神的問題である。このうち、精神的問題の方が厄介である。なぜなら、精神的問題を克服するには時間がかかるからである――いかにもドイツ人らしい口調でゲンシャー外相はこう言い放った。

この「精神的問題には時間がかかる」という言葉は、ゲンシャーが口にした最初の警句だった。これに始まって、ゲンシャー外相は何遍となくことわざや警句を発して、ベテラン外相らしい味を出した。

「食べれば食べるほど食欲が出る」――この一見冗談めいた言葉は、日独定期外相会談をどのような頻度で行うべきか、という問題を議論している時に出てきた言葉だった。

そもそも、日本とヨーロッパ諸国との定期外相会談は、日本とヨーロッパとの距離もさることながら、お互いの関心事項がどうしてもずれるため、なかなか「定期」には開かれないきらいがあった。せめて毎年一回はきちんとやろう――それが何とはなしに、日本側の基本的立場になっていた。ところが、ゲンシャー氏は、一年に二回、定期協議をやろうと言い出したのである。もちろんこれは、日本側にとって歓迎すべきことであった。しかし、それだけに「ぜひやりましょう」と言えば、こちらも本腰を入れて毎年二回外相会談を実現せねばならない、軽い気持ちで、まあできるかどうかわからないがやってみるか、というような答えは出来ない。それに、渡辺外相は副総理であり、国内的にやらなければならないことも多い。どうしても、日本側の答えは「趣旨は大変結構だが、実行可能性をよく検討しよう」という調子になる恐れもあった。しかし、さすがに、渡辺外相自身は政治家らしくゲンシャー提案に前向きだった。ただ、どうしても言い回しは慎重になる。

ゲンシャーは、日本側の態度に苦笑いしながら言ったのが、この警句だった。

「食べれば食べるほど食欲が出るともいいますから、二度やることもいいではないですか」と。

これには一同爆笑であった。

続いて、話題はヨーロッパ統合問題、そしてウルグアイラウンド貿易交渉の成り行きに移った。当時、農業問題を巡ってアメリカとヨーロッパ共同体との間の交渉が行き詰まり、見通しの立てにくい状況にあったが、渡辺大臣の質問に応じてゲンシャー外相は率直な意見を述べた。ヨーロッパ共同体の中でもドイツとフランスの意見が違い、これが共同体の立場を動きにくくしているのは事実である。とりわけ、ドイツが農業生産の過剰問題に対処するため生産制限を実施し、それによって農家の収入が減る分は、一種の社会保障的な考えから所得補償をしようと考えているのに対して、フランスは未だに、過剰問題の解決の方法として輸出に固執しており、この考え方の違いが問題である——そうした趣旨のことを述べた。「しかし」とゲンシャー氏は続けた。ウルグアイラウンド交渉は大切であり、ぜひとも成功させなければならない。交渉にタイムリミットがあるのなら、「時計の針を止めてでも交渉を終結させなければならない」――ドイツの外務大臣はこう言い放った。それは、ヨーロッパ統合を巡る、西ヨーロッパ諸国間の激しい交渉の中で、タイムリミットが過ぎてもなお交渉がまとまらず、やむなく時計の針を止めて数時間会議を延長し、期限通りに交渉がまとまったことにするという「虚構」をしばしばやってのけた経験があるからこその言葉であった。しかし、ゲンシャー氏は、その後意味深長な一言を付け加えた。

「我々は、時には神の意志を無視してやることがあるのだ」と。

ここで、神の意志とは、人間には本来変えることのできない時の流れないし時間の経過のことを言ったのである。

ゲンシャー外相は、しかし、東洋においては、時は極めて主観的概念でもあり、必ずしも神の手によって百パーセント決められているものでもないという文化ないし伝統があることを、知ってか知らずしてか、この神の意志に関する警句を発した後、一瞬日本側代表団の顔をじっと見据えた。

やがて、議題はロシア問題に移り、最後にユーゴ問題が話題となった。ゲンシャー氏は、ここでも洒落を飛ばした。

ユーゴ問題と言っても、ユーゴ内部のいろいろな民族への支援をどう考えるかによって、人々のユーゴ問題への対応が変わり、問題を複雑にしていることを表現して、氏は、「クロアチアのことに対しては虫眼鏡で見ようとする人がセルビアのことになると目をつむってしまうのだから困る」――そういう趣旨のことを言った。まさに言い得て妙であった。

しかし、あまりにもゲンシャー氏が度々警句を発したためか、その癖はドイツ側の通訳にもうつってしまったと見えて、夕刻、外務大臣公邸での夕食会の席上、面白い日本語のことわざが、ドイツ側の通訳の口から飛び出した。それは次のような次第だった。

渡辺大臣が、ゲンシャー氏に気を配って、「日本料理があなたの口に合うかどうか」と聞き、ゲンシャーがあっさりと「大変良い」と答えたのに対して、渡辺氏がゲンシャー張りの警句をとばして、「それは外交辞令だろう」というと、ゲンシャーは「預言者は生国では尊ばれずということわざもある」と言って、外交官が何を言っても外交辞令と受け止められて信用されないのは困ったことだと皮肉った。これをドイツ代表団の通訳をしていた若い大使館員どう訳したか、なんと、「紺屋の白袴」と訳したのである。これには日本側もみなびっくりしたが、日本人でもその意味がよくわからなかった人も少なくなく、せっかくの通訳のヒットも笑いを誘わなかったのはいささか残念なことだった。

世界の中の日独関係

一九九三年二月二七日、やや強い風を受けて、赤坂の迎賓館の白い建物は、薄曇りの空を背景に、いつもより一層白っぽく見えた。その迎賓館の二階の広い部屋で、日独首脳会談が開かれた。コール首相は、予定を大幅に越えて宮澤喜一総理との二人だけの会談をすませてきただけに最初から雄弁だった。ただ、日独合わせて二十人にも上る随員を前にして、いかにも政治家らしくやや演説調の言葉遣いだった。同時に、コール首相の言い方は、あたかも一般大衆相手に話すがごとく、平易だった。

ロシアにおける変化と、その変化を促進するために日独両国が協力しなければならないことを強調する際、首相は「レニングラードがピータースブルグに戻ったことに、すべては象徴的に表れている」と語った。

コール氏はドイツ側の期待を込めて、「日本とロシアとの関係が良い方向へ変わるように」と述べながら、まさにそのロシア問題のゆえにこそ、ヨーロッパと日本とが世界平和を念頭においた政治的対話を深める時代になったことを強調した。

「かつて中曾根総理が言ったように、ロシアの兵器が西ヨーロッパからなくなっても、それがアジアに移されるだけというのでは、世界平和はない」

コール首相は、日本の総理の顔をじっとみつめながらそう言った。

その後、ドイツの首相は、インド、シンガポール、インドネシアと続いてきた今回のアジア旅行の意味を自分に言い聞かせるかのごとく、「アジアは二一世紀の大陸である」と言い放って、これからの世界におけるアジアの重要性に言及した。

これに答えて、宮澤総理が、アジアの経済発展における日本の役割に触れ、同時に、アジアは外に向かって開かれたものでなくてはならないと述べると、コール首相は我が意を得たとでもいうように、

「ドイツも内向的になってはいけないと思っている、ドイツ、ドイツとばかり言うのはもとより良くないし、ヨーロッパ、ヨーロッパというだけでもいけない、目をもっと世界に向ける必要がある。これは経済的理由もあるが、それよりもより心理的な意味で大切である」

と述べた。

「ドイツも石炭以外には見るべき資源もなく、人間だけが宝である。だからこそ、世界に対して自らを変える必要があり、そうすることによって自己を発展させ、国を豊かにできるのだ」

コール氏は、日本人も同じだろうと言いたそうであったが、そうは言わなかった。ただ、彼は微笑みを浮かべながら、

「ドイツ人は尊敬されてはいるが、あまり好かれてはいない。しかし、だれしも愛されたいと思うのは、これまた人情である。日本人もそうでしょう」

と締めくくった。

世界における日独対話とは、考えて見れば、尊敬されても必ずしも愛されてはいないこの両国が、世界で愛されるためにどうしたらよいかを話し合うことなのかもしれない――そんな思いを残した首脳会談であった。

第二章　スペイン

スペインの女性局長の眼差し

一九九一年夏、東京で、スペインとの文化協議を行った時のことである。

普段、スペインとはあまり縁がなく、東京のスペイン大使館を訪ねたこともなかったほどで、一体どんな顔触れの代表団が日本へやってくるのかと、いささか不安だった。

外務省の六階の国際会議場でスペイン代表団と初めて顔をあわせてみると、団長は顔中髭を生やしたエネルギッシュな顔付きながら、目の優しい、人なつっこいところのある人物だった。代表団には、スペイン外務省のメンバーの他、文化省の代表もいた。文化省代表は女性の局長で、神経質そうな細面に金縁のメガネを掛けている。メガネの奥で茶褐色の瞳が利発そうに光っていた。

会議の第一日目の午前中は、日本、スペイン各々の文化交流についての基本的考え方を紹介しあった。

日本側は、

「経済面ばかりか目立ちがちな日本の全体像、あるいは本当の姿をしめす必要があり、その意味からも、日本文化を海外に紹介することが外交の重要な側面になりつつある、その上、海外での日本のイメージは、一方でハイテク産業の国、他方で、浮世絵と歌舞伎の異国情緒あふれる国という二つに分裂しがちであり、統一的な日本のイメージがうまく伝わっていないきらいがある、これを何とか改善する必要がある」

そんなことを強調した。

一方、スペイン側は、一九九二年にバルセロナオリンピック大会があり、また、その年はコロンブスのアメリカ大陸発見の五〇〇年記念の年でもあり、文化交流を世界中で強化したいと、力強い口調で語った。

昼食会は、ホテルオークラの前の通りに面したスペイン大使公邸で行われた。大柄のオヤルサバル大使は、英国留学の体験もあって奇麗な訛りのない英語を話した。ピアノがおかれた比較的こじんまりした応接間には、かつての米国の国連大使ヘンリー・キャボット・ロッジの親族にあたるという、当のスペイン大使の奥さんの等身大の肖像画が掛けられている。

いかにもスペインらしいガスパッチョのスープに始まった昼食が終わると、代表団長の局長は、いきなりピアノの前に座るとスペインの歌曲を弾き出した。既に二〇曲以上も作曲し、オーケストラを指揮することもあるという局長の演奏は堂に入ったものだった。また、演奏し終わると、弾いていたピアノの調律について、大使に対して、調律に注意しなさいとでもいわんばかりに、一言コメントを冗談交じりに行なうほどだったが、そこにはある種のプロ意識的なものが、嫌みなく、自然のうちに出ていた。

皆の拍手と賑やかな雰囲気のなかで、唯一、文化省の女性局長だけが、どこか堅苦しい、強ばった表情を崩していないのが気になった。

午後の会議は午前中と同じ会議室で、今度は、個別問題についての議論だった。日本語教育やスペイン語教育の促進などのテーマから始まって、美術の交流の議題となった。いままで伏し目がちに黙っていた文化省の女性局長が、ゆっくりと、かみしめるような口調の英語で話し出した。

「過去何年もの間、スペインは、日本でのスペイン美術の展覧会のためにスペインの絵画や彫刻を貸し出してきた。ゴヤ、ヴェラスケスからミロのような現代作家まで。もとより、こうした貸し出しは、日本の政府に対して行ったものではない。日本の百貨店や新聞社に対して行ったものではある。しかし、日本政府もこれを支援してきた。

スペインの美術品が日本に来ることは良いことである。しかし、問題は、その見返りに日本の美術品がスペインに来ないというアンバランスが生じている。スペインから持って行くだけで、こちらには何ももってきてくれない日本は身勝手だ——そういう声がスペインでは上がっている。このアンバランスを是正するよう、日本政府はもっと努力してほしい」

静かな口調ではあったが、その声には真面目な訴えと、そして幾分かの憤懣と不満がこめられていた。話しているときの局長の目は、金縁のメガネの裏で、こちらを射るようにじっとみつめていた。

日本側もそのままにはできない。そもそも、日本にスペイン美術が多く来ることは、日本人のためもさることながら、スペイン人のためにもなっており、アンバランス云々と言うのはいかがなものか、という議論から始めた。その上で、日本の美術品は多く、寺院の室内や山門、庭園などの一部をなしているものが多く、そもそも「動かしにくい」ものや、個人所有のものが多く、日本国内でも移動や一般展示が難しいものが多い、といった事情を説明した。

文化省の局長は、丁寧にメモをとりながら、伏し目がちに聞き入っていたが、こちらの陳述が終わると、彼女は、やや意外な角度から、反論めいた発言を始めた。

「スペイン政府は、日本の百貨店や新聞社から、美術品貸し出しについて、一文も受け取っていない。ところが、日本でスペイン美術展を開く百貨店や新聞社は、展覧会に入場料をとっている。もともとスペインでは美術品は、国民全体の財産とみなされていることもあり、外国人に貸し出したうえ、その外国で商業的事業に使われ、スペインになんら見返りもないということでは、国民は納得しない」

そこまで言われてはと、日本側は思ったが、時間の制約もあり、正式な会議の上での美術展に関する議論は、そこで終わった。

その夜、日本側は、スペイン代表団を水道橋の天麩羅店「天一」に招待した。女性局長は、白いカクテルドレスをまとって笑顔で応対していたが、どこか固さがとれていない。隣に座った小生は、天麩羅を食べながら、午後の会議で出た「アンバランス問題」に軽い調子で言及し、次のように言った。

「ゴヤやヴェラスケスの作品は、たしかにスペイン人のものであるが、今やそれらはスペインだけのものではなく、全人類の宝ではないか。古代エジプトの美術品で、大英博物館に展示されているものには略奪されてきたものもあろうが、エジプトもそれらを全て返却しろとは言わないであろう。日本の美術品も略奪ではないにしても随分海外へ流出した。日本が貧しかった時代に起こったことだ」

半分冗談めいた口調で、最後の文句を付け加えたとき、始めて、女性局長は心から愉快そうに笑った。

その朗らかな、二日のあいだ初めて見せた明るい笑顔には、はっと胸をつかれるものがあった。そうだ、問題の核心は、金持ち日本が、お金で西洋の現代名画を買い、また、商業的に古典的西洋美術の展覧会を開いて楽しんでいる、そんなことはスペインではできない、そこにこそアンバランス問題についての感情的反発がこめられていたのだ。だからこそ、貧しかった日本の体験についての話は、スペイン文化省の女性局長の心を僅かなりとも軽くしたのだ——そう思えた。

天麩羅のコースは丁度スペイン料理にも似たもののある、イカの天麩羅になっていた。日本もスペインもない、世界共通の味覚の世界がそこにあるように見えた。

第三章　ロシア

モスクワで嗅ぐ文化の香り

一一月末のモスクワは着通の年ならば雪景色のはずだが、一九九〇年は暖冬異変で、ソ連との第二回文化協議のためソ連を訪問した日本の代表団が到着したときは、摂氏三度の暖かさだった。ソ連側の待遇も温かく、空港にはソ連外務省文化局の幹部が出迎えてくれた。また日本代表団の宿舎も、この間まで共産党の幹部しか泊めなかった「オクチャブリヤ」ホテルだった。

ソ連外務省の小さな別館で行われた協議も、なごやかとまでは行かないものの、無用のやりあいもなく建設的だった。たとえば、日本側から、「ウラジオストクでの日本映画祭につき事前に地元の人々が開催を知らされず、そのため入場券を入手できなかったという苦情がソ連の新聞にのっていたが、事前広報が十分できなかったことは遺憾である」と日本側が苦情を呈すると、ソ連側団長は、その場で部下に、「事実を調べて報告するように」と指示するといった配慮を示した。

日本側もこうしたソ連側の態度を前に、折からソ連が進めようとしているペレストロイカ政策への協力、たとえば、かつての経験に基づく政策論議などの知的交流に前向きの姿勢を示した。すなわち、経済改革は、お金の投入や技術の活用と言う面もさることながら、人々の意識や考え方の転換が必要であり、そうした点では、かつての日本の経験もソ連に役立つのではないか、と考えられたからである。こうした考えから、日本側は、日本研究センターの設立や資料整備、研究者交流の促進などを提案し、覚書を交換するところまで進展した。

しかしいわゆる文化交流の分野では、留学生の費用のどの部分を派遣国側が負担し、どの程度受け入れ国側が負担するのか、といった、いわば「事務的」論議が多く、文化交流政策一般についての論議はほとんど行われなかったため、「文化」の香りのない協議になったのはいささか残念だった。

もっとも、ソ連邦側は、会議の外では、日本代表団をボリショイ劇場のバレエ「ライモンダ」に招待するなど文化的薫りをつけてくれた。しかしそれだけではと、日本側はロシア文学に目を向け、モスクワのドストエフスキーの旧居を訪ねたいと要望した。そして、みぞれまじりの寒い日に、今はドストエフスキー通りと名づけられた、大きなだだっぴろい、どこか埃っぽい通りにあるドストエフスキーの旧居を訪ねた。その家は、小さな公園風の庭をもつ病院の隣にあり、平屋で、兵舎のようなたたずまいだった。われわれが到着すると、銀縁の眼鏡をかけた小太りの女性が出迎えて案内してくれた。昼食時間も近く、あまり時間がないと断ったにも係わらず、各部屋について丁寧な説明をしてくれた。

ドストエフスキーが兄弟たちと寝ていたという薄暗い寝室が復元されており、そこから病院の前庭に面した細い渡り廊下があり居間に通じている。

「この廊下の窓は、ドストエフスキーの時代も同じ所に同じようにつけられていて、この窓の下では病院の順番を待つひとたちが列を作って並んでいました。ドストエフスキーは、そうした貧しい人々の群れを見ながら育ったので、それが彼の作風にも影響しているのです」

女性の案内人は、淡々とした口調で説明した。共産主義の精神をひそかに伝えようとしているのかもしれないと、案内人の顔を横目でみたが、その穏やかな顔付きには、およそ思想的なプロパガンダを行う意図があるようには見えなかった。むしろ、いささか異様に思えたのは、居間の隅の木製の椅子に大柄な女性監視員が身じろぎもせず座っており、我々見学者を疑わしげな目付きで見つめている光景だった。居間のみならず、ドフトエスキーの父親の寝室にも同じような監視員がおり、じっと椅子に座っていたが、家具にいたずらするような見学者も多いのだろうかと思えるくらいだった。

こちらの思いを察したかのように、案内人は、「寝室の隣の居間のテーブルと椅子を指さしながら、この記念館で唯一復元ではなく、オリジナルのままのものは、この椅子とテーブルです」と解説してくれた。記念館を後にする段になって、案内人は、写真入りの小さなパンフレットをくれた。ロシア語と英語で解説がつけられていた。「数が少なくて一部しかあげられません」と言いながら、あたかも貴重なものをくれるかのように麗々しく手渡してくれた。

我々とあい前後して高校生と思われる男女の若者のグループが見学していたが、かれらは、パンフレットを貰っていないようだった。そういえば、在ソ日本大使館が何か催しを行い、広報資料やパンフレットを用意すると、その前に必ず人だかりが出来て資料はあっというまに無くなるという話が思い出された。やはりソ連では、いまなお、西側諸国の事柄についての情報は得難いのだろうか。そうとすれば、日本との文化交流を促進することは、社会の開放度を高める上でも意味のあることではないか、と思えて来た。

外へ出ると、病院の前庭の中央の大きな台座の上に、ドストエフスキーの銅像が黒ずんだ色をして立っているのが見えた。新しく生まれ変わろうとしているソ連邦、あるいはロシアにとって、ドストエフスキーの作品は、どのような歴史的意義と関心をもって読まれているのだろうかと自問した。

外交行事というドラマ――ゴルバチョフ訪問時の文化行事

一九九一年の春爛漫の東京を訪問したゴルバチョフ大統領は、ソメイヨシノが散って、枝垂桜が咲き出した春景色を楽しむ暇のないほど立て込んだ日程で、会談や折衝にあけくれた。三、四回程度と思われていた海部総理との首脳会談は六回に及んだ。一五に及ぶ実務協定が署名されたが、領土問題をめぐる緊張もあって、全体として厳しい空気は拭えなかった。わずかに、文化行事になごやかさが漂っていた。もっとも、文化行事の主役はライサ夫人で、大統領自らが参加したのは上野の文化会館での音楽会だけだった。それも、雨上がりの、夕刻八時からの宮中晩餐会までの僅かの時間を利用しての慌ただしい日程だった。

大統領夫妻が、タキシード姿の海部総理に導かれて会場に到着し、二階中央の席から高く手をあげると、観客は割れんばかりの拍手を送り、大統領夫妻が席に座っても拍手は鳴りやまず、夫妻は再度立ち上がって観客に手を振った。拍手が収まると、ピンクのドレスを着たバイオリニストの諏訪内さんが登場し、「モスクワの思い出」という小曲を弾いた。

拍手が鳴って日本側関係者とゴルバチェフ夫妻が立ち上がった。あらかじめ、大統領夫妻は途中退席することを知らされていた観客は、大統領が退席するものと思い、大きな拍手を送った。ところが、夫妻は、ここでまた席に座ってしまった。そして、二曲目のラヴェルの協奏曲が始まった。流石に宮中晩餐を控えていた一行は、第一楽章のところで席を立ち、三度、盛大な拍手を浴びた。

「これからは通常のコンンサートです。では第二楽章に入ります」

と、司会の女性がアナウンスすると、会場のそこここで、笑いともため息ともつかぬ音が聞こえ、全体の雰囲気が式典めいたものから、普通のコンサートのムードに変わったような新鮮さが感じられた。ただ、いかにも名残惜しそうに去って行った大統領夫妻だっただけに、その余韻が、春の雨上がりの暖かさに溶けてどこか尾を引いていた。

この音楽会の二日後に、ゴルバチェフ大統領は、文化に深く係わる儀式、日ソ間の文化事業計画についての合意書の調印式に顔を見せた。

この調印式は、午前中の首脳会談の直後に行われる予定だったが、会談が午後も継続され、さらに夕刻を過ぎ、結局、式典は夜になってしまった。調印式に参加予定だった文化交流部長の小生は役所で待機していたが、目処がつかないので、自宅へ一旦帰った。九時を過ぎた頃、ソ連課から連絡があり、一一時頃には調印式を行えそうなので、一〇時半頃までに赤坂迎賓館まで来てほしいという連絡があった。自分の車を運転して二重、三重の警備を通り抜けて迎賓館に着く。調印式が行われると聞いていた羽衣の間にゆくと、カメラの放列が調印される文書をおく中央の大きなテーブルを照らしているが、政府関係者は誰もいない。やむなく待合室に指定されている「東の間」に入る。驚いたことに、ここには通産大臣、経企庁長官、科学技術庁長官、環境庁長官など、調印予定の各種実務協定に関係する省庁の幹部が手持ち無沙汰に、小さな緑茶の茶碗の置かれたテーブルを囲んで座っている。

四、五〇分ほど待ったが、まだ首脳会談は続行中だという、しびれを切らして東の間から退出して羽衣の間の脇を通り掛かると、突然どやどやと足音がして一メートルほど向こうにゴルバチョフ大統領の姿が見えた。大統領は、やや上気した顔に軽い微笑をうかべながら欄干に身をよせて、随員たちと何事か話しだした。側近のヤコブレフは深刻な顔付きで聞き入っているが、チジョフ大使などはもっと気楽な顔付きだ。

やがて海部総理が足早に姿を現して、羽衣の部屋に入った。続いて、ソ連側の控室から、背の低い、ずんぐりとした体格の男が出て来て、部屋に入った。グベンコ文化大臣である。ゴルバチョフの随員のうち唯一政治家でも官僚出身でもなく、俳優であり演出家のグベンコ氏は、あたかも、自分の登場するタイミングと態様を心得ているかのように落ち着いた風情だった。

文書に日本側中山太郎外相とならんで署名するソ連側代表のグベンコ氏、それを見守るゴルバチョフ大統領と海部総理——全ては儀式であり、演出であり、深夜に及んだ首脳会談のフィナーレを象徴する演出に見えた。それらすべて、すなわち、待ち時間の長さも含めて、すべては、この儀式自体が一つの文化行事であることを暗示しているように思えた。

ロシア外相とのパリ会談

一九九三年一月一三日、パリのロシア大使公邸で日露外相会談が行われた。

サンジェルマン地区の一角、グルネル街七九番地にあるロシア大使公邸は、着いてみると、緑色の大きな門はぴたりと閉まったままで、あたかもとりつくしまのないロシア側の態度を象徴するかのようで、不愉快な気分が日本側一行にみなぎった。やむなく横手の門番口から中へ入ると、大きな石畳の前庭があり、その正面に瀟洒な、一見フランスの貴族の館を思わせる玄関があり、ほどなくして中から迎えの者が姿をあらわした。

厚い絨毯と大きな円柱、それに豪華なシャンデリアをながめながら案内された部屋に入る。暖炉と鏡、そして壁には狩りの様子を描いた大きな刺繍が掲げられ、天井の四隅に彫られた彫刻とあいまって、いかにもフランスの伝統的な貴族趣味の雰囲気をかもしだしていた。

ほどなくして、ややどやどやとした感じでコズイレフ外相が、お付きの人々と共に姿をあらわし、渡辺美智雄大臣と握手を交わすと、大きな狩りの緞帳の前にしつらえた、これまたルイ王朝風の長椅子に二人して腰をかけた。さほど大きくない長椅子に大臣二人が座り、通訳がその横の椅子に座ると、もう他の人々の座る余地はなく、我々は十メートルほど離れた別の角に座り、ロシア側の随員たちはめいめい椅子を持ち出して、我々と大臣との間に入り込むという、なんともしまりのない配置だった。しかも、長椅子の前のテーブルはさほど大きくなく、そのうえに、ミネラルウォーターの瓶やコップで一杯で、書類をおくスペースがなく、渡辺大臣は、やむなく長椅子の上、コズイレフ大臣との間に書類をおいて会談する始末だった。

「つい最近、日本では内閣改造があったが、自分は、外務大臣としてとどまった。ロシアでも、大統領と最高会議との間にいろいろ問題があるようだが、こうしてお互い外務大臣の地位にとどまっていることは、日露の関係にとってよいことではなかろうか。それというのも、第一に外交には継続性が必要であるし、また、お互いがよく知りあっていれば気心も通じるというものである」

渡辺大臣は、前の年のニューヨークでの会談をそれとなく匂わしながら、こう口をきった。

コズイレフ外相は、目の前のテーブルの紅茶を丁寧に少しずつすすりながら、日本の外務大臣の言葉にじっと耳を傾けている。気持ちが通じているかどうかは分からないが、ともかく真剣にこちらの言うことを聞こうとする姿勢だけははっきりしていた。

やがて話題は、懸案の、エリツィン大統領の日本訪問の問題に移った。

単刀直入にきりこむ渡辺外相にたいして、ロシアの外務大臣は、下を向いて、ぼそぼそと細い声でロシアの立場を説明しだした。ロシア側が日露関係の改善に積極的である証拠をいくつか示したいとして、コズイレフ氏は、最近の日露間の接触にふれ、同時に、ロシアの対日観も近年変化してきていることを説明した。

「もっとも、一部の極端な人々が、反日カードをもてあそぼうとしていることはあるが——」

そう付け加えることを忘れないあたり、コズイレフ氏はなかなかの外交巧者だ。しかも、こうした説明によって、ロシア側が受け身にならないように、さらに次のように言葉をついだ。

「日本の世論にも、最近変化がでてきたのではないか。過去の問題の解決をいたずらに急いだり、あるいはまた、それを両国関係の改善の前提条件にしてはいけないと言う考え方が出て来ているのではないか」

ここでコズイレフ外相は、目をこすって、やや苦しそうな表情をうかべながら、来るべき東京サミットへのエリツィン大統領招待問題に対して、ロシアの立場を説明しだした。そのなかで、コズイレフ氏は、相当厳しい言葉遣いをすることにつき躊躇しなかった。たとえば、「露日関係においては、サミットまでという言葉は削除したほうがよい」などと断言してはばからなかった。

しかし、渡辺外相は冷静だった。

「エリツィン大統領が訪日すれば、彼の立場に対する日本国民の理解と同情は深まるだろう」

大臣も諄々とした口調で説き始めた。その中で、大臣はやや居住まいを正しながら、最近の大臣自身の外遊の体験、とりわけ中国への訪問に触れながら、国民感情の好転に及ぼす政治家の役割といったことについて、エピソードを交えながら物語った。

そうした中で、日本側代表団にとっては、いかにもフランスの貴族風であった部屋が、急に東洋的なムードに覆われてきたような気がしてきた。その時である、渡辺大臣が言った。

「エリツィンさんが日本に来た時には――」

一時間以上にわたる会談で初めて、日本の外相はエリツィン大統領と言わずに、エリツィンさんと呼んだのだ。そこには、万感の思いと深い外交的シグナルが含まれていた。もっと言えば、部屋のムードが西洋的か東洋的かで違うように、そこには、一体ロシアがヨーロッパであるだけでなく、本当にアジアになり得るのか、またなる気持ちがあるのかという問いが隠されていたのであった。

たしかに、会談の終わりごろになると、どこか「東洋的」なムードが、かすかながら漂い始めていた。

第四章　アイルランド

源流論争

一九九二年の秋も深まった、十月の末、六本木の東端にある駐日アイルランド大使の公邸でかなり大掛かりな晩餐会が開かれた。

主賓は常陸宮ご夫妻で、アイルランドに進出している日本企業の社長さんや数名の文化人、それに大使の個人的友人たちが招かれていた。

もともとは学者になりたかったというシャーキー大使の人柄を反映して、全体の雰囲気は至って知的であり文化的だった。食事のメニューにも、秋の季節感を出そうという工夫が凝らされていた。食事の中心をなすアントレはウズラの詰め物で、メニューには、それに加えて「秋の野菜添え」とわざわざ書かれてあった。

季節感だけではない。日本とアイルランドとの友情を象徴するかのように、晩餐は、「アイルランド産スモークサーモン」に始まり、「日本風コンソメ」に続くという筋書きだった。

食後には、サロンでアイルランド琴と風笛の合奏が集まった人々を楽しませたが、そこでも、日アイルランド両国の音楽が奏せられた。もっとも、ここでの日本音楽は「庭の千草」で、もとはといえばアイルランドの民謡だった。

コーヒーも終わって、リキュールが出された頃（もとよりアイルランドの有名なリキュール、アイリッシュ・クリームも供された)、シャーキー夫人が我々の座っていたコーナーにやってきた。シャーキー夫人はインド系の美人で、イギリスの大学で今の大使と出会ったと言うだけあってなかなかのインテリだった。

女主人たるシャーキー夫人への礼儀もあって、一同の話は、自然、アイルランドと日本のこととなった。そして、シャーキー夫人がラフカディオ・ハーンのことを話し始めた時である。突然一人の日本人が驚いたように、ハーンはアメリカ人ではないのですか、アイルランド人とは知りませんでした、と口を挟んだ。

シャーキー夫人は予期していたかのようににっこりと笑いながら、

「アイルランドのものは、日本ではよくアメリカのものと思われています。たとえば、ダニー・ボーイなどもそうですね。ハーンも元来はアイルランド人ですが、アメリカから日本へ来たため、日本ではアメリカ人のように思われていますね」

と、静かな口調で言った。それは一種の皮肉でもあり、諦めでもあるかのように響いた。途端に一人の客が割って入った。

「全くそうですよ。源流をたどってみるとアイルランドのものは、意外なところにあるんですよ」

そう言って、その人の話出した事柄は、そこに居合わせた誰にとっても予想外のことだった。

それは、日本の国歌の源流に関することだった。一説によれば、今日の君が代が、林広守によって作曲される前、歌詞は同じだが全く違うメロディが、フランス人の軍楽隊長によって作曲されたが、歌詞とメロディがあまり合わないので、その曲は結局採用されなかった。ところが、そのもう一つ前に、アイルランド人で日本に教えにきていた人物が日本の国歌にと、アイルランドのメロディを源にして、日本の国歌を作曲したという事実があるらしい、今、自分はそのあたりのことをいろいろと調べている――そういう話であった。一同狐につままれたような顔をしながら聞き入っていたが、初めて聞く話だけに否定も肯定も出来ず、「面白い話だ。奇妙なところにアイルランドと日本の繋がりがあるものだ」という「おち」となった。

しかし、考えて見れば、あるものや事柄の源がどこにあるかということは、おしなべて、そう易しい事ではない。西洋のオーケストラにしても、バイオリンやフルートなどは、もともと中近東やインド辺りから来たとも言われており、ピアノを別にすれば、今日のオーケストラで使われている楽器で「西洋」にその源がある楽器は何一つなく、極端な言い方をすれば、西洋音楽は他の地域からの楽器に改良を加えて、それを一緒にしただけのことだという説すらあるくらいだ。

しばらく経つと、源流論争を続けるより美しい音色を楽しもうとばかり、アイルランド民謡の哀切のこもった調べが、アンコールの要求に応えて再びサロンに流れ出した。

源流を云々するより、良きものは良きものとして素直に鑑賞すれば良いということなのかも知れない。

第五章　ベルギー

ヨーロッパの縮図

一九九三年の日白外相会談が行われたのは、松の内の最後の日だったが、正月もろくにお祝いしないブリュッセルでは、全く普通の日だった。陽気も冬のベルギーらしく、薄曇りの空から時々、病気にかかったような太陽の光がさすだけで、外套なしでは散歩もはばかられるほどだった。それでも、会談のはじまる午後三時になると、急に太陽に明るさが増し、どことなく暖かみを感じさせる気配になった。そんなブリュッセルの町を、渡辺外務大臣一行をのせた車の列は、宿舎のヒルトンを出て、ベルギー外務省の迎賓館へ向かった。

見事な大理石の階段や大きな緞帳が重々しさを加えている迎賓館は、その華麗な内装のわりには、これといった過去の歴史をもつ建物ではなかったが、迎賓館の前の広場は一六世紀にスペインに対して反逆した人々の彫像が並ぶ広場で、ベルギーの歴史をきざんだ場所であり、それなりの外交的意味がこめられていた。

建物の二階左手の小さな会議場で会談は行われた。

ベルギー王室と日本の皇室との伝統的友好関係とそれをさらに促進して行く方途など、幾つかの二国間関係についての話題の後、会談のテーマは、折からのヨーロッパ市場統合の完成とこれからの見通しの問題に移った。

統合の政治的意味、それがアジアに及ぼすべき影響といった話の一環として、アジアにおける地域統合への動きが話題となった。ここで、渡辺大臣は、根っからの政治家でありながら、外交官以上に外交的な表現で日本の立場をうまく言い表した。

「日本やほかのアジアの一部にはたしかに、アジアでもアジアの国々でグループを作るべきだという人がいる。しかし、我々はこれに賛成しない、アジアは、排他的であってはならないと思うからである」

大臣はこれに続けて言った。

「アジアに排他的グループができることは、ヨーロッパのためにならないであろう、そうならないようにするためにも、ヨーロッパ自身が排他的にならないようにお願いしたいのである」

ベルギーの大臣もこれにはただうなずくばかりだった。

しかし同時に、渡辺大臣は、ヨーロッパ統合のかかえる幾多の困難に対して、同情と理解の念を伝えることをためらわなかった。ただ、ここでの言い方は、全く外交官的ではなく、選挙区の町の人々に向かって説明でもするかのように「政治家的」だった。

「日本では、戦後のある時期、市町村合併が盛んにおこなわれていた時代があった。同じ日本の同じ所の町や村であっても、いざ合併となると、やれ、あそこの学校をどうする、あの場所の名前をどうする、で大変だった。まして、いわんや、国と国とが統合してゆこうとすれば、そう簡単にゆくはずがない。ヨーロッパの国々の努力と苦労には敬意を表したい」

こう渡辺大臣が言うと、ベルギーの外務大臣は、我が意を得たとでもいうかのように、にっこり微笑んだ。

さしたる厳しい案件もなく和気あいあいと進んだ会談の雰囲気のせいだろうか、会談が終わると、渡辺大臣は車を捨てて歩いてホテルへ帰ろうと言い出した。それでは、と一同、ＳＰの護衛付きでブリュッセルの町を歩いた。

大きな劇場を思わせる中央銀行の横を通ると、そこは、ベルギー王室の宮殿である。どこか町は古めかしく、くすんではいるが、どっしりとしたところもある。過去の匂いが、このヨーロッパの明日を目指す共同体の本拠地に深く漂っている――そう思いながら歩いていると、外務省の同僚でヨーロッパとアフリカの、双方に勤務したことのある者が耳元で呟いた。

「要するに、これらの富のすべては、かつてのアフリカの植民地を搾取した遺跡ですよ」と。

たしかに、西洋の植民地主義というと、フランスやイギリスを思い浮かべる人々が多いが、ベルギーもかつては相当な植民地帝国だったのだ。そう思って街並みを見ると、今まで親しみを感じていたベルギーのこぢんまりとした佇まいが、逆になんとなくプチブル的に取り澄ました、嫌味があるように見えてきた。

そんな思いを完全には吹っ切れないまま、翌日スペインへ向かった大臣一行とは別に、ロンドンへ行くため飛行場へ赴いた。チェックインの手続きを大使館の若い係員がやってくれている間に、カウンターの周りを散歩した。小さな椅子がいくつかおいてあって、何人かの乗客がいささか貧乏くさい様子で座っている。一等客なら待合室へ行くだろうから、これはツーリストの客だろうが――もっとも、ヨーロッパ内だと、一、二等の区別もないから、みんなここに座っているのだろう――そんなことを思いながら歩いていると、小さな椅子に屈みこむようにして一人座っている初老の紳士がいる。どこかで見た顔である。ヨーロッパ人らしく茶色の外套を着ている。誰だったろうか、一瞬考えた後はっとした。ベルギーの外務大臣である。前日会ったばかりだから間違うわけはない。挨拶すべきかどうか、一瞬迷っているその時、初老の紳士は目をあげてまともにこちらを見てほほ笑んだ。あわてて二、三歩歩み寄って手を差し伸べた。

「ボン・ボヤージュ」

そう言い合って別れた。

その瞬間、それまで心のどこかにわだかまっていたベルギーの植民地支配の問題は、完全に溶けてなくならないまでも、少し遠のいてしまっていた。

公用ではなく、私用かも知れない。また、隣の国へ行くと言っても、ヨーロッパでは隣の町へ行くようなものである――そうしたことを勘案しても、日本の常識からいえば、現職の外務大臣が伴も連れずにただ一人、飛行場の片隅のツーリスト用の小さな椅子に腰を掛けて飛行機を待っているという風景は考えられない――ヨーロッパの良さはこんなところにもある、そう思えるような光景であり、体験だった。

第六章　フランス

「ヴァカンス」論議

フランス人気質というと、多くの日本人、とりわけ、フランス在住の邦人にとっては、いわゆるヴァカンス、夏期休暇によせるフランス人の格別の思い、あるいは執念のようなものをあげるのではなかろうか。

夏になると、日本では多くの国会議員が「外遊」する慣わしだが、パリでは、八月は政府も閣議すら開かないことも多く、面会相手もパリに不在のことが多くままならない。

それだけではない。大使館のフランス人職員も、事務職員から運転手、執事、お手伝いにいたるまで夏季には長期休暇をとる慣わしなので、あらかじめその手当をしておかねばならない。

一体、フランス人はどうしてそんなに、夏のヴァカンスにこだわるのだろうか。社会的風習になっているので、休暇をとらないと周囲に奇妙に思われ、貧乏ひまなしとみられるのがいやだという心理かとも思ったが、それにしては、皆、休暇を「楽しむ」ことが上手で、一部の日本人のようにあちこち観光に走り回ってかえって疲れて帰ってくるという例はまず聞かない。

そもそも、こちらがよく付き合っているようなパリ在住のフランス人はヴァカンスといって、地方にでかけ、一ヶ所にゆっくり滞在して、のんびりと読書したり、散策したりしている人がほとんどだ。まさに休暇は「休む」もので、観光旅行はしてもごくその一部に過ぎない。

こうした「ヴァカンス」がフランスに定着した理由をきいてみると、暑さをのがれての避暑といった物理的理由ではなく、むしろ、ヴァカンスこそが、生活の基礎、いわば、日常化しているからだということがわかる。言ってみれば、ゆっくり、のんびりしている生活こそが理想的生活であり、あくせく働くのはよき人生ではないという哲学が染みわたっているように思える。お金持ちではなくとも、なるべく早く退職して、年金生活を送りたいという人も少なくない。

どうしてそういう社会心理が定着したのか。あるフランス人からは、フランスは、農産物に恵まれ、気候も温暖で、あくせく働く必要がないからだという、冗談めいた答えが返ってきた。別のフランス人は、そもそもヴァカンスが定着したのは、王様とその側近たちが、有力貴族の政治的干渉をきらい、かれらを一種の有閑階級として遊ばせておくため、ヴァカンス気分を日常化したせいであると言う。

考えてみると、日本では、なぜ正月休みといって特別な日々をおくるのか、と聞かれても、論理的説明は困難なのではないか。フランスのヴァカンスも畢竟歴史的風習の一つといえるのかもしれない。

ストとデモの頻発

フランスでは、休暇の時期となると、航空会社や鉄道、バスなどでストが起きて困ることもしばしばだ。

驚くのは、人々がそうしたストに慣れて、社会的不満が噴出しないことだ。どうしてかというと、一つには皆がストをするので、他人がやるのに寛容になるという事情があるようだ。また、日本と違って、公務員のストも全く制限されていない。そのせいか、二〇〇〇年度だったと思うが、フランスで公務員改革の一環に外務省の改革案が出て来たとき、ケドルセ（仏外務省）で、省員のスト騒ぎが起こったほどだ。ストと同じように、フランスではデモがすぐ行われる。農産物の価格低落が我慢ならないと、農民がトラクターをつらねてデモを組織し、おかげで、空港近辺の道路が混乱して、空港へ来客を迎えにゆけないという事態もあった。

こうしたデモ、ストの頻発は、いわば自己主張のはけ口であり、大衆運動の一環といってしまえばそれまでだが、社会的混乱を招いてもしかたがないという思いがひろく行きわたっているのは、やはり、幾度も「革命」運動かおこり、大衆運動が繰り返されたフランスの歴史のせいであり、その意味では、フランス革命の精神は今日も生きているということなのであろうか、と自問したくなる。

フランス女性の魅力

フランスの女性には、魅力のある人が多い。しかし、決していわゆる美人はあまりいない。むしろ、北欧あたりのほうが、顔かたちの上からいえば美人がおり、また、肉体的な意味で魅力ある女性というと、結構イタリアやスペインに指を折る。それでも、フランス女性は、どことなく魅力のある人が多い。なぜだろうか。

与謝野晶子は、フランス女性の魅力は個性にあると言った。各人が自分にあった容姿をつくりあげ、個性を大事にする、そこにフランス女性の魅力の源があるという。

たしかに、香水、化粧品、ファッション、宝石まで、フランスの商品やスタイルが世界を席巻する裏には、女性一人一人の個性を大切にする伝統が働いているともいえる。加えて、競争原理が働いているのではあるまいか。フランス女性が、男性の気を引こうとする競争、そして男性が魅力ある女性をとりこにしようとする競いは相当なものだ。

日本のように、男性が草食動物化して、女性に関心をもたないとか、女性だけが集まって、食事や観劇を楽しんでいるという現象はあまりみかけない。それだけに、女性同士の嫉妬、男性同士の張り合いが目立つ。

男女それぞれの「競争」が、フランス女性の魅力を育てているのではあるまいか。

第Ⅶ部　会議は踊る――多国間外交の舞台裏

第一章　サミットをめぐって

ミュンヘンサミット

フランス、アメリカ、イギリス、ドイツ、イタリア、カナダそれに日本——先進民主主義工業国の七人の指導者が一堂に会して世界の政治と経済を議論する会合、いわゆるサミットは、十八回目を迎えていた。

一九九二年七月、十八回目のサミットがドイツのミュンヘンで開かれた。

ミュンヘンがサミットの場所として選ばれるについては、いくつかの理由があった。

従来ドイツでのサミットは、首都であるボンで開かれていた。しかし、ドイツ統一が達成され、首都もベルリンに移ることが決まっている以上、いままでのようにボンでサミットを開くのはいささか問題があった。それは、あたかもドイツ統一がいまだ完成していないことを象徴するものと受け取られかねなかったからである。しからば、ベルリンでやってはどうか。まさにドイツ統一の後をうけてドイツの威信を世界に示す絶好の機会になるはずである。

だが、不幸にしてベルリンはいまだ東西冷戦の傷痕が完全には消え去っておらず、七ヶ国の首脳をむかえて国際会議をスムーズに行う態勢にはなかった。そうなると、ホテルや会場の施設の整った大都会、ハンブルグ、フランクフルト、ミュンヘンなどが当然候補となる。ところが、ここにひとつ大きな内政上の問題があった。もともとドイツは連邦制で地方の独立心が強く、連邦政府の行事であるサミットのために自分のところが迷惑をこうむるのは勘弁してほしいという気持ちをもつ地方が多い。とりわけ、サミットがだんだん肥大化し、参加する政府関係者やジャーナリストの数が増えるにつれて、警備や交通の関係から、地元の住民生活が乱されることにたいして、開催地の人々から抗議の声が上がり出していた。ドイツ連邦政府としては、こうした微妙な内政上の問題に対処しなければならなかった。

幸い、ミュンヘンを中心とするババリア地方は、どちらかといえば保守的で、サミット開催に対して激しい反対運動がおこる心配はなかった。加えて、この地方は、歴史と文化に彩られた場所であり、観光地としても有名だけに、国際的な行事を行うにはうってつけだった。

そうした複雑な理由で選ばれただけに、ミュンヘンの地元政府と連邦政府の気の配り方は周到をきわめた。会場の周辺は交通止めとなり、何千人もの国境警備隊が動員された。代表団へのお土産もミュンヘンサミットのロゴのついた文房具や時計をいっぱいつめたボストンバッグを配るなど、気配りが感じられた。

あいにく天候だけはいたしかたなく、七月七日、会議の初日は曇り空だった。ミュンヘンの曇り空は、そこに集まった各国首脳の心中を象徴していた。

議長国のドイツのコール首相は、ドイツ統一の「つけ」に悩まされていた。統一を巡る政治的勝利と歓呼の声は今や過去のものとなり、財政赤字と対外収支の悪化がドイツ経済を脅かしていた。四パーセントを超える（ドイツとしてはかなりの高率の）インフレーションを目の前に、経済は引き締め政策に傾きがちだった。しかし、景気の後退に悩む他の国、たとえばイギリスは、ドイツの利下げを内心強く望んでいた。経済がようやく回復基調になりだしたアメリカもそうであった。それだけに、うかうかすると、ミュンヘンサミットは、ドイツに対して経済政策の上で注文を付けるための会議にもなりかねなかった。

それだけではなかった。折から、多国間の貿易交渉であるウルグアイラウンド交渉は、ヨーロッパ連合、とりわけフランスとアメリカが農業問題で折り合いがつかず、デッドロックに乗り上げていた。これを打開するため、アメリカはドイツに圧力をかけ、ドイツの力でフランスを説得させようとしていた。したがって、まかりまちがうと、ミュンヘンはドイツにとって、アメリカを助けるか、それともフランスと手を組んだままでいるか、そのどちらかを選択させられるという困った会議になりかねなかった。そうした難しい課題を抱えていただけに、コール首相の顔色はいま一つさえなかった。

他方、アメリカのブッシュ大統領にとっては、実はサミットどころではなかった。ブッシュは大統領選挙戦の真最中で、しかもテキサス州出身の新人候補、ロス・ペロー氏の人気の方がややもすると現職の大統領より高いというありさまで、このままでは再選に不安があるというのが、当時の一般的観測だった。それかあらぬか、米国では、ブッシュ大統領は国内の多くの問題をそのままにして、何のためにミュンヘンまで行くのかといった批判まで出ている始末だった。ブッシュがミュンヘンに着くや、地元の子供たちが遊ぶ公園でジョギングしたのも、心のもやもやを吹き飛ばそうとする気持ちもあったに違いなかった。

フランスのミッテラン大統領も、国内での人気はがた落ちだった。与党社会党への支持率は下落の一途をたどり、おまけにヨーロッパ共同体の農業改革の方針を巡って、大規模模農家の反発が高まっていた。しかも、折から、夏のヴァカンスが始まろうとするフランスの高速道路は、新しい規制をめぐるトラックドライバーたちの反対デモのため、あちこちで、通行不能におちいり、政府のやりかたへの非難が高まっていた。

カナダのマルルーニ首相も、独立志向のケベック州の取り扱いをめぐる憲法改正問題というややこしい国内政治問題を抱えて、青息吐息ともいえる状態だった。イタリアにいたっては、つい一両日前に内閣ができたばかりで、まじめに政策論議ができる状態にあるとは到底言えなかった。

こうした各国首脳の立場は、ミュンヘンサミットの議論やそれを報ずる世界のメディアの論調にいろいろなかたちで影を落とした。たとえば、イタリアはほとんど相手にされなかった。ウルグアイラウンド交渉の早期妥結について、どのように会議のコミュニケに書き込むかという点をめぐって、首脳の命をうけた各国の代表たちが徹夜の会議を開いた際も、イタリアの必死の抗議にもかかわらず、イタリアの主張は事実上無視された。しかも、これから七ヶ国で経済政策を議論し合おうというそのまさに前日、イタリアは公定歩合を引き上げてしゃあしゃあとしていた。各国代表に、あらためて、イタリアは仕様のない奴だという思いを植え付けたのは否めないところだった。

そんなことも手伝って、ミュンヘンサミット二日目のヘラルドトリビューン紙に載ったサミット参加国首脳の写真は傑作だった。普通、横に並んで立っている写真が載るところを、この写真は他の六ヶ国の首脳が並んで立っている前を、自分の席を探して歩いているイタリアの首相の姿を映していたのだ。まさに首相になったばかりで、しかも他の人々にいささか相手にされていない様子を象徴した写真だった。

しかし会議の中では、イタリアの首相は新顔だけに元気だった。アメリカの大統領が選挙で苦しんでいることに触れて、「あの変なテキサスの男」という表現を使って、対立候補のペローのことを皮肉った。これにはブッシュも苦笑して自分もテキサス出身であることに引っ掛けて「変なテキサス男とは私のことではあるまいね」と言ってジョークを飛ばした。しかし、見方によっては、このジョークはいまや世界中でささやかれているブッシュ苦戦の論評を意識しての照れ隠しであったとも言えた。

ミッテランの反応は、ブッシュと違って、いかにもミッテランらしい真面目さと計算に基づいたものであった。ミッテランは、どこで自分の存在意義を示そうかと虎視眈々と待っていた。機会は第二日目の首脳の昼食会にやってきた。ユーゴ情勢を議論することとなったこの昼食会で、コール首相に促されて、ミッテラン大統領はつい数週間前自ら訪問したユーゴのことをとうとうと喋った。空港にヘリコプターで降り立ったところから始まったミッテランの「自慢話」は臨場感に溢れていた。しかし、やがて他の参加者はうんざりした。ミッテランは、何と、一時間近くも話題を独占して喋りまくったのだった。それはミッテランの権威や指導力を示すものというよりも、むしろ、彼の政治的立場がいかに追い詰められているかを間接的に証拠立てるものであった。

アメリカの指導力に陰りができ、フランスにも一時の元気がない中、イギリスのメージャー首相は、アメリカとヨーロッパ大陸の間に立って仲介役を果たそうとした。本国では未だサッチャー前首相の「弟子」とみられ、しかも、自分の率いる保守党の内部にヨーロッパ統合に懐疑的な少数派閥をかかえるメージャー首相としてみれば、アメリカとヨーロッパ大陸諸国の対立する事柄について仲裁の労をとることができれば、政治的な得点を稼ぐことができるのだった。そうした事柄としてまさにうってつけのものはウルグアイラウンド交渉であった。

事実、ウルグアイラウンド交渉は、ちょうどそのころ、デッドロックにのりあげていた。農産物に対する数量制限や課徴金といった制度を一旦すべて関税におきかえ、そのうえで関税引下げ交渉を行おうと主張する米国と、それはそれで反対ではないがとしつつも、輸出補助金とか国内の農業補助金に大きな制約を課される結果になることを恐れるヨーロッパ大陸諸国はいろいろ注文をつけており、話し合いが行き詰まっていたのだ。

他方、英国は伝統的にヨーロッパ大陸諸国の補助金行政には批判的であり、ミュンヘンサミットの機会を利用して、米国と欧州との間の話し合いに突破口が開かれることとなれば、イギリスとしては願ったりかなったりであった。そこでメージャー首相は、同じように交渉の妥結に熱心なヨーロッパ共同体のアンドリーセン副委員長と組んで仲介にのりだし、ミュンヘンサミットの経済宣言の文案作りという形で、両者の主張の歩み寄りをはかった。首相じきじきの交渉というわけにはいかないので、交渉は夜を徹して、各首脳の個人代表の間でおこなわれた。結局英国が意図したような妥協はできなかったが、こうしたイギリスのイニシアチブは裏舞台の話し合いを活発なものとするのに役立った。

議論の活発化といえば、ミュンヘンサミットの経済政策論議でおおいに名をあげたのは、ほかならぬ日本の宮澤喜一総理だった。大蔵大臣と外務大臣の双方を経験し、またそうした資格ですでにたびたびサミットに出席している宮澤首相は、場慣れしているうえに得意の英語を駆使できる場とあってきわめてさえていた。おりから日本は、内需拡大政策を諸外国から求められてはいたが、持ち前の経済理論で日本の政策を説明して各国首脳の理解を求めた。ちょうど、政治面では、日本の対ロシア支援の姿勢との関係でいわゆる北方領土問題が国際的に注目をあび、経済面での日本の政策に対する関心とあいまって、日本はミュンヘンサミットの主役とまではいかないものの、主役に近い役割を果たすことになった。

もっとも、サミットの成果を分析した新聞論調は相当に辛口のものが多く、中には、英国のフィナンシャルタイムズのように、各首脳は、フランク・シナトラのマイウェイという歌のように、それぞれ勝手なことを言い合っただけで、政策協調という観点からは見るべきものはなかったというものも少なからず見受けられた。

それでも準備にかけた費用を会議の時間で割ると、一分間に五十万円近くかかったというミュンヘンサミットを終えた首脳やその補佐官達は、元ババリア王家の宮殿を出て空を見上げた時は、ほっとした気持ちになっていたに違いない。事実、会議の始まる時には曇っていた空は、今やすっかり晴れ上がっていた。蟬の声がミュンヘンの川辺に聞こえ出すのも間近のように思われた。

クレムリンの音楽会

そこはモスクワ、クレムリンの中心部、大統領執務室からものの数百メートルほど離れているかいないかの場所だった。ゲオルギーの間と称するこのホールは、縦六一メートル、横二〇・五メートル、高さ一七・五メートルの細長い部屋で、このあたりの他の部屋と同じで、ロシア帝政時代の勲章の名前からとって「ゲオルギー」と名づけられたものだった。月桂樹を手にかざした、勝利を象徴する彫像のついた一八本の柱が高い天井を支え、天井からは六基の巨大なシャンデリアが垂れ下がっている。

かつて、対独戦勝記念式典が行われたこの部屋で、一九九六年四月一九日、盛大な音楽会が開催された。一段高いところに陣取ったオーケストラの前には、エリツィン大統領、クリントン大統領、シラク大統領を真ん中にして、日本の橋本総理を含めた八ヶ国、すなわち、モスクワ原子力安全問題サミット参加八ヶ国の首脳が席をしめている。

グリンカ作曲になるオペラの曲に始まるプログラムが演奏され出すと、みずからもサクソフォンを吹くクリントン大統領は、時折軽く首を振りながら、メロディの調子に合わせるかのような身振りをしている。一方、ドイツのコール首相は、クラシック音楽好きのドイツ人らしく、プロコフィエフのピアノコンチェルトを聴き入るときなどは、微動だにしない姿勢だった。

男性のソロ、女性のソロと、オペラのアリアの演技が終わると、背の高い金髪の女性バイオリニストが登場した。目を時折天井に向けながら大きく体をゆする演奏スタイルは、どこかロックミュージックの雰囲気を醸し出す風情があって、クラシック音楽演奏のムードとは大分違っていた。演奏が終わって、花束を受けとると、バイオリニストは顔を近づけて花の香りを嗅いだが、そこは、同じく花束を贈られた男性ピアニストとは違って、いかにも女性らしい優雅さが感じられた。そして、花を受け取るとき、真っ白な剝き出しの左肩の前方に、バイオリンの角の跡が赤く残っているのが痛々しく見えた。

曲目の最後から二番目のロシア民謡は、重い鐘の響きを、人間の声（バス）が巧妙に醸し出し、聴く者の胸にいわば物理的にも響くような重圧さが感じられた。

最後の演奏曲目は、ベートーベンの第九交響楽の一節「歓喜の歌」だった。演奏が終わると、コール首相がすっと立ち上がって、同僚の首脳たちを促すような身振りをしながら舞台へ近寄り、演奏者の一人一人と握手した。首脳たちと音楽家が入り乱れ、和やかな雰囲気のうちに散会した。

帰りがけ、建物の外に出る大きな階段を歩きながら、ふと思った。そう言えば、音楽会で演奏された曲目は、全部で八つだった。ロシアは、先進七ヶ国のいわゆるG7サミットを、ロシアも加わるにG8にしたいと必死の外交攻勢をしてきただけに、八という数字には特別の思いがこめられていたのではないか。しかも、思い返せば、演奏は春を思わせるような、明るい感じの曲から始まって、最後の一つ前はロシア民謡「小さなジングルベル」で、最後は「第九」であり年末を象徴するとすれば、音楽会は全体で一年の時の流れを暗示しており、これは、時の流れ、すなわち時勢はG8の時代になってきていると言いたかったのかもしれない。おまけに、と思った、最後の曲「歓喜の歌」は、ヨーロッパ連合の公式な「連合歌」であり、ヨーロッパ統合のシンボルであることを想起すれば、「ロシアも今やヨーロッパの一員である」ことを密かに示したかったのかも知れない。

盛大な社交行事の音楽会は、実は、一大政治ショーだったのであろうか。

第二章　GATT（関税及び貿易に関する一般協定）とWTO（世界貿易機関）関連エピソード

アフリカ巡回貿易使節団のエピソード

ＷＴＯ（世界貿易機関）の前身ＧＡＴＴ（関税及び貿易に関する一般協定）は、一九五〇年代から六〇年代にかけて、日本の対外貿易交渉において、重要な役割を担っていた。なぜなら、当時、日本が国際経済、国際貿易の分野で、ＩＭＦ（国際通貨基金）と並んで参加し、かつその恩恵をうけていた重要な数少ない国際協定の一つだったからである。ところが、そのガットにおいて、日本は長く差別的待遇をうけていた。それはいわゆるガット三五条問題といわれるものだった。

ガット三五条は、ガットに新しく加入する国とすでにガットに参加している国との関係について定めたものである。

ガットは、その誕生の歴史が物語るように、単なる国際機関でもなければ、また、面倒くさい文句をならべただけの条約でもなく、各国による関税引下げ交渉の実施とその効果の維持という、きわめて実際的目的と役割に裏うちされた国際規範であるだけに、新しい国がガットに参加するには、原則として既存の加盟国との間で関税引下げのための交渉を行なう建前となっていた。

ところが、ガット三五条は、既存の加盟国が新しい国のガット参加を認めたくない場合には、その国と関税交渉を行なうことを拒否し、かつ、その国に対してガット規約を適用しないですむことを認めた条項である。ひとことでいえば、ガット三五条は、新参者をガットというクラブのメンバーとしては認めても、クラブ員としてのつきあいを拒むことを許す条項にほかならない。

こうした条項は、一見奇異にも感じられるが、実はこの条項の誕生は、ガット加入に関する条件と密接につながっている。すなわち、一九四八年一月一日に発効したガット規約では、新規加入国を認めるには全員の賛成が必要と解せられていたのを、その後の改正作業の際、三分の二の多数決によるむね明記することとしたものである。この三分の二の多数決という考え方は、若干の国がある国のガット加盟に反対しても、圧倒的多数の国が賛成する限りガットへの参加を認めてやることが正しいとの認識に出ずるものであった。

ところがこうした条項を設けたことによって、既存の一部のガット加盟国からみて自由無差別な原則に基づく通商関係に入りたくない新加盟国があったとしても、その国に対して一定の義務(たとえばその国を差別的に扱ってはならないことなど)が発生することとなった。そこで、こうした困難を救い、いわば一種の拒否権を認めるため、ある国が三分の二以上の賛成を得てガットに入り、大多数の国とその国との間に自由無差別な通商関係が設定され、ガットという国際条約が相互に適用される関係が生じても、特定国がその国に対してガットのメンバーとしてのつきあいを拒否する道を残すこととし、このため三五条が設けられたのである。

この条項が当時新設された背景には色々の事情があるが、その一つは人種差別の問題に関連していた。すなわち、当時からインドは、南アフリカの人種差別に抗議する意味で南アフリカの産品を自由に、かつ他の国と同等の条件で輸入することを拒む一方、インドも南アもその他の国々との関係では自由無差別の貿易関係を望み、そのためこれを何らかの方法で解決する必要があったのである。

ところがこの条項は、日本がガットに加入した際、日本に対しては最恵国待遇を与えたくないとして、ガット上の関係を拒否したい国によって援用される事態となった。これが、いわゆるガット三五条問題、あるいは対日差別問題といわれるものだった。

一九五五年、日本が正式にガット加盟を認められた際、英国、フランス、豪州など一四ヶ国にのぼる国々が、ガット三五条を援用して、日本との間にガット上の法的な「締約関係」を結ぶことを拒否した。続いて、一九六〇年代に入ると、アフリカを中心に英領や仏領の植民地がいっせいに独立しガットに加入するに当り、英国やフランスの権利ないし立場をひきついで、日本とガット関係に入らなかったため、対日三五条援用国すなわちわが国に対してガットの規定の適用を拒否する国の数は三〇前後にまで増加した。

このように、ガットにおける対日差別の問題は具体的には、三十五条援用というかたちで始まったが、その後西ヨーロッパや英連邦の主要国は相次いで三五条援用を撤回し、少なくとも世界の主要貿易国に関する限りは「ガット上の権利義務を日本に対しては全面的に拒否する」というかたちの対日差別は終止符を打つに至った。

他方、英国やフランスの権利をうけついだまま独立したアフリカ諸国や一部の中南米諸国、ならびにポルトガル、オーストリアなどのヨーロッパの「周辺」諸国は、終始わが国とガット上の

ガット規約第35条援用例　（1971年6月現在）

分類	援用国	被援用国
人種問題等の政治的動機に基づくと考えられるもの	インド	南ア、ポルトガル
	ガーナ	ポルトガル
	ナイジェリア	ポルトガル
	ポルトガル	インド、ガーナ、ナイジェリア
韓国と共産主義国との関係に由来するもの	韓国	ポーランド、キューバ、チェコ、ユーゴ
	チェコ	韓国
革命前のキューバによる援用 （キューバは自国産の砂糖を十分買付けないことを援用の理由としてあげた）	キューバ	デンマーク、ドミニカ、ギリシア、イタリア、ニカラグア、スウェーデン、ウルグアイ、ドイツ、ペルー、トルコ
〈日本に対する援用〉 オーストリア、ブルンディ、カメルーン、中央アフリカ、コンゴ（ブラザビル）、キプロス、ダホメ、ガボン、ザンビア、ハイチ、アイルランド、ジャマイカ、ケニア、モーリタニア、ナイジェリア、ポルトガル、セネガル、シエラレオーネ、南ア、スペイン、タンザニア、トーゴ		

注）GATT, Analytical Index および L/3517, L/3429, L/3444, L/3421, L/3448, L/3466, L/3484

法律関係、すなわちお互いに自由無差別の原則で貿易を行なうとの法律的約束に入ることを拒み、これら諸国と日本は、正式のガット関係にないまま推移してきた。

こうしたことから、三五条問題は、長年の間日本にとって、ガット上最大の問題として、いくつかの笑い話を生むほど人口に膾炙した問題だった。

現に、一九五〇年代、ガット事務局長のウィンダム・ホワイトが、日本でのガット総会のため来日した際、タクシーに乗りガット総会の会議場に行こうとして、同行者がガットとつぶやいた途端、タクシーの運転手が三五条と言ったとか、片言英語のできる芸妓がホワイトに仕事は何をしているのかと聞き、ガット事務局にいると言った途端、アーティクル・サーティファイブと言ったとかいう、冗談とも本当の話ともとれる逸話が流布される程だった。

そうした日本側の関心と焦燥を象徴するように、

一九七一年の半ばですら、ガット加盟国での三五条援用状況は前ページの表のように対日援用国が二〇数ヶ国にのぼる状況だった。

表に見られるごとく、対日三五条援用国の大半は、かつてこの条項を援用していた英国やフランスの権利を継承した新興独立国、とりわけアフリカ諸国であった。

七〇年代始めの頃、日本とこれらアフリカ諸国との貿易はとるにたらぬほどの額だったためもあって、アフリカ諸国に対して三五条援用撤回について真剣に交渉することはしていなかった。ところが、この問題が、日本政府部内で深刻な問題とみなされる事態が生じた。それは、開発途上国へのいわゆる特恵関税の適用と関連していた。

一九六〇年代、開発途上国は、先進国市場へ自国製品が容易に参入できるよう、開発途上国の産品については特別な優遇措置として、低位の関税、すなわち特恵関税を適用するよう要求し、結局ガットの規定に第四部を設け、ガットの基本である最恵国待遇の例外として、特恵を供与することに決められた。その結果、日本は開発途上国の産品には、特恵関税を適用するよう求められることとなった。

ところが、政府部内、とりわけ関税を所管する大蔵省から強い異論が出た。すなわち、一般の開発途上国に特恵関税を適用することはよいとしても、そもそも、日本とガット関係に入ることを拒否し、日本をいわば差別している三五条援用国にまで特恵を供与するのは筋違いであるという議論であった。

外務省は、これに対して、そもそもアフリカを中心とするこれらの国々は、英国やフランスのかつての対日三五条援用を引き継いだだけであり、大きな気持ちで特恵は供与し、貿易関係が拡大するにつれて三五条問題を解決すればよいのではないかと主張した。しかし、大蔵当局は、国会審議でこの点を取り上げられたら、外務省のような温情主義では通らないと強調した。

そこで、いわば妥協案として、次のような提案が浮上した。三五条を援用しているアフリカの国々のうち、大使館のあるところは大使を通じ、大使館のない国へは特別の使節団を派遣して、対日三五条援用を撤回しなければ特恵供与を拒否あるいは停止するという趣旨の申し入れをしつつ交渉するという案であった。

こうして、一九七一年春、国連大使を退任したばかりの鶴岡氏を団長とし、外務省から二名（経済局から小倉、アフリカ課から甲斐）、大蔵省から西沢関税局国際課長、通産省から並木通商課長、それに農林省から事務官一名が加わり、総勢五名の交渉団がアフリカへ派遣された。

まず、最初の目的地モーリタニアに行くため、パリ経由セネガルのダカールに泊まった。そこでは、長沼大使にセネガル名物のエビ料理の馳走にあずかったが、レストランに向かう途中、海辺の桟橋風の場所にある洒落たカフェで、彼方の丘の上にそびえる真っ白の大統領官邸を仰ぎ見ながら、食前酒を飲むこととなった。

メニューを眺めると、コエクジスタンス（平和共存）という名前のドリンクがある。どういう飲み物かとギャルソンに尋ねると、ウォッカとコカコーラを混ぜたものだという。なるほど、アメリカのコカコーラとソ連のウォッカを混ぜて平和共存とはしゃれていると一同大笑いをした。

セネガルからモーリタニアまでは、在セネガル大使館の浦部書記官が同行してくれた。元来、この代表団員は、アフリカへ出発するにあたって三つの戒めを順守することになっていた。第一は絶対生水を飲まず、かならずミネラルウォーターを注文すること、それと関連して、うっかり氷をいれた飲みものを飲むと生水を飲むことになりかねないので、ジュース、コーラ、ハイボールなどの飲み物は、氷なしといって注文すること、第二は、ホテルに着き自分の部屋に入ったら、蚊にさされないために、まず手持ちのフマキラーを撒くこと、第三に、日中歩き回る際は必ず帽子をかぶることの三ヶ条であった。

従って、一行がモーリタニアの首都、といっても田舎町のようなヌアクショットのこぢんまりとした二階建ての木賃宿のようなホテルに到着したとき、まず行ったことは、ミネラルウォーターを一行の部屋に届けてもらうことと、部屋にフマキラーを散布することだった。

ホテルは、ヌアクショットの中心の大通りに面していたが、人影はまばらで、商店も丁度昼下がりのせいか閉まっているものもかなりあった。一つの店に人だかりがしているので、甲斐君がフロントの金髪の女性に尋ねると、初めてガラスのショーウィンドウが出来たといって人々が見物しているのだというので、いささか驚いた。

もっとも空港も村役場程度のものであったので、国情が知れた。外務省のオフィスも、行ってみると玄関番の座っている裏の扉の奥が外務大臣室だいわれ、また驚く始末だった。

こうして、若干のおもわぬ驚きや予想外のできごとを体験しながら、使節団は、モーリタニアを皮切りに、トーゴ、ダホメ、カメルーン、中央アフリカ、ナイジェリア、コンゴ、ガボンなど十ヶ国前後の国をいわば巡回して交渉にあたった。

交渉方針についていては、使節団の出発にあたっての打ち合わせの際、鶴岡団長より次のような意見の開陳があった。すなわち、三五条援用を撤回しないと特恵を供与しないぞという脅し作戦は、アフリカ人を刺激して逆効果になるおそれがある。むしろ、三五条援用は、本来不当なものであるのみならず、これからの日本との貿易を促進するうえで不利であると諄々と説くべきである、と。

現地のアフリカ政府高官とこうした議論をしてみたところ、大体うしろにフランス人など旧宗主国の顧問のような人物が控えており、なにやらお互いにひそひそ話をした後、次のような答えが返ってくるのだった。すなわち、（アフリカの）自分たちにとっては、別に現状に不便は感じていない、これからの未来というのなら、むしろ日本が貿易拡大のために何をしてくれるのかが問題である、と。

そこで、代表団内部で議論した結果、次のようないわば奥の手の議論をしようと鶴岡団長に進言した。すなわち、そもそも、ガット三五条を援用するということは、同じクラブのメンバーながら、メンバー扱いしないで差別するものであり、差別行為であり、経済的アパルトヘイトである。南アフリカの人種差別政策アパルトヘイトをアフリカ諸国が非難しながら、自分たちが日本に対して経済的アパルトヘイトを実行していることは納得しがたい、と。そう言うと流石に相手も、そんな積もりはないと弁解調になるので、それでは三五条援用撤回をしてはどうかと持ちかけるのだった。

当初は、いささかためらいがちであった鶴岡団長も、モーリタニアからトーゴ、ダホメと巡回するにつれて、すっかりアパルトヘイト論議が板につき、フランス語圏などでは、フランス語のできない団員が、「団長がアパルトヘイトという言葉を使っているのを聞くと、ああ、あの話をしているのだなと分かってありがたい」、などと冗談を言うようになるほどになった。

そんなこともあって、代表団は半分はお笑い珍道中、半分は苦しい巡礼気分で各国を回ったが、一番困ったのは中央アフリカであった。

当時、中央アフリカは、ボカサ大統領というかなり独裁的政治家が国を牛耳っていた。ところが、代表団が着いた頃は、丁度そのボカサ大統領が欧州旅行中であった。甲斐君と小生が、外務省の儀典長と称する高官と面談すると、先方は、日本からわざわざ来られた重要なミッションなので、ボカサ大統領自身が是非面談したいと言っており、滞在を延ばしてほしいという。しかし、代表団はこれから、ガーナ、カメルーンと巡回することになっており、予定はかえられない、ついては、こちらの意図を書面に書いて残してゆくので、後にボカサ大統領とも相談の上、返事がもらいたいと申し入れた。ところが、先方は、どうしてもボカサ大統領が帰国するまで居てほしいといい、最後は、出国ビザを出さないとまでいっているとの情報を甲斐君から得た。

かくなる上は直談判するより仕方ないと、小生と甲斐君は二人で、外務省の儀典長なる高官を訪ねて折衝した。その際、先方は、おそらく後でボカサから叱責されることを恐れてこうした対応をしているのであろうから、ボカサに上手く説明出来る理屈をこちらから提供することで、相手を説得する必要があると判断した。そこで、先方に対して次のように述べた。すなわち、もし、われわれが無理やりに中央アフリカに留められれば、次の日程のガーナやカメルーンに行けなくなる。そうした日程変更は、すべて中央アフリカのせいであると、先方政府に説明せねばならない、そうなると、それらの国と日本との友好関係のみならず、間接的には、中央アフリカとそれらの国との関係にも悪影響を及ぼしかねないが、それでもかまわないのか、と申し入れたのである。

儀典長はややあわてた様子で、結局、われわれの出国に同意してくれた。まさに間一髪の瀬戸際折衝だった。

こうして数週間もアフリカ大陸を旅行していると、日本とは全く異質の世界だけに、かえって日が経つにつれて、その土地の風俗、習慣になじんで来たような気持ちになるとともに、日本が遠い世界のように思われてくるのだった。

そんな日々のうちで、「日本」をきわめて近く感じたのは、アフリカの地で活躍している日本人に会ったり、あるいは、かつて活躍した人物の足跡にふれた時だった。例えば、ガーナの首都アクラの郊外にある野口英世記念館はまさにガーナと日本を結び付けるものだった。また、カメルーンで大使館館員を除けば、ほとんど唯一の日本人長期滞在者で、カカオ豆の買い付けに励んでいる商社の人々の苦労話を聞くと、日本とアフリカが急に近く感じられたりした。

交渉自体の方は、実際各国と折衝してみて改めて分かったことは、先方の見方と当方の思惑とのすれ違いだった。アフリカ側からみると、遠い日本からわざわざ使節団をくんで交渉にやってくる以上、そこには、日本の利益がからんでいるに違いない、ガット三五条援用を撤回すればアフリカ諸国にとって長期的には得になるというが、むしろ、日本に得になるからこそ交渉に来たに違いない、そう思っていることが何となく伝わって来るのだった。

ところが、当方は、別に経済的利害というよりも、やむなく実施予定の特恵供与にあたって、日本国内で有り得るべき反対論に対処するためという、いわば国内政治上の理由から交渉に出向いてきただけに、相手と議論がかみあわない。そうしたすれ違いが感じられるだけに、次第にこちらも、考えてみれば三五条援用撤回を特恵供与と結び付けること自体、誰の得になる話なのか、撤回しないならば特恵供与はしないと言う方針を公言して、むしろ、先方から、それは困るなんとかしてくれと頼んでくるという形が素直な交渉ではないか、とも思われてくるのであった。そういう思いがかすめるにつれて、我々の交渉のやりかたは、三五条援用はアパルトヘイトと同様だという理屈がますます強調されるようになっていった。

アフリカの高官の中には、フランス人の顧問の意見を聞いたのか、日本製品は安値で輸出攻勢をするので、市場を守る必要があるなどという理屈を持ち出す者もいた。こちらから、市場を守るというがアフリカ人の工場で生産した製品ではなく、第三国の企業を守るためではないのか、と反論すると困った顔をするのだった。

使節団の最後の訪問地は、ガボンのリーブルヴィルだった。そこで使節団は解散し、南ア経由ケニアへ行く組（並木、小倉）と、パリ経由日本へ帰国する組（団長以下残りの人々）に分かれることとなっており、使節団としては最後の晩を、ホテルのレストランで注文出来る最高のワインを味わって過ごそうということに決まっていた。ところが、その当日になると、突然、ガボンの外務大臣が使節団一行をアフリカ料理に招待したいとの申し出があった。外務大臣の招待とあっては断るわけにもいかない、おいしいワインは断念しようと招待を受ける事とした。

夕方の五時頃、まだ日も高い時刻に三台の黒ぬりのベンツが使節団を迎えに来た。どこへ連れて行かれるのか分からないままに車に乗り込む。車列は、町のなかを突っ切ると、ジャングルに入りこんでゆく。いくらアフリカ料理といってもまさか森の中でバーベキュースタイルではあるまいと、団員同士冗談を言いあってはいたが、日も暮れかかり、車がジャングルの奥に入りこむにつれて、いささか気味悪く思えてきた途端、ピタリと車が止まった。そこは、大きな茅葺き小屋のような建物で、赤い小さなランプが幾つか揺れている。中に入ると、左手に南洋のバンガロー式ホテルによく見かけるようなバーがあり、大きな木製のカウンターに高い椅子が三つばかり置いてあるが、がらんとした空間だ。椅子の一つに、一見インド人風の豊満な女性が、薄手の派手な色の服装で人待ち顔に腰かけている。

アフリカに慣れている甲斐君が、「ちょっとひやかして見ましょう」とつぶやきながら女に近づくと、バーのホステスにでも話かけるように気さくに二言三言声をかけているうちに、入り口のほうでざわめきがおこったかと思うと、アフリカ人が三、四人さっそうと入って来た。先頭の人物は、彫りのある整った顔立ちの若い男性で、みずから外務大臣であると名乗ると、バーの椅子から立ち上がってゆっくりと近づいてくる例の女性を、「妻です」と言って紹介した。男性ばかりの日本の使節団の招待に、外務大臣夫人が出席するとは誰も思っていなかったので、一同びっくりしつつ隣の食堂へ移った。歩きながら甲斐君は、「実は、あのバーの女性に冗談っぽく今晩どうだねと言わんとしたとき、外務大臣一行が入って来たのでやめにしたが、変な冗談を外務大臣夫人にしないでよかった」とつぶやいた。

夕食会は、大きな木皿にもられた料理を自分でとりわけて食べる形式だった。野菜サラダやタロイモの料理に魚のシチューとも煮物ともとれる料理、それに珍品として象の足のステーキがあるとのことだったが、誰もどれがそれなのか示してはくれず、また、こちらもうっかり聞くと食べなければ失礼にあたるだろうと誰も質問しない。タロ芋の隣においてある肉片かもしれないと、おそるおそる一切れ口に入れてみたが、普通の牛肉の味がして、象の肉とは思えなかった。しかし、圧巻はシャンパンで、ドンペリニヨンの瓶がいくつか大きな木製の樽に氷と一緒に無造作に突っ込まれており、大臣がさかんにみんなに勧めてくれた。大臣はなかなか精悍で、頭脳も明晰に見えた。小生と甲斐君が、大使館をここにおくとすればどのあたりが良いかと町を散策したことを知ってか知らずしてか、大臣は、いつ日本大使館ができるのかと気にしていた。

ジャングルで、アフリカ料理にシャンパンという取り合わせの料理を食べていると、三五条問題などは別世界の事柄のように思えた。

ガボンの後、南アフリカのプレトリアに一泊した。郊外のこぢんまりしたホテルに泊まったせいもあって、人種差別の実情を目の当たりにすることはなかったがそれでも、空港のトイレが白人と黒人に分かれてあり、こちらは白人用に入ったが別にとがめられるような気配はなかった。

プレトリアからナイロビに向かう飛行機の席は、妙齢の白人の女性の隣だった。なんとなく会話をはじめ、セネガルのカフェのコクテル、コエクジスタンスの話をして、コカコーラとウォッカの混ぜ合わせとは面白いですねと言うと、女性はややきっとなった表情をして「コエクジスタンス・オブ・ブラック（黒人）・アンド・ホワイト（白人）ですか」と口走ったので一瞬唖然とした。「こちらは、アメリカとロシアの平和共存と思ったのですが」と口ごもると、女性はよくわからないような表情だった。考えてみれば、コカコーラとウォッカと聞いて米ソの共存ととるのは、アジアやヨーロッパでの外交的発想で、アフリカの地では白人と黒人の共存の意味なのかもしれないと初めて思えて来たのだった。

文化を守るか貿易を促進するか

「天井桟敷の人々」「舞踏会の手帖」そしてまた「死刑台のエレベーター」――フランス映画の作品には、今なお人々の心を打つ古典的名画も多く、また、カンヌ映画祭に象徴されるように、フランスは映画産業の振興に熱心な国だ。

そのフランスは、一九八〇年代を中心に行われた国際的貿易交渉、いわゆるウルグアイラウンド交渉において、映画の「貿易」すなわち、外国映画の輸入、上映を自由にまかせることに異議をとなえた。映画の自由化には、なんと、二〇〇名前後の有識者、文化人がル・モンド紙に署名をよせ、自由化反対運動を繰り広げるほどだった。

反対運動の根拠あるいは理由は、大まかに言って二つあった。

一つは、フランスの映画産業は規模が米国と比べて格段に小さく、自由化はフランス映画産業の崩壊につながるという点だった。アメリカでの映画の観客動員数は年間延べ一一億人（一九八九年の統計）、年間興業収入は五〇億ドルであるのに対して、フランスの観客動員数は一億二〇〇〇万人、興業収入は五億七〇〇〇万ドルにすぎず、自由化すれば四万七〇〇〇人に及ぶ映画産業従事者に影響するというのだ。それ故これまでも、ヨーロッパ共同体は、ヨーロッパの国同士による映画の共同制作に補助金を出すなどの方策を講じてきた。

しかし、こうした経済的理由に加えて、別の映画産業保護論があった。それは一種の文化論議だった。

多くのアメリカ映画は娯楽性、商業性が高く、それだけ卑俗であり、それによって「芸術的価値」の高いヨーロッパ映画が隅へ押しやられるのは、文化的な意味で好ましくないというのだ。現に、フランスでは、テレビ放送でニュース番組やCMを除く放送時間の六〇%はヨーロッパ製の映画でなければ放送してはならず、しかも、その六〇%の内の四〇%分はフランス映画でなければならないという規制を実施してきた。

また、フランスから見ると、西ヨーロッパ全体で年間延べ五〇億時間分の米国映画が見られているのに対して、米国では、一億八〇〇〇万時間分しかヨーロッパ製映画は見られておらず、文化交流が一方通行で不平等であるという。

こうした主張の背後には、フランス文化を守ろうとするフランスの意地がみなぎっている。

しかし、フランスのこれまでの規制政策が、真にフランス文化の維持、振興に役立ってきたかには若干疑問がある。全体の放送時間の三割前後をフランス映画で埋めるという規制のせいで、無理やり国産映画を作ろうとするため、制作費も時間もあまりかからない作品が氾濫し、質の悪い映画が出回るため、観客や視聴者にかえって見放されるという現象もおきているという。

考えてみれば、すさまじい勢いで進行した西洋化、米国化の流れのなかで、能、歌舞伎、日本舞踊などが生き残ってきたのは、政府の規制や補助のせいではなく、国民の「心」、言ってみれば民衆の力ではなかったか。日本映画もしかりであろう。そうとすれば、フランス人一般の心の持ち方こそ鍵ではないか、そう思えるのだった。

第三章　ＯＥＣＤ（経済協力開発機構）の表と裏

国際的猜疑心を解いた「河内山宗俊」

一九八四年、この年は、日本がパリに本部のある国際機関「経済協力開発機構（ＯＥＣＤ）」に加盟してから丁度二〇周年にあたっていた。

時として、金持ちクラブと言われるＯＥＣＤに日本が加盟して、名実ともに先進国の仲間入りを果たしたのは、丁度、東京オリンピックの年であった。

以来二〇年。

日本はその間、資本自由化、貿易自由化という名の下に経済の国際化を進め、一九八〇年代に入ると大幅な黒字と高い生活水準を持つ、屈指の経済大国となった。そうなると、二〇周年を記念して日本が資金を供与し、何か特別の事業あるいは行事を企画したいところだ——そうした声が日本政府の関係者の間に巻き起こった。

もっとも、相手は二三ヶ国が加盟している国際機関であって、どこかの国との友好関係についての展示会や祝賀行事を企画するのとは訳がちがう。

第一に、ＯＥＣＤは経済問題を議論する場であるから、いくら記念行事といっても文化的事業はふさわしくない。また、あまりに政治的なテーマの会議開催なども他の国から文句をつけられるおそれがある。そこで、日本政府部内で知恵を絞って、ある会議を開催する案が浮上した。

この会議は、先進国社会の今後の行方を左右すると思われる、コンピューターの普及をはじめとする情報関連技術の進歩が、社会面、経済面にどういう影響を及ぼすかという題についての国際会議という案だった。

この問題について、世界の専門家に依頼して一定期間リサーチを行い、その上で二四ヶ国の人々が集まってリサーチの結果をどのように今後のOECDの活動に反映させるべきかを議論するための国際会議を開催する、そして、日本政府は、加盟二〇周年を記念して、いわば一種のご祝儀として、一連の研究や会議をふくむ事業全体の費用を負担する――まずはそういった案であった。

企画案が出来上がり、予算のめどもなんとかつきそうになると、各加盟国への根回しが始まった。先進国社会の明日の鍵を握る情報技術の影響を皆で研究し、検討しよう、そのための資金は日本が出すというのだから、他の国は感謝こそしなくとも、異議をとなえることはあるまい――日本の関係者はそう思っていた。

ところが、事実はそうではなかった。

「日本が資金を出すからといって、なぜ他国がこれを支持しなければならないのか、やりたければ、日本が独自でやればよい、なにもOECDといった国際機関をまきこむこともなかろう」そういう意見もあれば、また、

「日本は、金の力でOECDの活動を日本に有利にしようとしている」というやっかみも陰ではささやかれた。なかには、

「日本は、OECDを利用して日本の情報機器を世界に売り込む宣伝をしようとしているのではないか」そんな疑いを持つ国もいた。

そうした陰口が二、三の国の代表や、会議場のロビーで行き交う空気だった。日本が特定の自己利益の追求を離れて、ボンとお金を出すはずがない、日本は何をねらっているのか、そういう猜疑心が各国の関係者の心に淀んでいた。

しかし、二ヶ国が積極的に反応した。アメリカとスイスだった。

当時の米国のOECD大使はシュトレーター氏だった。シュトレーター大使は、ヨーロッパの絵画や彫刻への造詣も深い上に、長年のヨーロッパ関係の仕事の経験から広い見識を持った人だった。彼は、加盟二〇周年記念云々という、日本提案の浪花節的側面には全く関心を示さなかったが、情報技術の問題の重要性と、二一世紀への展望を探求するという点については深い関心を示し、ワシントンへ働きかけてくれた。

スイスのOECD大使も、技術革新の重要性をよく理解していたが、同時に、日本の企画が、米国や日本という大国主導型で進められることを懸念し、早くからスイスが支持を表明することで、日本の企画へのスイスの参加を確保しようという思惑があるようだった。

動機は異なれ、アメリカとスイスが積極的に日本の提案を支持したために、他の国も異議を出しにくい状況となった。加えて、事務局の態度があった。大体において、国際機関は、(個々の部署はともかく、全体としては)仕事の範囲を広げたがる傾向にある。誰かが新しい企画を云々し出すと、そのための予算のめどが有る限り事務局は新企画に乗るのが通例だ。ただ加盟国の支持が問題だ。今回は、企画、予算、メンバー国の支持と、三拍子そろってきたため事務局も積極的になった。

こうして、日本の加盟二〇周年記念プロジェクトはスタートしたのだった。

この大きなプロジェクトの一環として、世界の情報産業と通信関係者を集めた国際会議が、一九八七年二月、パリ郊外の町、フォンテーヌブローのインセアッド（欧州経営研究所のアジア問題研究センター）で開催された。日本からは、電子産業界の首脳やコミュニケーション関係学会の重鎮のほか、元文部大臣の永井道雄氏が会議の議長として参加した。アメリカ、ヨーロッパからは、電算機、半導体産業の関係者のほか、幾つかの国からは電気通信行政の高官も参加した。

日本とフランスを衛星回線で結んで、テレビのスクリーンの上で、東京の外務大臣とパリのOECD事務局長とが握手するという微笑ましい演出もあった。

ここまで来ても、なお一部の参加者は、日本の意図について疑念があるようだった。二日間の会議が終わる頃になっても、なお米国の半導体業界のコンサルタント、ドイツ外務省の科学技術担当官、フランスの郵政省関係者などからは、日本からの出席者に、日本は一体この会議で真実何をねらっているのか、というが如き質問が来るほどだった。

そして、二日目の晩、晩餐会が開かれた。

場所はミレーが「晩鐘」を描いたことで名高い村バルビゾンの近く、古い農家を改造した山小屋風のレストラン「グラン・ヴェフール」だった。二月のフランスの寒さのなかだけに、大きな農家風のレストランの中央の暖炉には赤々と薪が燃え、その前では、半分余興に、半分は本当の料理用に、大きな子羊の丸焼きが香ばしい臭いを周囲に放っていた。キールの食前酒に始まって、鴨肉の燻製をまぜたサラダ、子羊のロースト、そしてチーズ、デザートと、いかにもフランス料理らしいメニューが続いた。

コーヒーが出たところで、会議の世話役たるインセアッドのシュッテ教授が立ち上がって、会議の議長役の永井道雄氏に一言挨拶をと促した。気安そうに立ち上がった永井氏は、会議の成功に対する参加者の協力に謝意を表明した後、

「この会議は一体何のために開くのか、と数人の人たちに聞かれたが、自分自身もよく分からない」とのべて、皆を笑わせたが、「しかし」と永井氏は言葉を続けた。

「どういう目的で開いたのかよく分からないような会議を、日本がイニシアチブをとって開くようになることが、日本と他の国々との相互理解を進める上で、重要ではないか」

そう永井氏はしめくくった。拍手が沸いて、永井氏は席に戻ったかに見えた。そして、会場が一瞬静かになったかと思われた瞬間、永井氏は再び立ち上がった。

「皆さんのなかには、日本がどういう国かよく分からない方も多いのではないか」歯切れの良い英語で永井氏はいった。

「日本理解の一助のために、日本の伝統芸能の歌舞伎の一節を披露しましょう。歌舞伎という言

葉すら聞いたことのない人がいたら、歌舞伎をすこしでも知ってほしい」
そう言った永井氏は、一瞬、大木の幹が梁になっている天井を仰ぎみると、次の瞬間には、朗々と歌舞伎の「天衣紛上野初花《くもにまごううえのはつはな》」の中の河内山宗俊の台詞の一節を吟じ出した。

ええ、仰々しい、静かにしろ、
こういうひょうきん者に出られちゃあ仕方がねえ。
何もかも言って聞かせらあ。まあ聞いてくれ。
悪に強きは善にもと、世の譬えにもいう通り、
親の嘆きが不憫さに、娘の命を助けようと、
腹に企みの魂胆を練塀小路に隠れのねえ、
お数奇屋坊主の宗俊があたまの丸いを幸いに……

レストランの部屋一杯に威勢の良い声が響いた。
終わったときの拍手は正に万雷だった。そしてその瞬間、参加者の顔からは、日本に対する猜疑の気持ちはきれいに消え去っていた。

日本語レッスンの存続折衝

一九八〇年代半ばのことである。

ある春の日、パリにある国際機関の日本政府代表部の事務所に一通の手紙が届いた。ありふれた封筒に手書きの住所、切手の貼り方もやや無造作で、なにか個人の苦情か陳情のためかと想像されるような代物だった。大使宛の手紙だったが、内容をみた大使秘書が、担当部署としてこちらに回してきたのであろうと思いながら内容を見た。

拝啓（ディア・サー）と英語で始まる手紙の中味は、ＯＥＣＤ事務局で働く一〇〇〇名前後の職員の中で、僅か三名、日本語の中級レベルの講習をうけている人達の陳情であった。

ＯＥＣＤ事務局では、事務局員が、語学の学習をするために便宜を図っていた。教師を斡旋したり、講習用の部屋を提供したりするのである。日本語の講習についても細々とではあるが、こうした援助が続けられてきた。ところが、講習の効率化のため、日本語の能力に応じて、講習のクラスを二つに分け、中級と初級にしたことから問題が生じた。それというのも、初級クラスには、それでも一〇名近くの人が受講しているが、中級は数名ほどしかいない。それでも、なんとか、双方のクラスに助成が行われてきたが、そもそも事務局の規則によれば、八名以上のクラスでないと助成しないことになっており、今や金銭的助成はおろか、講習のための部屋さえ提供してもらえなくなりそうである、ついては、何とか日本政府代表部から事務局に働きかけて、助成の継続を実現してもらえないかという陳情だった。

手紙の末尾には、三名の事務局員の連署があった。幸い、サインの下に姓名をタイプしてあったので、早速事情を直接聞こうと思い、職員録と照らし合わせて所属を確認すると、意外なことに、三名の名前はどれも職員録には載っていない。職員録は、いわゆるプロフェッショナル・スタッフ、すなわち専門知識をもって、特定の部署に配属されている常勤職員しか載っていない。すなわち、連署してきた三名は、いずれも、専門職以外の事務職員か臨時雇い的人物であることになる。どういう人間か確かめるのが先決と、人事課に電話をかけて調べてみると、手紙の主の三名のうち、一人は同時通訳、一人は秘書、一人は守衛である事が分かった。同時通訳の名前はマダム・アンスローと言った。事柄が言葉に関することなので、アンスロー女史を三名の代表格とみなしてこちらから接触してみると、幸い彼女が世話役であり、手紙の起草者だという。

会議の合間を縫って、ＯＥＣＤ本部の会議場の上にある小さな幹部食堂で会うことにした。幹部食堂といっても誰でも使えるのだが、ただ値段が高いだけだという。もっとも、ここでは他に競争相手もいないせいか、料理の質となると、各国の代表団からも眉をしかめられる存在だった。

ともあれ、先方にもこちらにも便利なので、この食堂で会うことにした。電話の応対ぶりから、比較的若い女性を想定していたが、ゆっくりとこちらのテーブルに歩いてきた婦人は、もう五〇を越えているように見えた。髪は奇麗な銀髪で、背が低い上にやや猫背である。態度は丁寧ではあるが、どこか凛としたところがある。

「今勉強している日本語の教科書は小川未明の作品である。初級クラスの日本語を勉強しようと思う人は結構多いが大半は途中で参ってしまう。講師はパリ大学東洋学部の日本人の先生である。日本語を通訳できる能力には達していないが、日本人の英語の発言をフランス語などに訳す時、日本語の学習を通じて会得した、日本人の気質が多少なりとも分かっていると役立つことがある」

――そんなことを話してくれているうちに、段々うちとけてきた。

元はチェコの貴族階級の出身だったが、共産革命で命からがらドイツへ逃れ、それからフランスへ来た。夫はカナダ人でカナダに住んでいる、自分はチェコ語のほかドイツ語、フランス語、英語ならどれからどの言葉へも通訳できる、ただ、時には、自分が何語でしゃべっているのか一瞬忘れてしまうことがある――そんなことまで話してくれた。いざ具体的に日本語講座の話になると、マダム・アンスローは、中級日本語講座を事務局で正式に認知し、これを職員の外国語研修プログラムにしっかりと組み入れてもらうのが大切だ、と言う。正式の研修プログラムではなく、有志が勝手に集まって勉強しているということになると、講師への謝金の補助もなく、教室も正式には貸してもらえず、日陰者のように空き室をその都度探しては講師を呼び、謝礼はポケットマネーから出さねばならない。それでも受講者が多ければ自己負担も少ないが、三、四名では負担が大きく継続は難しい。それに、受講者がロシア語のように一〇名位いればよいが、受講者がこう少ないと、団結して事務局上層部に圧力をかけても効果がない、そこで、日本政府代表部の助力を得たいのだ――さすが同時通訳だけに、きれいな発音でよどみなく話してくれたが、節々で、自分の言ったことをさっと振り返って考えてみるような調子があり、同時通訳という職業のなせる業のようにも思えた。

これが、日本語の教材を取り寄せてほしいとか、講師を斡旋してほしいというのなら、こちらも比較的簡単に乗り出せるが、事務局の定めた「八名以上の語学講習なら助成する」という規定を緩和してほしいという要請を、日本政府から事務局に申し入れて交渉するのはなかなか難しいことだ。

ともあれ、大使宛にいわば善意の自発的要請があった以上、事務局の上層部に対して、一種の政治判断をあおぐ折衝を行うほかない。そう意を決して、事務局の官房長役のダンタン氏のところへ乗り込んだ。

バスク地方出身の落ち着いた初老のダンタン氏は、こちらの要請に同情的態度だった。

「しかし」と、ダンタン氏は静かにこちらに目を向けながら言った。

「規則は規則ですが、規則も柔軟に適用すべきでしょうから、本来八名必要だが、七名で認めてほしいということなら考慮できるでしょう。しかし、日本語中級講座受講者は三、四名と聞いており、それでもよいとすると、他の言語でもそれでよいということにせざるを得ず、これでは、何のための規則かわからなくなります」

穏やかだが、きっぱりとした口調で、ダンタン氏は言った。

窓からは、隣の公園の一角が望まれ、すっかり春めいた風情のマロニエの木々が見えている。

「それは分かります。しかし、他の言語とはどこの国の言葉でしょうか。英語とフランス語は公用語ですから別としても、後はトルコ語を除けば、すべて西ヨーロッパの言語です（当時ＯＥＣＤには未だ東欧諸国も韓国も加盟していなかった）。こうした言葉は、勉強しようと思えばラジオも聞けるし、街の語学学校もあるでしょう。しかし、日本語となるとなかなか勉強する機会や手段がありません。そういう言語には例外を認めてもよいのではないですか」

「できれば、何とかしてあげたいのですが、しかし……」

ダンタン氏は表面的にはやや軟化した口調になったが、決して、検討してみましょうとは言わない。

こちらは、ここで、最後の手段を使うほかにない、と決心した。

「規則は規則だという点は理屈としてはよく分かります。しかし、そうなると、ＯＥＣＤ事務局は、規則をたてに加盟国たる日本の言葉の学習には助成しないが、非加盟国たるロシアの言葉の学習は助成しているということになります。これは、加盟国よりも非加盟国を優遇するもので、日本政府は、理事会へ問題を提起するかもしれません」

ダンタン氏は落ち着いてはいたが、その目には驚きの色が見えた。

「非加盟国の言葉ですか……」

「そうです。ロシア語学習を、日本語学習より結果として優遇するような規則は、果たしてＯＥ

CDのとるべき道でしょうか」

そう言うと、今度はダンタン氏の反応は早かった。

「分かりました。私も日本語については何とかしたいという気持ちは持っています。検討しましょう」

こちらもほっとしたが、ダンタン氏もほっとした顔付きだった。

共産革命で亡命し、祖国に帰れぬまま日本語まで勉強しているアンスロー女史の願いが、彼女の亡命のいわば引き金となった国ロシアの言葉を引き合いに出した折衝でようやく叶えられたことは、運命の皮肉とも思えた。

その後、晴れて再出発した日本語講座の受講生のため、閣僚会議に出席した日本の外務大臣から、個人的贈り物として、日本語の辞書が数冊、アンスロー女史始め講習をうけている事務局の人々直接手渡されたのだった。

現地人と日本人――いろいろな橋渡し

外国にある日本の大使館は、会社と異なり、現地法人化したり相手国関係機関との合弁というわけにはいかず、また、トップに外国人を当てたり、職員を全員現地人にするわけにもいかない。勢い、大使館では、大きく言って三種ないし四種のグループの人が働くこととなる。一つは、もちろん、本国から赴任した日本人。次に現地に永住している日本人。そして、現地の国籍の外国人。また中には、第三国人が雇われることもある。

この三つないし四つのグループの間の意思疎通をよくするために、大使館や領事館では、家族ぐるみの遠足や運動会を開いたり、クリスマスパーティを企画したりするところが多い。それでも、なかなかこの三つない四つのグループの間の考え方や気の持ち方の違いを克服することは難しい。

パリの国際機関ＯＥＣＤに日本代表として派遣される大使の拠点、日本政府代表部で、次のようなことがあった。

日本から派遣されてくる日本人職員が、家探しや子供の学校の選択や車の購入など、さまざまの個人生活上の苦労をできるだけ少なくし、また慣れないフランス語での家主や関係者との折衝の仲立ちや相談のために、特別にあるフランス人女性を雇い入れた。彼女は英語も上手で、結婚して子供もあり、自ら外国で生活した体験もあって、いろいろなことをわきまえた中年（といっても三十代後半）の女性だった。その女性が、ある日、代表部の幹部に半ば泣きそうになりながら、抗議の陳情に及んだ。

事のおこりは、社会保険給付のための証明書にあった。

社会保険給付に関する書類を、代表部からフランスの当局に提出する際、この女性の肩書ないし職種を「秘書」として登録したのは心外であるというのだ。

「自分は、タイピストや秘書ではない。日本の外交官とフランス人の家主や商店や学校関係者の間を調整するコンサルタント、ないしメディアトール（調停者）である。それを秘書と登録されたのでは自分の仕事がやりにくいし、第一、他のタイピストや秘書と同じ扱いをされるのは本意ではない」

年齢だけの落ち着きと分別もあるうえ、なかなか魅力的なこの婦人は、小柄な体ながら体全体から出るような、それでいて静かで落ち着いた、そしてまたきっぱりとした口調で語った。

しかし、一旦登録してしまったものは、取り消すわけにはいかない。結局、登録を更新するときは再検討すること、対外的には、「調停者」という肩書を名刺で使用してよいことの二つを認めることで納得して貰った。ところが、しばらくすると、今度は、代表部の現地雇用の職員のなかで、唯一しっかりとした英語を書き、英語の公文書やスピーチの相談に載ってくれているアメリカ人の女性が、申し入れをしたいと言ってきた。数年以上、日本の代表部に勤め、同時に、アメリカ人という、フランスでは日本人と同じく「異国人」であるだけに、どこか日本人とも結構気が合うところのあるこのアメリカ女性の陳情は、意外とも思えるものだった。

彼女の言によると、日本人の館員が発令になったり、一時帰国したり、家族に子供が生まれたなどという事柄があると、そういうニュースは日本人の間では口コミですぐ伝わっても、自分たちローカルスタッフには分からない、これは一緒に仕事するものにとって寂しいことなので、せめて、主な人事異動や冠婚葬祭などは、ローカルスタッフにも分かるように、一月に一回でよいからニュースレターのようなものを出してはどうか、というのである。

言い出した本人が情報を集めてニュースレターを編纂するのなら、日本人の協力者を指定しようということになり、館内の月刊誌がスタートし、本国から来ている職員とローカルスタッフとの間の情報ギャップを埋めるささやかな試みがスタートした。(また、これが、一つのきっかけとなって、代表部の夫人の間で、街の生活情報や面白い旅行先の情報などを交換する、通称「ほほ笑みの会報」という一種のニュースレターが発足した)。こうした、出来事を通じて、あらためて、日本から来た館員とローカルスタッフの間に、目に見えぬ隙間風はふきやすいことが、あらためて深く認識された。それでは、運動会やクリスマスパーティもよいが、なにか、日々の仕事の他に、共通の目的を持って一緒にできるような事はないだろうかと思い、考えついたのが、日本語の会話の学習だった。

すなわち、毎週一回パリ大学で日本語を教えている若手の日本人を招いて、初歩の日本語を、大使館のローカルスタッフに講習するという案である。

講師の方は二つ返事で承諾してくれた。問題は講習費用、すなわち講師への謝金や教材費の問題である。講師への謝金だけでも、毎週五〇〇フランはかかる。受講者が何人来るかと、秘書、タイピストなどの女性にあたってみると、ほとんど全員来たいという、そうなると、少なくとも一〇人程度は集まる。それなら一人当たり五〇フランですむか、それでも職員によっては昼食代に近い負担であろうと考えられ、その半分の二五フラン分は、日本政府と言うか代表部で負担することとした。

授業が始まってみると、講師が熱心なせいもあったのか、受講者もはりきって学習し、一ヶ月もすると「おはようございます」「どうも」「すいません」などという挨拶言葉が、フランス人らしいアクセントが交じりながらそこここで聞かれるようになった。そうなると、意外な副産物が生じて来た。今まで、フランス語など勉強しても将来あまり役立たぬと言ってつっぱっていた一部の館員も、フランス語のレッスンを受けるようになった。なかには、丁度よいとばかりに、フランス人の秘書からフランス語を習い、交換に日本語の練習をしてあげるという館員も現れた。

そうした、交換教授のペアに会計課の若い日本人M君と、会計、庶務係に配属されていたフランス人女性A嬢のコンビがあった。M君はなかなかハンサムな青年だったが、真面目で、寡婦となった母親を呼び寄せて世話をしているという孝行息子だった。相手のA嬢は、パリ大学の東洋学科出身で、もともと日本語や日本についてかなりの知識もある女性だった。目の大きい、中肉中背の、静かな、落ち着いた感じの人だ。父親がオランダ人だそうで、そのせいか、普通のフランス女性よりはさばけたところがあった。彼女も両親の一粒種だった。

二人が婚約することになったとき、周囲は祝福ムードに包まれたが、幹部職員のなかには、二人の将来を案ずる者もいた。その一人は、意を決して、M君を呼んで率直に尋ねた。

「余計なことかもしれないが幻想や一時の気持ちだけで国際結婚にふみきることは、結局二人のためにならない。例えば、日本に帰れば普通の公務員、宿舎も狭いし、給料も安いといったことを、A嬢は十分分かっているのだろうか」

　これに対して、M君はきっぱりと答えた。

「彼女には、隠す事なく全て話してあります。自分は、会計業務をやる者で、高位高官になる道があるわけではないといったことは、彼女もここで勤務して回りを見て良く分かっています。それよりも、母親との関係が心配でしたが、日本語と英語に身振り手振りで結構意思が通じ、気があっているので安心です」と。

　こうして、日本語講座は、また一つ意外な副産物を生み出し、それもあって、本国派遣職員と現地職員との間全体に、一体感が強まっていった。

国際会議で俳句を詠む

　英国の貿易大臣が演説していた。場所はパリの国際会議場である。

　毎年、四月末から五月末までの間の適当な日を選んで、先進国の経済貿易政策を議論するため、二四ヶ国の外務大臣、大蔵大臣、通商ないし貿易大臣が、パリのOECD（経済協力開発機構）本部の大きな会議場に集まるのだった。議題は、経済政策から始まって、貿易政策や開発途上国への援助政策にまで及ぶのが常だった。

　丁度その時は、貿易政策について米国や日本の演説が終わって英国のデイヴィス貿易大臣が発言していた。その発言で「日本」という名前が出たところで、日本代表団席にいた外務省の局長が、文字通り席から飛び上がった。

「日本の市場が閉鎖的であることは世界中で悪名高いところである」――デイヴィス大臣のややかん高い声がコの字形に座った二四ヶ国の大臣の間を走った。

「悪名高いとは何事か、これは日本に対する侮辱であり、看過できない」

局長は、傍らの担当課長にすぐ声をかけ、東京へ直接電話し、在京の英国大使に抗議あるいは注意喚起の申し入れをするよう手配してほしいと命じた。

「東京で抗議もよいが、まず、議場で反論すべきだ」

通産省の幹部がきっぱりとした口調で言い出し、皆賛同したが、あいにくその時議場には日本の大臣としては農林大臣しかいなかった。外務大臣も通産大臣も、ロビー外交よろしく二国間の会談のため席を外していた。日本市場の閉鎖性論に反論するのに、国際的にとかく批判をあびがちな農業政策を所管している大臣が打って出るのは得策ではないという判断となり、午後の会議の適当な機会をとらえて行うことにした。

午後の会議で発言を求めた日本の大臣は、数字を引用しながら簡潔に、日本市場がいかに開放されつつあるかを説明した。しかしその際デイヴィス大臣の言は直接引用しなかった。それには理由があった。事前に行われた、日本代表団内部での作戦会議の結果だった。この会議で、「デイヴィス大臣のこれこれの発言に反論する」と言うか、それとも「一部に日本市場の開放度について誤解があるようなのでこれを正したい」という形にするかについて、若干議論があった。

「デイヴィス大臣の発言に反論するとはっきり言うべきである、なぜなら、問題は、日本の市場開放の程度云々というよりも、多数国の公の会議の席上で、日本を不当に非難するという態度そのものが問題だからである」という者もいた。

「しかし、そうすると大臣同士の個人的関係にも影響しかねないので、名指しはよくない」という意見もあった。

すると、英国の事情に詳しい外務省員が口を挟んだ。

「デイヴィス大臣は、英国内でも、歯に衣を着せずに発言することで、まさに悪名高い（ノートリアス）な人物であり、名指しで批判すれば、待ってましたとばかり再反論しだし、かえって彼にあやつられることになりかねないので、ここは、穏便にしたほうが良い」と言う。

「そもそも、あのような大人気ない発言は、無視したほうが却って効果的ではないか」

と主張する者もいた。

結局、本会議の場では事実関係を示して日本市場の開放性について説明し、名指しは避ける、他方、あのようなやり方についてどうクギをさすかは、大臣だけが出席する食事の際に、機会を捕らえて、うまく、やんわりと皆の注意を喚起するようなやり方をとることにした。

もっとも、これには、若手の代表団員から、

「そうはいってもやんわり、いつ、どうやって注意を喚起するのか、大臣も困るでしょう」とい

う者もいたが、「政治家は政治家同士であまり口汚いことは言い合わないようにするのがお互いのためだとか何とか、やんわり言えるのではないか」ということに大方の意見が落ち着いた。

そして、会議の最終日、大臣だけが出席する昼食会が始まった。場所は、会議場ではなく、かつてロスチャイルド家の所有であった小さな城館の一階、狩りの模様を描いた大きな緞帳のある部屋だった。そこでは、制服を着たギャルソンたちが、葡萄酒を注ぎ、料理を運ぶ。各大臣の前にはマイクが置かれ、同時通訳が行われる。

大臣たちの食事の場所の隣に小ぶりの部屋があり、円形に二、三〇名入れる。その部屋で、各国の代表団のなかから、各国一、二名に限って、隣の大臣たちの議論をイヤホンで聞くことができる仕組みとなっている。もっともそこでは、料理や葡萄酒は出ず、サンドイッチボックスだけが提供された。

この昼食会では、まず、スウェーデンの議長から、これから発表される共同声明の最終案が審議にかけられた。

各国代表団から選ばれたコミュニケ起草委員会が、前の晩に夜を徹して作った文案だけに、各国の代表も特にコメントなく、二、三の修辞上の訂正だけでコミュニケは採択された。拍手が上がって止み、議場が一瞬静まりかえったその時である。日本の田村元大臣が発言を求めた。やがて、ゆっくりとした口調の発言が始まった。

「昨日から今日にかけて、我々各国の大臣は率直に意見を交換した。我々は、同じ価値を奉ずる友好国同士である。それだけにお互いに率直に批判や意見を交わすことは大変有益である。しかし、我々はお互いを批判するとき、口汚く相手を罵ったり、失礼な言葉を使うことは慎みたい。我々政治家は、国内で利害を調整し、出来る限り国際的にも矛盾のないような政策を実現しなければならない。そして、国内の色々な利害を調整する際、国際的に口汚く罵られたり、失礼な言葉で批判されたのでは、国に帰ってこの会議の議論を有効に活用できない。お互い、相手を批判することは結構だが、言葉使いには注意しよう」

田村氏の声は静かだが、重みがあった。

会場は一瞬静まり返って、いままで、時折聞こえて来ていたナイフやフォークが皿にあたって響く音もピタリと止まった。隣室で聞いているだけでも、会場の緊張した静けさが感じられた。

田村氏は、誰が失礼な言葉を使ったのか名指しはしなかったが、彼の発言ぶりは、特定の人物を暗示していることは明らかだった。したがって、田村氏の発言の趣旨には誰しも異論はないはずだが、表向きその通りだと手をあげて発言しうる人もいないようだった。このまま終われば、会議は何となく後味の悪い雰囲気で閉会されそうな雰囲気だった。

その時である。アメリカのボールドリッジ商務長官が発言した。

「私は、かつて日本に居たことがある」長官は、あたかも、茶飲み話でも始めるかのように口を切った。

「日本には、独特の詩の形がある。短い形のもので『俳句』という。自分は、友人の田村大臣のために、即興の俳句を作って、田村氏の発言の追加としたい」

会場は、意外な展開にこれまで以上に静まり返えった。

ボールドリッジ氏は、自分の作った俳句を反芻しているのか、二、三秒沈黙した後、咳払い一つなく、ゆっくりと一語一語かみしめるように英語俳句を披露した。

TAMURA HAS COME
AND GONE
YET HIS WORDS
REMAINE

どこからともなく拍手がおこり、ざわめきと静かな笑い声が聞こえた。なごやかな雰囲気が会場を覆った。

田村氏の思いを俳句に託して彼の顔をたてながら、同時に会議の雰囲気をうまく収めたボールドリッジ長官の手並みは流石だった。これも、日米貿易交渉で、激しく、しかし親しく渡り合った両氏の関係だからこその演出だったのではないかと思われた。

そのボールドリッジ氏は惜しくもそれから数年後、落馬による不慮の事故で、帰らぬ人となった。

春の日に
長官来たりて
歌残す

そんな俳句もできそうな歴史の一幕だった。

鬼課長の花壇

一九八〇年代半ば頃のことである。OECD（経済協力開発機構）の情報通信課長のG氏といえば、各国の政府で通信、情報関連の仕事をしている課長クラスの人々の間では、良く知られている存在だった。

それは、一つには、彼が仕事の鬼で何でも良くこなし、アイデアの豊富な人だったからだ。しかし、別の理由もあった。それは、G氏が、かなり頑固な性格で、会議などでも自説を譲らず、事務局が本来各国間の妥協をとりもつべき時でも強引に事を進めようとしたりすることへの批判もあり、言わば「悪名」も高かったからだった。そして、G氏がドイツ人だったため、ドイツ人特有の粘っこい理屈と傲慢のシンボルのように見る人もいた。

G氏の上司のM局長は米国人で、これは、G氏とは反対に書類をあまり読まず、政治的に派手な動きはするが、後はワインとゴルフを楽しんでいるという社交的人物だった。当然G氏とはあまり反りが合わず、二人は口もきかない仲だという噂さえあるほどだった。

そうした状況を見聞きしていた日本政府代表部は、G氏がゴタゴタ介入するのを回避しようと、M局長の了解を得て、情報通信に関連する、あるプロジェクトを実施する提案を、M局長――G課長ラインの部局ではなく、どこの部局にも属しない「企画部」へもちこんだ。

これが、G氏の怒りを買った。とりわけ、G氏を素通りしてM局長と日本政府が「取引」し、他の部局に情報通信関連のプロジェクトを持ち込んだことについて、M氏と話しあえる状態にないG氏は、いきなり日本政府の方にアプローチしてきた。それは硬軟両用のアプローチだった。片方で、こういうことをするのなら、情報通信委員会で日本の立場や主張に事務局は耳を傾けないぞという、一種の「脅し」がささやかれた。その一方で、G氏は、日本代表部でこのプロジェクトの責任者だった小生を、突然、自宅の夕食に招待したいと言ってきた。

G氏の家は、パリ郊外のサンクルーにあった。なだらかな丘陵の麓にある白色の住居で、三、四百坪はあろうかと思われる大きな庭があった。表の扉についている銅の呼び鈴を鳴らすと、丸顔の人なつっこそうな、いかにも家庭婦人らしい女性が笑みを浮かべて迎えてくれた。G氏の奥さんだった。

玄関から居間に通じるスペースには、日本の版画、フランスのものと思われるリトグラフ、それに抽象画の油絵（後で聞くとスイスの画家の作という）が掛けられている。家全体の感じは北欧調だが、どこかユニークな感じがあり、独自の設計のように見えた。案の定、G氏いわく、「自分が設計にいろいろ口を出した」という。

夫人お手製のキッシュ・ロレーヌが食前酒と一緒に出た後、食事は、子牛のチーズ焼きにたっぷり量のあるサラダ、そして、夫人のお得意という見事なアップル・パイ。いわば、フランス料理とドイツ趣味との合体だった。

家庭的な温かさが感じられる料理に加え、料理を運ぶのは中学生の娘御、ワインのサービスは高校生の息子さんという訳で、正に、G氏一家上げての「家庭的」歓待だった。食卓での話題も、仕事の話は全く出ず、夫人の料理の腕前や壁に掛かった版画の批評、さらにはG氏の趣味の園芸の話だった。

そのうちG氏は、「論より証拠をお目にかけよう」と、客間のドアを開け、石畳に降り芝生の庭を突っ切ると、温室に案内してくれた。秋だというのに、中に入るやムッとする湿気がこもっている。

「冬は二台のヒーターをつける。今は湿度だけ気にしていればよい。いずれは、コンピューター制御で自動的に管理しようと思っている」

G氏は、蘭の花の並んだ姿に目をやりながら呟いた。

「ここには女房は絶対入れない。自分だけの城ですよ。もっとも、この温室を建てるまでにはいろいろ苦労があった。そもそも、政府の後押しなしで、国際機関の課長ポストに座るのは、蘭を育てることより百倍も難しい」

G氏はそれ以上は言わなかったが、あの押しの強さで「悪名高い」G氏自身、ここまで来るには、言いたいことも言わず、やりたいこともやれずにきた苦労のあったことを窺わせた。そして、この温かい家庭を守るためにG氏は、心ならずもこわもての仮面を被ってきたのかもしれぬ、その仮面の裏に潜む人間性を、G氏はそれとなくこちらに伝えようとしているのではないか、そう思えてきた。

それから数週間後、小生は、花を愛するG氏なら、最後は、日本の義理人情も理解するだろうと思い、情報通信に関連して日本が提案する新しいプロジェクトを、それまでの行きがかりを捨てて、G氏の主催する委員会の正式議題とすることに合意した。局長がどんな顔をしたかは分からなかった。

数値指標も名前次第？

パリの経済協力開発機構（ＯＥＣＤ）は、年に一回、閣僚会議を開く。このときは、理事会における各国代表は、現地の大使ではなく、本国から来訪する大臣となり、ここで、いわば一年の総決算を行うのであった。

一九八七年の閣僚理事会の主なテーマは、農業問題だった。

当時、国際貿易交渉の場であるガットでは、農業問題についての交渉のやりかたについて、米国とヨーロッパ（ＥＣ）との間の意見の食い違いが多く、話し合いは暗礁にのりあげていた。そうした状況下で、直接には交渉の場ではないＯＥＣＤで、ややざっくばらんに意見交換を行って各国間の溝をうめようということになった。

米国とＥＣの対立とは直接関係はないが、日本にとって特に関心の的である問題に、農業保護の効果を測定する指標の問題があった。言ってみれば、各国の農業保護水準を係数化するための指標である。

そこで考えられたのが、「生産者保護相当指数（ＰＳＥ）」という概念だった。これは、一言で言えば、生産者が、生産物一単位当たり得た収入（市場での売値に各種の補助金を加えたもの）を計算し、その値と、その産物の国際市場価格を比較した指標であった。

もとより、こうした指標が保護の実態を全て正確に反映するとは誰も思っていなかった。為替レートの変動をどう勘案するか、あるいは、品質の相違（たとえば、穀物を餌にして飼育された和牛の肉と草原で放牧されて牧草で育った肉との間の品質の相違）をどう勘案するかなどの問題があったからである。しかし、それはそれとして、一つの一応の目安として、そうした指標をＯＥＣＤの農業委員会を中心に作業し、作り上げ、交渉の参考にしようというのが各国の大方の意見だった。

ところが、日本は、こうした試みに消極的だった。それは、こうした「指標」によって、日本農業の保護水準の高さが、国際的に数値的に明らかになると、貿易交渉上、不利になるという考え方があったからだ。しかし、これまでは、議論が農業の専門家の間で行われ、また、この作業は、貿易交渉とは直接連動するものではないという条件付きだったため、渋々「お付き合い」してきたのであった。

ところが、閣僚レベルという「政治的」な議論の場所で、この作業に正式のお墨付きがあたえられると、国際交渉上の有利、不利もさることながら、日本国内の農業保護軽減論者に格好の材料を与え、国内で、農業保護政策を遂行する上で、政治的困難が生ずるおそれがあるという主張が強まった。そのため、日本は、いままでの慣例を破って、初めて農林水産大臣を、閣僚会議に送り込んだのであった。

この閣僚会議の議論の発表文、いわゆるコミュニケについては、閣僚の議論の合間を縫って、各国の随員が折衝にあたった。農業部分は、特に重要ということで、他の部分と切り離して折衝が行われた。この折衝には、日本は事態を重視して、農業関係者にくわえ、全体の首席交渉官的役割を演じてきた、外務省のY局長を派遣した。折衝は深夜に及んだ。Y氏が、日本代表団の宿舎になっているホテル・ロワイヤルモンソーの農林水産大臣室に戻ってきたときは、もう夜中の二時半を過ぎていた。Y氏と、彼に終始同行していた農林水産省のM審議官の二人から報告を聞くため、代表団の幹部五名ほどが、安楽椅子に座った大臣をとりかこんだ。

「随分激しいやりとりでした」

Y氏は、まず、米国と欧州との間の意見の違いについての議論を説明した。

大臣は、ややもどかしげに聞いていたが、Y氏が、「それから、例の指標、PSEの問題ですが」と切り出すと、膝を乗り出し、テーブルの上に広げられた和英対照のコミュニケの文書に目をこらした。

「孤立無援でしたが粘りました」Y氏が言うと、M審議官も「Y局長は本当に頑張ってくれました」と口添えした。

「うん、それで？」

大臣は大きな目をぎょろりとさせた。

「PSEの指標としての限界、特に農業では、経済効率云々だけでなく、社会的、歴史的な要素、いわば数字に出にくい要素の重要性を訴えました。それに例の大豆の話もしました」そうY氏は語った。

大豆の話とは、日本のように大豆の輸入量をどんどん増やし消費の九割も輸入するようになると、残りの一割の国産大豆を守るための保護措置は、勢い高くなる。他方消費の一割程度しか輸入していない国の保護水準は低く、これと比較して云々してもあまり意味がない。一体どちらが国際貿易に真に貢献しているのか、といった論旨である。

「このように、色々議論したうえ、PSEという言葉自体を使うことはやめさせました。そのかわり、『ＯＥＣＤで研究、開発された、農産物保護水準を数量化する試み』という表現にしました」

Ｙ局長がそう言うと、大臣はテーブルの上の文書をにらみながら、苦苦しげに
「しかし、それはごまかしだ。表現は変わっても結局ＰＳＥを使うということではないか」と言った。

「しかし」

と、農林水産省の幹部が割って入った。

「大臣レベルの会議のコミュニケにＰＳＥという文字がないことは、そういう指標が一人歩きして国内で、妙に宣伝されることを防ぐ上で有益ではないですか」

「文字が違っていても実態が同じならだめだ。再交渉だ」

大臣は語気鋭く言い放った。しばらく沈黙が続いた。

「手続き論から言えば、事務レベルで一応合意したものを、大臣同士の討議で蒸し返して、異論を唱えることはできます。しかし、各国の反対にあって到底今の案を変えることはできますまい」

と、別の幹部が言った。

「やってみなければわかるまい。再交渉だ」大臣は固執した。

再び沈黙が流れた。

再交渉となれば、各国の非難が日本に集中しよう、それに、農林水産省以外の省庁の大臣は現

地にいないとしても、農林水産大臣の意向を果たして了承するだろうか、またそのための政府部内の話し合いを行う時間はないのではないか――Y局長始め並居る幹部は青白い顔に沈痛な表情を浮かべていた。

時計は午前一時を回っている。

その時、大臣から一番遠くに座っていた、現地の日本代表部の参事官が口を開いた。

「なるほど、大臣の言われるとおり、文字の上でPSEといわなくともOECDで研究、開発された試みといえばPSEを指すことになるでしょう。しかし、PSEと書くのと、『OECDで研究開発された試み』と書くのとでは大きな違いが一つあります。それは、PSEに条件が付いていることです。PSEをOECDが研究、開発する過程で、その内容にはいろいろな意見が出ました。また出来上がった指標をどう使うべきかについても留保条件がついています。日本がつけた留保条件は、きちんとOECDの文書にも載っています。PSEであれ、何であれ、『OECDが開発した指標』という言葉には、その使用方法などについての日本の留保条件が付随しているわけです。したがって、日本の立場は間接的かもしれませんが、守られていると思います。このあたりが落としどころではないでしょうか」

大臣は、しばらくコミュニケの文書に目を落としたまま無言だった。ややあって、重々しくつぶやいた。

「間接的にはか……。まあ、今日はこの位にしておこう。一晩ゆっくり考えよう」

それは、「まあ、これで仕方なかろう、再交渉は再考しよう」という暗示に響いた。そして、翌日の大臣会議で農林水産大臣は、コミュニケの案文に異議を唱えることはなかった。

第四章　国際会議の舞台裏のできごと様々

「魔の山」の舞台の傍らで——ダボス会議の裏で

シュパッツアルプ・ホテルは、アルプスの山の中腹にある。

一九九六年二月初旬の朝、このホテルを一歩出ると、灰色の空から粉雪が舞いながら落ちてきた。四、五十メートルも歩いてケーブルカーに乗る。たった二、三分とは言え、山裾のダボスの街へ出るには、一時間に二、三回しかないこの木造のケーブルカーに乗らねばならない。昨夜乗った際には、座席の下の暖房で暖められていた車内も、今朝はどうしたわけか寒気が身にしみる。しかし、とにかくこれに乗って、下の会議場まで行かねばならない。ヨルダンの経済協力大臣との会談のためだ。

世界中の政治家と主要なビジネスマンを集めて年に一回大きな国際会議を開催する「世界経済フォーラム」、いわゆるダボス会議が昨日から始まっているものの、こちらの出席する会議は、今日二日目の午後からなので、空いた午前の時間を知り合いや個別の人との会談にあてた。その時間帯に、先方から要請のあった、ヨルダンの大臣との会談を割り込ませたものの、話題は経済協力の要請の由にてあまり気が進まなかった。ヨルダン駐在のK日本大使が東京へ一時帰国の際、是非にと直接頼まれたという義理さえなければ、思い切ってお断りしたいところだった。風邪気味の鼻をかみつつ、我ながら、いささか仏頂面をして会議場へ向かった。

会議場の入り口近くに、アラブ系の、髭を生やした男性がこちらに近づいてきて挨拶すると、会議場の一隅へ案内してくれる。そこには、大きなソファーの端に腰を軽く浮かせるかのような姿勢で座っている女性がいた。青いツーピースの服をきちんと着て、茶色のメガネをかけた姿は、一見、学校の先生のようだ。それが、ヨルダンの経済協力大臣だった。

挨拶もそこそこに、女性の大臣は早口の英語で、ヨルダン経済の苦境、とりわけヨルダン川西岸のイスラエル占領地域における金融不安の問題について話し出した。ヨルダンの通貨ディナールの安定なくしては西岸地域の経済発展はなく、それがなくては中東和平もうまくゆかないおそれがある――そう言った趣旨を手短に話した。やがて大臣はひざを乗り出し、ほとんど腰を半分ソファーの外にせり出すようにしながら、こちらの目をまっすぐに見て、日本の新たな経済協力、それも、プロジェクトと結び付かないかたちの、いわゆるノン・プロジェクト形の円借款を要請した。

「昨年の日本のノン・プロジェクト形の円借款がきわめて異例のもので、村山総理のヨルダン訪問という政治的背景のもとで実現したものであることは良く分かっています。しかし、今、ヨルダンは、大変な困難をかかえています。そしてディナールの安定は、ヨルダン、そして中東全体の経済発展のために不可欠であることを、日本において是非理解していただきたい」

大臣の声はややかん高く、両手は膝の上で固く握られ、全身に緊張感が漂っていた。メガネの裏には、薄茶色の目が、相手のどんな反応も見逃さないとでもいうように、じっとこちらをみつめていた。

「公の答えということになれば、大変困難としか申し上げられない」

そう断言すると、大臣の肩は心なしか震え、目が一度、二度パチパチと瞬いた。

「そこを何とか」

大臣は、ほんの一、二センチほどだがさらに膝を前に進めた。

「本件が難しい事は、在ヨルダンのK大使も何度かご説明したはずですが」

「ええ、そうですが」

そう言うと、彼女はやや気持ちを落ち着かせようとするかのように、軽く息をつくと、

「K大使は立派なかたです」

と言って、どこか寂しげにほほ笑んだ。

頃合いを見計らって、こちらから助け船を出すことにした。

「ここで、公の立場を全く離れて、ヨルダンに好意を持つ一人の日本人として、何かアドバイスがないかと聞かれれば、一つ言えることがあります」

そう言って、こちらから、

「鍵は、国際通貨基金が、ディナールの安定とそのための方策について、どういう意見を言うかにある。もし、国際通貨基金が強く、日本はじめ関係国に対して特定の形の支援を呼びかけるのなら、日本政府もあるいは動くかもしれない」

そう言った趣旨のことを話した。こちらの謎掛けめいたアドバイスの意味が果たしてきちんと分かっただろうかと懸念しながらの発言だった。しかし、懸念は無用だった。こちらの発言が終わらないうちに、大臣の顔付きが変わった。顔付きがやや明るくなったかと思うと、こちらの発言の終わるころには、大きくうなずき、何回も「ありがとう」と言った。

大臣の目には涙こそなかったが、国の将来への懸念と自らの責任についての真剣そのものの思いが光っていた。それほど、彼女の眼差しは深く、また鋭かった。

「貴方にお会いできて本当によかった」低くつぶやいた声には真実味がこもっていた。日本に行ったこともない中東の女性が、何が何でも機会をとらえて本国から来た日本政府関係者に直接会い、自分の思いの全てをぶつけ、しかもそこにいやらしい強引さや奇策を感じさせない、その真摯な姿が強く胸を打った。

会場の外へ出ると雪は止んでいた。

トーマス・マンの小説「魔の山」の舞台となったサナトリウムを改装して出来たシュパッツアルプホテルへ戻る道すがら両側の山並みを眺めていると、どこからか力が沸いてくる気がした。まだ日本を頼りにしようとする国がある、そして、それにどう応えるかは日本外交の大きな柱の一つではないか――そう思うと「魔の山」を覆う雪もどこかすがすがしく思えた。

老朋友――ココムの背後で起こったこと

「久し振りですね」

北京の中心にある対外経済連絡部の外交団接見室に入るや否や。出迎えたホ局長は目を細めながら手を差し出した。日本語でどうぞと言いながら席を勧める辺りは、数年前に日本に招待したときと同じように人懐っこいところが表れていた。

同時にどこか神経質というか、心配げな様子が漂っているのが気にかかった。

外国人用に数年前に建てた建物の中にある応接室は、明るい、西洋風の部屋ではあったが、座り方は相変わらずの中国式で、主人とお客側が横に、というか、扇形のかなめに左右並んで座るものだった。勢い、日本側の団長と中国側の団長は、ほとんど横を向いて座ることとなるのだ。

前に東京で会ったときは、まだホさんは局長になっておらず次長だったことを思い出して、まず昇進のお祝いを述べると、彼ははにかみながらありがとうと言うだけで、その間こちらも局長になったことをすっかり忘れているようだった。そんなところが、技術者出身で世渡りの術に長けていないホさんらしいと内心で思いながらも、政治的情勢の変化の激しい中国では、うっかり数年前のことは言わない方が良いのかもしれないと思い返して、単刀直入に会談の本題に入った。

それは簡単明瞭な事柄だった。

ことは、ココムに関係していた。

言うまでもなく、ココムは西側先進国のハイテク製品が無秩序に共産圏諸国へ流れ、その結果、共産圏の軍事的能力が向上し、安全保障上の問題が生じないよう、西側諸国の代表がパリに集まって協議する、ひとつの国際協議メカニズムであった。

このメカニズムは、ソ連邦の崩壊という新しい情勢に直面して変わりつつあった。

今までのように共産圏諸国に対する輸出規制を議論する場所から、むしろ一転して、旧共産圏の国々とも協力して、新しい脅威、たとえば勝手にミサイルや原発を持とうとするような一部の開発途上国に対するハイテク製品の輸出規制を実行していく場所にしようとする動きが欧米諸国を中心に高まっていた。そうして、そのような考えに同調して協力しようとする国々に対して従来の厳しい輸出規制を緩めていこうとする政策が検討されていた。

ところが、そこに大きな問題があった。対立から協調のパートナーとして、新しい協議機構に招待する相手国は、国内で民主化努力を推進している国でなければならず、中国やベトナムはそれにあたらないのではという問題であった。言いかえれば、これまでの輸出規制をだんだんと緩めていき、協力のパートナーとなってゆく相手に中国は入らない、入れることはやめようという意見であった。

こうした意見に対して、パリでの議論で日本は強く反対の立場を明らかにした。しかし、多勢に無勢、日本はひとり孤立して中国招請の問題は結局見送られる公算が強くなっていた。しかし、この問題は、日本にとっていくつかの重要な要素を含んでいた。第一に、もしこれからのココム規制の傾向が、ロシアや東欧諸国には輸出規制を緩和するにもかかわらず、中国やベトナムには引き続き規制を緩めないとすると、ココムは事実上旧共産圏ではなく、中国とベトナムに対する規制のための機関となりかねず、そうなると、日本国内でそうした国際フォーラムに対して政治的支持を得ることは難しく、また長い目で見ると、日本の貿易上の利益にも反することとなりかねない。

第二に、中国と欧米諸国の間がこのような形で対立を深めることとなれば、日本はその双方の間に挟まって、政治的に当惑すべき立場に置かれることにもなりかねなかった。

第三に、ココムでの議論は外部に発表されないだけに、もし中国が自分たちだけのけ者にされ、しかもそうした決定に日本も加わっていたとなれば、同じアジアの国たる日本に対しては、格別憤懣の意を持つことも十分考えられた。

そうした事情を背景として、ともあれ中国に対して、パリでの事態がどうなっているかを内々に説明し、同時に日本が取ってきた中国支持の立場を強調し、そのうえでどうすればココムの規制緩和の流れから中国が除外されないで済むか協力して考えよう――いわば、こうした政治的メッセージを中国へ送るために日本から政府高官を派遣して中国側と会談することになったのだ。

そうした背景もあり、中国との会談ではまずこちらからココムの仲間内での議論をかいつまんで紹介し、日本の主張にも関わらず欧米諸国の反対のため、これからできるココム協力フォーラムに対して中国を招請することは、なかなか難しい情勢にあることを説明した。

局長はこちらがしゃべり終わるまで、時折こちらに顔を向けながら黙って聞いていた。中国側が話す番になると、軽く腰を動かして座り直し、あらかじめ用意していたかのように比較的よどみない調子で、中国の考えを述べた。それは、一言で言えば、欧米、とりわけアメリカの価値観を押し付けられるのは心外である、中国が改革と開放の道に強くコミットしていることは自明であり、いわゆる民主化とか人権問題を持ち出して中国を非難するのはお門違いである、というものであった。その過程で、ホ局長は、ロサンゼルスの黒人暴動まで持ち出して米国の偽善ともいうべき論理を非難して、中国の主張を合理化しようとした。また、ロシアが色々な国へ武器輸出を行っていることに触れて、こうしたことを放っておいて中国の輸出管理や武器輸出を云々するのは理解できないとの趣旨を述べた。

そうした議論は、日本側にとって多かれ少なかれ予想されたものであった。ただホ局長の厳しい顔つきと彼のややつき話したような口調は、予想以上のものがあった。老朋友にしてはやや態度も堅く、こちらが中国のために何かしてあげたいと思っている気持ちがあまり伝わっていないかのように見えた。入り口で会った時、日本語で「どうも」と話しかけた時の人懐っこそうな様子は消えて、どこかものに取りつかれたような、それでいてどこか落ち着きのない様子がうかがえた。どうしたのだろうか、こちらの説明に気の障る点でもあったのだろうか、そう反省して思い返しても、とりたてておかしなことを言ったはずはない。

そう思いながら、中国の代表団を見まわしてふと気が付いた。ホ局長の隣に、先程握手したものの特に名前も紹介されなかった背の高い顔つきの鋭い男が、時折メモを取りながらじっとこちらを見ているのだ。その様子は、党の政治委員などに特有の、一種の「監視員」のようなムードがあった。ひょっとすると、ホ局長は、父親（ホヤオバン）との関係もあって、政治的にいろいろ難しい立場にあり、中国の公式見解をことさらに強く言わねばならないのではないか、彼の個人的見解を言おうとしても、このように衆人環視の中では言いにくいのではないか、そのように思えてきた。そう考えると、あの老朋友のホさんが、どこかぎこちない様子でいることが分かるような気がした。それに、よく考えてみれば「西側」の一員としてココムに参加している日本は、中国から見れば、いかに友好国とはいっても、中国に対して戦略物資の輸出を規制している「敵側」の国である。ココムをやめようという話ならまだしも、ココムは残しつつも別に協力フォーラムを作ると言われても「なにやら身勝手な話」と思うのは無理からぬところであった。

そう考えてみると、ココムはフォーラムとして残して旧共産圏諸国に対する輸出規制を西側諸国で勝手に決定する一方で、それとは別に特定の共産圏諸国と協力するための議論の場（別のフォーラム）を設けるから協力してほしいといっても、共産圏側から見れば、この二つのフォーラムの関係はどうなるのか、よく理解できないに違いない――そう思えてきた。それに、西側の国々も従来から存在するココム本体と、新しく作ろうとしている協力フォーラムとの関係について、明確な思想統一が出来ているのか疑わしい――そう思えてきた。

見方が全く違う人々と話すとこちらの考えの甘い部分がよく分かる――そう思ってあらためてホさんの顔を見ると、心なしかそれまでと違って、柔和な微笑みが漂い、昔の友達の顔に見えた。

（一九九二年記）

甘いコーヒーと苦いコーヒー

ロンドンの日本料理店「サントリー」の、ものの十畳もあろうかという座敷である。先ほどから、ちょうどロンドンで開催中のコーヒー協定交渉の代表団、それも普段はこちら（消費国側）の主なメンバーとは違った国々、ブラジル、コロンビア、インドネシアの代表がやってくるのを、日本側の代表団の何人かが待っているところだった。

そもそも、協定交渉の最後の日を数日前に控えた頃になって、わざわざ日本側がいささか大げさな形で、生産国側との腹を割った対話を試みた背景には、それなりの複雑な事情があった。

もともと、一九九二年から三年にかけておこなわれていたコーヒー協定交渉は、消費者の趣向を重んじる輸入国側、とりわけアメリカと、価格低落に危機感を持つ輸出国側との激しい対立に彩られていた。

対立の焦点は、輸出割り当てのやり方にあった。

そもそもコーヒーの価格を安定化するための有効な方法は、供給量、すなわち輸出量をコントロールすることにあった。その際、普通であれば、国別に割り当てが決められるところである。しかし、アメリカはコーヒーと言ってもコロンビアのコーヒーとアフリカのコーヒーでは味も違い、したがって需要形態、すなわち消費動向も違う、こうした違いを輸出クォータに反映させるべきであると主張し、他の消費国もこれに同調した。生産国もいろいろ議論の末、最後にはこれに賛成した。しからば、国別ではなく地域別、あるいは品種別にするのか、といった問題についても、世界のコーヒーを三つのグループに分けて、各々のグループごとに輸出割り当てを与えるという点についても、大体のところは、合意を得つつあった。

しかし、伏兵は思わぬところにあった。

毎年輸出クォータを調整する際には、その年その年の消費量の変化に応じて「自動的に」クォータを調整すべしというアメリカと、調整の仕方は「その都度協議して」決めるべきだとするブラジルの主張が真っ向から対立して、話し合いは困難を極めていたのだった。

日本としては、消費国でありながら、できるだけ生産国の立場も考慮していろいろ仲立ちを試みたが、なかなか巧くいかなかった。今日の昼食会は、もういっぺん最後に、日本としては調整役を買って出る意思があることを生産国側にはっきり伝え、そうすることによって、たとえ協定交渉が失敗に終わっても、その責任は日本のような消費国側にはないことをはっきりさせておこうというものだった。

最初にやってきたのは、コロンビアの代表だった。がっちりした大きな体格の人で、一見無愛想に見えるが、話してみるとなかなか重みのある発言をする人だった。日本はよくやってくれていて、感謝に堪えないとも言ってくれた。次いでインドネシアの代表が現れた。比較的小柄の好漢で、コロンビア以上に日本の役割を評価し、なかば「我が陣営」といった様子で話し合いに加わった。

しかし、最後に現れたブラジルの代表はそうではなかった。ブラジル外務省の最も有能な幹部の一人として名を馳せているこの代表は、日本のあっせんに感謝するといった素振りは全く見せなかった。それどころか、話が進むうちに「日本はどうして仲立ちにそう熱心なのか」と日本側の誠意をいささか疑っているような発言すらあった。

ここできれいごとを言うのは易しい、開発途上国を出来るだけ助けたいからであるとか、輸入国にとっても価格の安定は、長い目で見れば利益にかなうことであるとか、いろいろ言いたいことはあった。しかし、こうした理屈は多かれ少なかれ、他の消費国にも当てはまるものであった。日本だけが何故そう熱心なのか――むしろそれは日本に特有の理由によるものであることを納得させれば、ブラジルの疑いを解くことが出来よう――そう思って、普通とは逆に打って出た。すなわち、日本には商品協定を進めたい特別の理由があり、それは必ずしもヨーロッパやアメリカと共通の利害ではないと断言した。一瞬、座が緊張して皆の視線が料理を離れた。ちょうど、ウエイトレスが肉料理を運んできた。

「豚肉は一切出さないように言ってあります。これは牛肉です」

半分は座の緊張を解きほぐすこともあって、インドネシアの代表に話しかけた。インドネシアの代表は苦笑いしながら、

「いやいやお気遣いなく、自分は何でも食べますから。もっとも神戸ビーフなら一番良いが」

と答えた。

話はここで元へ戻った。

日本の本当の立場の説明である。

「今日の世界は、地域的貿易協定が氾濫している。北米自由貿易協定、ヨーロッパの統合、アセアンの地域協定などなどがある。そうした中で、日本はどこのグループにも入っていない。日本としては、地域を越えた世界的立場から、一次産品の問題に取り組んでいる。商品協定は、その意味で大切である。それに、南北の対話という意味もある。東西対立の終わった今、南と北の伝統的対立も薄れつつある。そうしたときに、商品協定交渉は、南北対話のテストケースとして成功させなければならない」

そのようなことを話した。

幸い、ブラジルの代表は分かったとは言わなかったが、真剣に耳を傾けてくれ、そこに手応えを感じた。

食後のコーヒーはそれほど甘くもなく、また苦くもなかった。

クジラをめぐる「宗教」と政治

一九九三年五月、若葉のけぶる京都で、十余年ぶりに国際捕鯨委員会の総会が日本で開催された。

この年の総会は、いつになく緊張したものだった。それと言うのも、フランスから南緯四十度以南の南氷洋海域を「聖域」として、向こう五十年間捕鯨を禁止しようという提案が出されていたからだ。もしこの提案が可決されれば、今後五十年間商業捕鯨の再開は望めなくなり、したがって、商業捕鯨の再開を目指して何とか細々と行ってきた、日本のいわゆる調査捕鯨に必要な条件も確保できない恐れがあるからだった。全体で三一ないし三二の国が投票するとみられ、また、フランスの提案した聖域案を可決するには、四分の三の多数決が必要だったので、日本としては否決に必要な八票を確保すべく、前々から日本を支持してくれそうな国に外交ルートを通じて働きかけていた。直前の票読みでは、八票は何とか取れそうだとの見込みではあったが、投票は何といっても水物で、最後まで油断が出来ないとの雰囲気が代表団の中にみなぎっていた。

京都の北西、宝ヶ池にある国際会議場の周辺は、京都らしい緑の丘に囲まれ、また近くの宝ヶ池は散歩やジョギングにはもってこいで、普段は朝早くから老若男女の姿が見られる平和でのどかなところだ。しかし、この時ばかりは、世界中から環境団体が集まって、捕鯨反対のデモを繰り広げ、会議の期間中拡声器を通じて大声で叫ぶ声が絶えない有様だった。しかも、開催場所が日本だというので、普段は国際会議にまでは出向いて来ない捕鯨推進派の日本人が沢山押しかけ、捕鯨反対の人々と衝突して小競り合いまで出る始末だった。もっとも、中には静かなデモもあり、歩道に一人座り込んで捕鯨に反対すると言って「ハンガーストライキ」を実行する人もいた。

そんな空気を早くから察知して、日本代表団は、今や単に捕鯨を正当化する主張ばかり述べていても仕方がない、むしろ、捕鯨は続行すると同時に鯨の積極的保護のために何をするべきか、たとえば、絶滅の危険のある種類の保護のためには国際的調査も必要なのではないか、といった主張を合わせて打ち出すとの作戦を取った。これは、日本が、たんに鯨を取ることだけに関心を持っているのではなく、鯨類の保護にも協力するとの姿勢を国際的に打ち出すものだった。

外務省が水産庁と一緒になって打ち出したこの構想は、具体的には、いまや南氷洋に七〇〇頭程度しかいなくなったと言われているシロナガスクジラについての国際共同調査を呼びかけるものだった。

このような提案は、かえって日本がその本当の意図を隠すために出してきた巧妙な陽動作戦とみられるから、国際的支持を得られないのではないか——そういう声も一部にはあった。しかし、正しいことで、しかも鯨の保護に役立ち、何ら鯨を殺すことにはつながらないような提案を真正面から非難する国があれば、その時は日本から逆に、そういう国の誠意を問題にし、環境論者の論理のまやかしを攻撃することが出来るではないか——そういった論理が勝って、京都の会議では珍しく日本から「反対」のためのイニシアチブではなく、積極的に環境論者にアピールするような提案が提示されたのだった。

結果は果たして、成功だった。批判どころか、日本の提案は満場一致で採択された。日本の提案を正式に提出した夜、農林水産大臣主催のレセプションがあった。

日本だけあって、レセプションは、寿司やてんぷらの屋台も出て豪華なものだった。招かれたお客の中には、関西地方で鯨にまつわる文化を守る運動に熱心な落語家が和服で出席し、会場に色を添えていた。外国人の数は思ったより多くなかったが、それでも、まだ捕鯨委員会のメンバーになっていないソロモンの代表も参加するなど、にぎやかな雰囲気だった。

国際会議場のいわば地階にあたる大きな会場を一巡りして、中ほどのテーブルで焼き鳥をつまんでいると、東京で一、二回会ったことのあるオーストラリアの外交官が近寄ってきた。二言三言あいさつを交わしていると、同じオーストラリアのコミッショナー、すなわち捕鯨委員会への正式代表が現れた。

二週間ほど前に総理に随行してオーストラリアへ行ってきたばかりだったことも手伝って、会話は日豪間の対話の促進から、アジアにおける両国の役割の話になった。時至れりと、この機会をとらえて、こちらから言った。

「オーストラリアから見れば、鯨の問題は環境問題の一つだった。また、日本から見ると、捕鯨にまつわる経済問題、あるいは社会問題だった。ところが、近年、国際的な議論を見ていると、捕鯨国側は科学、反捕鯨国側は宗教をよりどころとしているように思える。これでは話し合いにならない。何とか同じ土俵で話し合えるようにしなければならない。そのためのゴールは、鯨の保護ということ、すなわち、どうやって有効に鯨を保護していくか、その方法を考えようということではないのか」

思い切って、こう切り込んでみた。

反論でもするかと思いきや、案に相違して、先方は

「まったくその通りだ。その意味で、シロナガスクジラの保護について、国際共同調査をしようという日本の提案は素晴らしいものだ」

南の海の色に似た青い目をじっとこちらに向けながら、オーストラリアのコミッショナーはこう断言した。実のところ、日本が捕鯨の正当性を訴えることばかりに終始せず、鯨の保護について逆に提案を出し、国際世論に働きかけてゆくことによって、日本が環境問題としての側面にも真面目に取り組んでいるのだということを、世界に示すべきである――そういう考え方に立って、過去一年、研究者の集まりを何回か積み重ねて意見を出してもらった。それをてこにして、政府部内の説得に努めて来た甲斐があった、そう思えた瞬間であった。そして、その時初めて、捕鯨派と反捕鯨派は一緒になって、鯨派となったのだった。

リールでの根回し

パリから車で約二時間。ヨーロッパ大陸と英国を結ぶルートの要の街リール。長く炭鉱の街として栄えたこの地は、石造りの古めかしい建物がたてこむ旧市街に、かつての繁栄の跡をとどめている。炭鉱の街であっただけに、伝統的には社会党の勢力の強いこの街を、保守党の指導者シラク大統領は、敢えてある国際会議の開催地に選んだ。それは雇用に関する国際会議であった。

時は二〇〇一年春。雇用問題の会議と言う訳で、各国の代表団も労働大臣が中核だったが、なかにはアメリカのように、ライシュ長官に加え、商務長官のブラウン氏も代表であったり、あるいは、ドイツのように経済大臣のレックスロート氏が主役となっている国もあった。

日本代表団の団長は、N労働大臣だった。N氏は、日本を出発するときから、一つのアイデアを持っていた。それは、この雇用会議を次は日本で開けないか、という考えだった。ただ、このアイデアの売り出し方として、単に、「第一回目はアメリカのデトロイト、今回はヨーロッパのリール、だから第三回目はアジアの日本で」というだけではアピールがない。会議の中味について魅力ある提案がなければならず、世界の人々が大きな関心を持つテーマを打ち出して、日本開催を提案すべきだ。そうなると、考えられるテーマとして、「若者の失業と高齢者の雇用問題」ではどうだろうか、という考えだった。もっとも、日本としてもいきなり大臣レベルの会議で提案しても、各国は態度を表明しにくいであろうと、あらかじめ、リール会議の準備会議の場で、各国の実務家ないし専門家に日本開催案を打診した。

各国の反応は特段大賛成という国もないが、反対を唱えるところもなかった。ただ、一部の国は、遠い極東まで出張するための予算に問題がありうるという態度だった。

閣僚会議の議長国はフランスだったので、二月初め、スイスのジュネーブで国際シンポジウムが開かれた際、そこに出席していたフランスのバロー大臣に日本のアイデアを紹介した。このバロー氏は、話を聴くと、若者の問題と高齢者の問題を結び付けたテーマにすると、各国とも取り付きやすいのではないか、という示唆をくれた。すなわち、バロー氏は、ジュネーブの国際会議場の片隅での懇談で、次のように言ったのだ。

「高齢者は経験と技術がある。若い失業者の多くは経験も技術もない。そこで、職業訓練所のような所で、この二つを結び付けられるのではないか」と。

こうした根回しも効いたせいか、フランスが会議の結論として取りまとめた議長声明の最終案には、次回は日本で開催という文言が入っていた。

この案が議場で配布されると、幾つかの国の代表団の内部でさざ波がたった。一つは、何と、日本代表団の内だった。大蔵省から加わっている代表団員が、アイデア自体に反対ではないが、今ここで、議長声明の形で、あたかも日本開催が正式に決定されたことになるのは、次年度予算審議との関係で困難である、というのだ。

しかし、日本が一人で決めたのではなく、満場一致で日本で開催してほしいというのだから、予算審議で問題にはなるまい、と言って大蔵省関係者を説得した。

ところが、その満場一致が、いざ会議の蓋を開けてみるとやや怪しくなった。

アメリカとドイツが、財政上の理由から次回の国際会議の開催を今ここでコミット出来ない、というのである。また、カナダが次の会議を自国で開催すると言っているとの情報が入ってきた。あわてて、まずカナダの意向を確かめると、カナダが考慮しているのは閣僚会議ではなく、専門家会議である事が分かってホッとした。

次にドイツには、直接大臣に働きかけようと、N大臣直々にドイツの閣僚に働きかけ、OKという返事をもらった。アメリカのライシュ長官は、こちらの話を真面目な態度で聴いてはくれたが、内部で相談する必要があると言うにとどまった。

そうした状況下で、会議の最後にあたる閣僚昼食会が開かれた。日本の閣僚から、日本開催を将来の一つの可能性として考慮しつつ、まずは、ここ一年前後の間に人口老齢化社会における青年の失業問題をテーマとして、専門家会議を日本で開催したいと提案すると、各国から支持発言があった。「まるで、団体交渉のようだったが、おもしろかった」

各国との折衝を振り返って、N大臣はそう呟いた。

一戦終わった安堵感とともに東京に帰ると、テレビのニュースは、ブラウン商務長官などが搭乗していた米国空軍の特別機が、旧ユーゴの上空で事故のため墜落し、数十名の人々の生命が絶望視されていることを伝えていた。昨日まで元気溌剌としていた商務長官の顔を思い浮かべながら、運命ばかりは、事前根回しが出来ないということをひしひしと感じた。

あとがき

外交に表舞台と裏舞台があることは、いわば常識でありましょう。

表は、正式の折衝、会談、発表、論評であり、時として、政治的演出の場でもあります。裏は、内密の根回しや密談、そして時としては密約もあるとされます。

けれども、実際の外交では、実は、脇舞台とも言えるものがあるように思われます。それは、外交という劇の脇役というわけではなく、表と裏とを結ぶ微妙な手配です。たとえば、会議の場所の設定や接待の仕方、衣装や料理の選定など、表と裏をいわば繋ぐようなものです。

現実の外交は、この表と裏と脇がうまく連動、連結して始めて巧く行くのではないでしょうか。

本書は、著者が、一九六〇年代後半から二〇一〇年代に到るまでの間、外交の表舞台で体験したエピソードと発表した主な論評（あらためて訂正加筆したものを含む）、裏舞台での工作や出来事、そして、陰ながら表舞台の演技を際立たせるために脇舞台で考えたり、感じたりしたことなどを、国別、分野別にとりまとめたものです。

この書物に言及された一連の外交活動において、著者とともに勤められた人々、ならびに、協力あるいは指導、教導された方々、そして、本書の出版に特別の支援をしてくださった中田哲史氏はじめ、ジャーナリズムあるいは学界において、著者に激励の言葉をかけられた方々に対して、深甚の謝意と敬意をここに捧げる次第です。

小倉和夫

二〇二四年九月

小倉和夫（おぐら・かずお）

1938年、東京都生まれ。東京大学法学部、英ケンブリッジ大学経済学部卒業。1962年、外務省入省。文化交流部長、経済局長、ベトナム大使、韓国大使、フランス大使などを歴任、青山学院大学教授、東京大学客員教授、国際交流基金理事長などを経て現在同顧問、日本財団パラスポーツサポートセンターパラリンピック研究会代表。
著書に『パリの周恩来——中国革命家の西欧体験』(1992年、中央公論社、吉田茂賞受賞)、『「西」の日本・「東」の日本——国際交渉のスタイルと日本の対応』(1995年、研究社出版)、『中国の威信　日本の矜持——東アジアの国際関係再構築に向けて』(2001年、中央公論新社)、『日本の「世界化」と世界の「中国化」——日本人の中国観二千年を鳥瞰する』(2019年、藤原書店)、『日本人の朝鮮観——なぜ近くて遠い隣人なのか』(2016年、日本経済新聞出版社)、「フランス大使の眼でみたパリ万華鏡」(2024年、藤原書店）など。

外交秘録
——表と脇と裏舞台

2024年11月20日　初版第1刷印刷
2024年11月30日　初版第1刷発行

著　者　小倉和夫
発行者　森下紀夫
発行所　論 創 社
東京都千代田区神田神保町 2-23　北井ビル
tel. 03（3264）5254　fax. 03（3264）5232　web. https://ronso.co.jp
振替口座　00160-1-155266
装幀／宗利淳一
印刷・製本／中央精版印刷　組版／フレックスアート
ISBN978-4-8460-2479-6　